D1705662

Plisch
Einführung in die koptische Sprache

SPRACHEN UND KULTUREN DES CHRISTLICHEN ORIENTS

Herausgegeben von
Johannes den Heijer, Stephen Emmel, Martin Krause, Andrea Schmidt

Band 5
Einführung in die koptische Sprache
von Uwe-Karsten Plisch

REICHERT VERLAG WIESBADEN 1999

EINFÜHRUNG IN DIE KOPTISCHE SPRACHE

Sahidischer Dialekt

von
Uwe-Karsten Plisch

REICHERT VERLAG WIESBADEN 1999

Umschlagmotiv:
Griechisch-koptisches Wörterbuch, Papier, 10./11. Jahrhundert
Foto aus: Buschhausen/ Horak/ Harrauer, Der Lebenskreis der Kopten, Wien 1995
(MPER NS XXV), S. 21

für Friedrich

Die Deutsche Bibliothek – CIP-Einheitsaufnahme

Plisch, Uwe-Karsten:
Einführung in die koptische Sprache : sahidischer Dialekt / von
Uwe-Karsten Plisch. – Wiesbaden : Reichert, 1999
(Sprachen und Kulturen des christlichen Orients ; Bd. 5)
ISBN 3-89500-094-9

Inhalt

Vorwort

Das hier gebotene, aus der praktischen Arbeit mit Studierenden des Koptischen erwachsene Buch ist als knappe und zugleich umfassende Einführung in die koptische Sprache auf dem neueren und neuesten Stand ihrer Erforschung gedacht. Sein Aufbau soll es als Begleitbuch zum Koptischunterricht sowie als Nachschlagewerk für Anfänger und Fortgeschrittene, etwa als grammatisches Hilfsmittel zur Lektüre von (kommentierten) Textausgaben, geeignet machen. Nicht ausgeschlossen mag auch ein Gebrauch des Buches zum Selbststudium sein, zumal bei jemandem, der das Koptische erlernen möchte, in aller Regel bereits Erfahrungen im Umgang mit alten Sprachen vorausgesetzt werden dürfen.

Dargestellt werden alle Grundzüge und Grundbausteine der koptischen Sprache anhand des sahidischen Dialekts, und zwar in einer Form, die rasches (Wieder-) Finden ermöglichen soll. Die ausgewählten koptischen Textbeispiele entstammen zum größeren Teil der Heiligen Schrift, zum einen, weil deren hochstandardisiertes Sahidisch sie dafür besonders geeignet erscheinen läßt, zum anderen, weil - zumindest bei einem Teil der Benutzerinnen und Benutzer - auf eine gewisse Vertrautheit mit dem Bibeltext gerechnet werden darf. Die Fundorte habe ich meistens, aber nicht immer angegeben; immer jedoch dann, wenn dem Textbeispiel unmittelbar eine erläuternde und nicht nur illustrative Funktion zukommt. Die Funktion eines Beispiels wird zudem durch die Art seiner Präsentation verdeutlicht. Gelegentlich habe ich einfache Beispiele zur Darstellung grundsätzlicher grammatischer Sachverhalte auch selbst gebildet. Sehr selten wurden außerdem, wo mir dies aus Gründen der Prägnanz vertretbar schien, Beispiele aus nichtsahidischen Dialekten herangezogen und gelegentlich dem sahidischen Standard angepaßt. Dieses Verfahren ist bei jedem der betreffenden Beispiele gesondert vermerkt.

Zwei Dinge habe ich versucht zu berücksichtigen:

1. Der gegenüber älteren Darstellungen der koptischen Sprache verbreiterten Basis zugänglicher koptischer Texte habe ich versucht, durch Einbeziehung von Beispielen aus den (sahidischen) Nag-Hammadi-Texten Rechnung zu tragen. Dieses Vorgehen hat Vorteile, birgt aber auch Probleme. Das Sahidisch der Nag-Hammadi-Texte ist weder identisch mit dem hochstandardisierten Sahidisch Schenutes oder der sahidischen Bibelübersetzungen noch überhaupt in sich homogen. Die Sprache zahlreicher Nag-Hammadi-Texte ist durch verschiedenste Dialekteinflüsse gekennzeichnet, die sich in den einzelnen Schriften jedoch höchst unterschiedlich niederschlagen. Bei einigen Texten ist darüber hinaus berechtigterweise zu fragen, inwieweit ihre Sprache überhaupt sahidisch zu nennen ist. Im Rahmen der hier gebotenen „Draufsicht" auf die Sprache mußte jedoch auf Differenzierungen im

einzelnen verzichtet werden.[1] Der Vorteil des Verfahrens besteht nun sicherlich
darin, daß vom sahidischen Standard abweichende Formen überhaupt vorkommen
und somit für Leserinnen und Leser zum Beispiel von Nag-Hammadi-Texten erfaß-
und nachvollziehbar werden. Der Nachteil liegt darin, daß diese Standard-
abweichungen eine optische Präsenz in der Darstellung erhalten, die ihrem
Vorkommen in der Sprache nicht entspricht. Um des Vorteils willen und da es nun
einmal nicht möglich ist, neben jede Form eine Statistik zu drucken, schien es mir
vertretbar zu sein, den beschriebenen Nachteil in Kauf zu nehmen.

2. Das Hauptaugenmerk bei der Gestaltung grammatischer Sachverhalte habe ich
darauf gelegt, die Struktur des Koptischen in Kategorien zu erfassen, wie sie vor allem
in den Arbeiten Ariel Shisha-Halevys und Hans Jakob Polotskys entwickelt und
dargeboten worden sind, insbesondere in Polotskys letztem großen Werk, den
Grundlagen des koptischen Satzbaus.[2] Darin besteht zugleich der Hauptunterschied
zu den Darstellungen der koptischen Grammatik älteren Datums beziehungsweise
älteren Typs. Der Schwerpunkt meiner Darstellung ruht dabei auf folgenden
Punkten:

- differenzierte Erfassung des Nominalsatzes (nach folgenden Kriterien:
  interlokutiver und delokutiver Nominalsatz einerseits, binärer und ternärer
  Nominalsatz andererseits)
- strikte Unterscheidung zwischen Zweiteiligem Schema (Adverbialsatz) und
  Dreiteiligem Schema (Verbalsatz) bei der Erfassung des Konjugations-
  systems
- gesonderte Betrachtung der Fähigkeit des Koptischen, Sätze zu transponieren, konkret die Betrachtung folgender Transpositionsarten:
    — adverbiale Transposition (Circumstantialis/Umstandssatz)
    — adjektivische Transposition (Relativsatz)
    — substantivische Transposition (sogenannte „Zweite Tempora")
    — Präteritum
- die gesonderte Darstellung der adjektivischen Cleft Sentence (im Rahmen
  der Darstellung der Transpositionsarten)

Die von mir gewählte Darstellungsart ist dabei weniger auf inhaltliche Originalität
ausgerichtet, nur daß sie den neueren Stand der linguistischen Erfassung des
Koptischen widerspiegeln soll, als vielmehr darauf, eben letzteren auf übersichtliche
und auch Einsteigerinnen und Einsteigern verständliche Weise darzubieten. Ich habe

---

[1] Ausführlich dazu: W.-P. Funk, The Linguistic Aspect of Classifying the Nag Hammadi Codices.
[2] Frühere Arbeiten Polotskys zur koptischen Grammatik finden sich zusammengefaßt in: ders., Collected
Papers, Jerusalem 1971. Siehe im übrigen das Literaturverzeichnis.

mich deshalb bemüht, einerseits den Gebrauch linguistischer Fachterminologie auf ein unumgängliches Minimum zu beschränken, andererseits die Terminologie - auch bei grundlegend anderem Ansatz - zu der älterer Werke, die ja unverzichtbare Nachschlagewerke bleiben, wenigstens einigermaßen kompatibel zu gestalten. Als Hilfe dazu ist die TERMINOLOGISCHE ÜBERSICHT ÜBER DAS KONJUGATIONSSYSTEM im Anhang gedacht, die verschiedene Nomenklaturen zum Zwecke des Vergleichs nebeneinander stellt. Wenn doch einmal, wo dies unumgänglich schien, linguistische Fachtermini verwendet wurden, ohne an Ort und Stelle erklärt zu werden, findet sich deren Erklärung im Anhang, Abschnitt VIII. GLOSSAR. Das Sachregister am Ende des Buches, das auch die Termini anderer, hier nicht verwendeter Nomenklaturen erfaßt, soll die Orientierung möglichst erleichtern.

Die Kenntnis des Griechischen ist für das Erlernen des Koptischen nicht unbedingt erforderlich, freilich nützlich, da zahlreiche koptische Texte Übersetzungen aus dem Griechischen darstellen. Wo der Vergleich als Beispiel angeführter koptischer (meist biblischer) Zitate mit dem griechischen Original die Eigenart des Koptischen besonders anschaulich hervortreten läßt, habe ich den griechischen Text hin und wieder angeführt; die beigegebene deutsche Übersetzung bezieht sich in jedem Fall auf den koptischen Text.[3] Wo der koptische Text auf eine varia lectio des griechischen zurückgeht, ist diese zitiert. Das Wörterverzeichnis im Anhang enthält alle im Text aufgeführten Wörter und Elemente mit Ausnahme der im Anhang unter IV. DIALEKTÜBERSICHT aufgeführten Dialektvarianten. Die allgemein übliche, linguistisch aber eher fragwürdige Aufspaltung des Wörterverzeichnisses in einen die koptischen Wörter enthaltenden und einen die Wörter griechischen Ursprungs enthaltenden Teil habe ich aus praktischen Gründen beibehalten, da koptische Wörter (sinnvollerweise) primär nach dem Konsonantenbestand, griechische aber nach der Buchstabenfolge geordnet werden.[4]

Es ist mir ein Bedürfnis, nach verschiedenen Seiten hin Dank abzustatten. Hans-Gebhard Bethge hat das Entstehen des Buches nicht nur angeregt, sondern sein Werden auch durch fortwährende Anteilnahme und Ermunterung begleitet; sodann die verschiedenen Entwürfe in seinem eigenen Unterricht auf ihre Tauglichkeit geprüft. Herrn Professor Stephen Emmel und der Verlegerin Frau Ursula Reichert danke ich herzlich für die Aufnahme des Buches in die Reihe „Sprachen und Kulturen des christlichen Orients" sowie für zahlreiche kritische Hinweise, die sehr zur inneren und äußeren Verbesserung des Ganzen beigetragen haben. Hans-Martin Schenke hat sich in bewährter Freundschaft mehrfach der Mühe unterzogen, die

---

[3] Bei neutestamentlichen Zitaten folgt der griechische Text dem Novum Testamentum Graece (Nestle-Aland), 27. Aufl., Stuttgart 1993; bei alttestamentlichen Zitaten der Septuaginta ed. A. Rahlfs, 6. Aufl. Stuttgart o.J.

[4] Der von A. Shisha-Halevy versuchte Kompromiß (Chrestomathy 202-256) scheint mir hinsichtlich der Handhabung keine Vorteile zu bringen.

verschiedenen Fassungen des Manuskriptes kritisch durchzusehen, seine Proportionen abzustimmen und an Prägnanz und Klarheit der Darstellung zu feilen. Herrn Dr. Leo Depuydt bin ich für zahlreiche nützliche Hinweise zu Dank verpflichtet. Schließlich danke ich all jenen herzlich, die bei und mit mir sich um das Erlernen des Koptischen bemüht und dabei mit großer Geduld immer wieder wechselnde Seitenzahlen, Überschriften und Formulierungen ertragen haben, insbesondere Frau Ursula Peters, Frau Barbara Fülle und Herrn Dr. Franz-Xaver Risch.

A. ALPHABET UND SCHREIBUNG

1. Das Alphabet

Das Koptische wird durch das griechische Alphabet dargestellt, ergänzt um einige dem Demotischen entlehnte Zeichen, zur Darstellung im Griechischen nicht vorhandener Laute. Wie im Griechischen werden die Buchstaben zugleich als Zahlzeichen genutzt, meist durch einen darübergesetzten Strich als solche gekennzeichnet (→I. ZAHLWÖRTER).

Zeichen griechischen Ursprungs

Buchstabe	Umschrift	Zahlenwert	griechischer Name	Aussprache
ⲁ	a	1	Alpha	Kamm
ⲃ	b	2	Beta	Baum
ⲅ	g	3	Gamma	Gans
ⲇ	d	4	Delta	Damm
ⲉ	e	5	Epsilon	Fest
ⲋ	nur Zahlzeichen	6	(Stigma)	
ⲍ	z	7	Zeta	Zaun
ⲏ	ē	8	Eta	Tee
ⲑ	th (= ⲧ²)	9	Theta	Rathaus
ⲓ, ⲉⲓ	i	10	Iota	Ski, Jagd
ⲕ	k	20	Kappa	Korn
ⲗ	l	30	Lambda	Lob
ⲙ	m	40	My	Magd
ⲛ	n	50	Ny	Nacht
ⲝ	ks (= ⲕⲥ)	60	Xi	Rocksaum
ⲟ	o	70	Omikron	Schrott
ⲡ	p	80	Pi	Park
ⲣ	r	100	Rho	Raum
ⲥ	s	200	Sigma	Kasse
ⲧ	t	300	Tau	Teil
ⲩ, ⲟⲩ	u, w	400	Ypsilon	Kunst, Tun, Wal
ⲫ	ph (= ⲡ²)	500	Phi	Schlapphut
ⲭ	kh (= ⲕ²)	600	Chi	Scheckheft
ⲯ	ps (= ⲡⲥ)	700	Psi	Raps
ⲱ	ō	800	Omega	Ton

Zeichen ägyptischen (demotischen) Ursprungs

Buchstabe	Umschrift	Zahlenwert	koptischer Name	Aussprache
ω	š		Schai	Schiene
ϥ	f	90	Fai	Falle
ϩ	h		Hori	Haus
ϫ	j		Tschantscha	Kutsche
ϭ	č		Kjima	faculty (engl.)
†	ṯi (= ΤΙ)		Ti	Titel

Als Zahlzeichen für 900 findet weiterhin ein gestrichenes ϥ (ϯ) Verwendung. Ein Monogramm aus Τ und Ρ dient zur Umschreibung von ΤΑΥΡ in der Wiedergabe von griechisch σταυρός bzw. σταυροῦν (→ A.6. Nomina sacra). Drucktechnisch wird für die beiden letztgenannten Zeichen meist dieselbe Type benutzt.
Dialektale Besonderheiten: im Bohairischen steht ḫ bzw. ⲭ, im Achmimischen ϩ für den Laut *ch* (wie in la*ch*en).
ϑ und † werden in Wörterbüchern und -verzeichnissen in der Regel unter Τ eingeordnet, ⳅ und Χ unter Κ, Φ und Ψ unter Π. Die Anordnung der Lexeme erfolgt primär nach dem bloßen Konsonantenbestand, nur bei gleicher Konsonantenfolge findet die Reihenfolge der Vokale Berücksichtigung.

2. Der Supralinearstrich

Der über einzelne Konsonanten oder Konsonantengruppen gesetzte Supralinearstrich bezeichnet deren silbische Struktur. Die tatsächliche Art der Setzung, auch hinsichtlich der Länge des Striches, erfolgt in den einzelnen Manuskripten nach unterschiedlichen Prinzipien. Die Setzung des Striches entfällt oft ganz. Jeder separat gesetzte Strich bezeichnet eine Silbe:
ϨΝ ΤΠΕ = ϨΝ ΤΠΕ *im Himmel*, ΠΤΗΡϤ = ΠΤΗΡϤ (= ΠΤΗΡϤ) *das All* (eine Silbe)
ΝΝΡⲰΜΕ *den Menschen*, ΝΤΜ ΠΝΟΥΤΕ *bei Gott* (zwei Silben)
Der Supralinearstrich als Silbenanzeiger ist zu unterscheiden von den ebenfalls oberhalb von Buchstaben gesetzten Strichen zur Markierung von Zahlzeichen ($\overline{\text{Α}}$ = 1 → I.1.) und Nomina sacra ($\overline{\text{ΠΝΑ}}$ = ΠΝΕΥΜΑ → A.6.).

3. Weitere Zeichen

Als diakritische Zeichen werden verwendet:
— Trema: ΠΑΪⲰΤ (= ΠΑΕΙⲰΤ) *mein Vater*
— Zirkumflex: ΠΑⲈΙⲰΤ (= ΠΑΕΙⲰΤ) *mein Vater*, ϨΙ̂ϹΕ (= ϨΙϹΕ) *Mühe*

— aus Platzmangel wird **N** am Zeilenende gelegentlich als Strich über dem vorhergehenden Vokal geschrieben: **CŌ** (= **CON**) *Bruder*

Als Kennzeichnung des Silben-, Morphem- oder Wortendes (in fortlaufend geschriebenen Texten) werden gelegentlich ein Häkchen oder ein Punkt an bzw. über den letzten Buchstaben gesetzt:

— Häkchen: **BⲰK' ⲈⲀⲞⲨN, BⲰKˋ ⲈⲀⲞⲨN, M̄NT'ⲀT'ⲈIMⲈ**

— Punkt: **ⲈIⲰT'**

Als Interpunktionszeichen werden u.a. verwendet:

— hochgestellter Punkt: ... **N̄PⲰMⲈ· ⲀⲀⲞⲨⲰⲰⲂ̄** ...

— Doppelpunkt: ... **N̄PⲰMⲈ: ⲀⲀⲞⲨⲰⲰⲂ̄** ...

Für die Setzung all dieser Zeichen gilt: sie *können* gesetzt werden; in zahlreichen Texten, besonders nichtliterarischen, fehlen sie jedoch ganz oder teilweise.

4. Orthographische Besonderheiten

1. Monographische Schreibweise: zwei aufeinander folgende Buchstaben können durch einen anderen ersetzt werden:

   a) für **T** + **Ⲁ** steht **Ⲑ**: **ⲐⲈ** = **T-ⲀⲈ** *die Art*

   b) für **T** + (**Ⲉ**)**I** steht **†**: **Ⲉ†PⲈ** = **ⲈT-ⲈIPⲈ** *der tut*

   c) für **T** + **Ⲱ** steht **Ⳉ**: = **ⳈⲈⲀⲈⲈT** = **T-ⲰⲈⲀⲈⲈT** *die Braut*

   d) für **Π** + **Ⲁ** steht **Φ**: **ΦⲞ** = **Π-ⲀⲞ** *das Gesicht*

   e) für **Π** + **C** steht **Ψ**: **ⲀⲈΠCⲈ** oder **ⲀⲈΨⲈ** *Stück*

   f) für **K** + **Ⲁ** steht **Ⳉ**: **MⲞKⲀC** oder **MⲞⳈC** *Schmerz*

   g) für **K** + **C** steht **ⳅ**: **ⲀⲰKC** oder **ⲀⲰⳅ** *stechen*

2. Haplographische Schreibweise: treffen gleiche Buchstaben(gruppen) aufeinander, wird gelegentlich nur eine(r) für beide geschrieben:

   a) der unbest. Artikel **ⲞⲨ**- trifft auf **ⲞⲨ** im Anlaut: **ⲞⲨCIⲀ** = **ⲞⲨⲞⲨCIⲀ** *ein Wesen*

   b) die Präposition **ⲀN̄**- trifft auf den art. indef. pl. **ⲀN̄**-: **ⲀN̄ ⲀIⲰN** = **ⲀN̄ ⲀN̄ⲀIⲰN** *in Äonen*

   c) die Präposition **ⲀN̄**- trifft auf **N̄**- (art. def. pl.): **ⲈBⲞⲀ ⲀN̄ ⲀⲀⲀⲞTPIⲞN** *aus fremdem Eigentum*

   d) ein im status pronominalis auf **T** auslautendes Wort (Infinitiv, Präposition) erhält das Suffix der 1. P. sg.: **N̄ⲀHT** *in mir*

   e) ein Suffixpronomen stimmt mit dem nachfolgenden Infinitiv oder Stativ im Anlaut überein: **ⲀϤI** = **ⲀϤϤI**[1] *er trug*, **ⲀⲈI** = **ⲀⲈIⲈI** *ich kam*, **ⲈⲨⲞBⲰ** = **ⲈⲨⲞⲨⲞBⲰ** *indem sie weiß sind*

3. Assimilation: **N̄** (eigenständiges Morphem oder im Auslaut z.B. von Präpositionen) wird

---

[1] Beachte: **ⲀϤI** (=**ⲀϤⲈI** bzw. **ⲀϤï**) kann auch heißen: *er kam.*

a) vor Π, Μ, Ϥ und Ψ meist zu Μ assimiliert: ⲘⲠⲎⲨⲈ *die Himmel*, ⳰Ⲙ
ⲠⲈⲠⲚⲈⲨⲘⲀ *im Geiste*

b) gelegentlich vor Ⲃ, Λ und Ρ total assimiliert: ⲠⲞⲨⲞⲈⲒⲚ Ⲛ̄ⲢⲢⲰⲘⲈ (= Ⲛ̄Ⲛ̄ⲢⲰⲘⲈ)
das Licht der Menschen, Λ̄ΛΛⲞⲤ (= Ⲛ̄ΛⲀⲞⲤ) *die Völker*, ⳰ⲢⲢⲰⲘⲈ (=
⳰Ⲛ̄ⲢⲰⲘⲈ) *Menschen*, Ⲃ̄ⲂⲞΛ (= Ⲛ̄ⲂⲞΛ) *außen*

4. Gemination: silbisches Ν (Ν̄) als Morphem oder im Auslaut z.B. von Präpositionen
wird vor Vokal (besonders vor ⲞⲨ) gelegentlich verdoppelt: ⳰Ⲛ̄ⲚⲞⲨⲤⲰⲘⲀ *in
einem Leib*

☞ Grundsätzlich ist zu beachten, daß koptisch überlieferte Texte keine einheitliche
Orthographie bieten. Mit Schwankungen ist sowohl von Text zu Text als auch
innerhalb eines einzelnen Textes zu rechnen.

5. Koptische Wörter griechischen Ursprungs[2]

Aufgrund der dominierenden Rolle des Griechischen als Verkehrssprache des
hellenistischen Kulturraumes sind zahlreiche griechische Lehnwörter in das
Koptische eingegangen und zum selbstverständlichen Bestandteil des koptischen
Sprachschatzes geworden. (Dennoch werden in Wörterverzeichnissen von
Textausgaben griechische Lehnwörter in aller Regel gesondert aufgeführt.) Ihre
Einbindung in das Koptische unterliegt dabei gewissen Regeln:

a) Orthographische Besonderheiten: griechische spiritus, und zwar spiritus asper
regelmäßig, spiritus lenis gelegentlich, werden in koptischer Orthographie zumeist
mit ⳰ wiedergegeben, gelegentlich (unter Einfluß bestimmter Dialekte) auch mit
Ϣ. ἵνα → ⳰ⲒⲚⲀ oder ϢⲒⲚⲀ; ὡς → ⳰ⲰⲤ; ἐλπίς → ⳰ⲈΛⲠⲒⲤ; παρρησία →
ⲠⲀⲢ⳰ⲎⲤⲒⲀ oder ⲠⲀⲢⲢⲎⲤⲒⲀ; ῥωμαῖος → ⳰ⲢⲰⲘⲀⲒⲞⲤ.

b) Das Koptische kennt nur zwei grammatische Geschlechter, maskulin und feminin,
neutrische griechische Nomina werden im Koptischen daher als Maskulina
behandelt: τὸ πνεῦμα, koptisch ⲠⲈⲠⲚⲈⲨⲘⲀ.

c) Griechische Adjektive werden zumeist in der (griechischen) neutrischen Form
verwendet; (nur) wenn sie, attributiv oder substantiviert, Personen bezeichnen,
finden die maskuline bzw. feminine Form Verwendung: ⲠⲈ⳰ⲘⲞⲦ
Ⲙ̄ⲠⲚⲈⲨⲘⲀⲦⲒⲔⲞⲚ *die geistige Gabe*, ⲠⲢⲰⲘⲈ Ⲛ̄ΛⲀΛⲎⲐⲒⲚⲞⲤ *der wahre Mensch*.

d) Griechische Verben werden häufig in einer Form verwendet, die der des
griechischen Imperativs sg. aktiv gleicht, sie befinden sich stets im status absolutus
des Infinitivs (bilden also keinen status nominalis oder pronominalis und keinen
Stativ). Objekte werden, sofern grammatisch zulässig, mit Ⲛ̄-/Ⲙ̄ⲘⲞ⳽ angeknüpft.
Außerhalb (gelegentlich auch innerhalb) des sahidischen und mittelägyptischen
Dialektes wird dem griechischen Verb meist noch der status nominalis Ⲣ̄- des

---

[2] Dazu ausführlich: Nagel, Einwirkung.

Verbs ⲈⲒⲠⲈ *tun, machen* vorangestellt: ⲚⲈϥⲀⲤⲠⲀⲌⲈ ⲘⲘⲞⲤ bzw. ⲚⲈϥⲢⲀⲤⲠⲀⲌⲈ
ⲘⲘⲞⲤ *er küßte sie.*

e) Weiterhin verwendet das Koptische Partikeln (z.B. ⲆⲈ, ⲄⲀⲢ), Konjunktionen (z.B.
ⲌⲰⲤⲦⲈ = ὥστε, ϨⲒⲚⲀ = ἵνα), Präpositionen (z.B. ⲔⲀⲦⲀ) und Adverbien (z.B.
ⲎⲆⲎ, ⲈⲦⲒ) griechischen Ursprungs.

Zu beachten ist, daß griechische Wörter in koptischen Handschriften (wie in
griechischen auch) keiner standardisierten Orthographie folgen. Die konkrete Gestalt
eines griechischen Lehnwortes kann deshalb von der Wörterbuchform unter
Umständen erheblich abweichen. Das betrifft in erster Linie die Schreibung von
Vokalen, die die tatsächlichen Lautverschiebungen (Itazismus) im Griechischen
berücksichtigt. Hinzu kommen „natürliche" Unsicherheiten bei der Schreibung von
Lehn- und Fremdwörtern (Verwechslung von δ und τ, θ und τ, κ und γ usw.).

6. Nomina sacra

Nomina sacra, heilige Wörter, werden (wie in griechischen, so auch) in koptischen
Texten häufig nicht ausgeschrieben, sondern durch eine meist mit einem
durchgehenden supralinearen Kontraktionsstrich überstrichene Buchstaben-
kombination (mindestens Anfangs- und Endbuchstabe) dargestellt. Die häufigsten
sind:

Δ̄Ⲁ̄Δ̄	=	ⲆⲀⲨⲈⲒⲆ *David*
ⲐⲒ̄(Ⲉ)ⲖⲎⲘ	=	ⲐⲒⲈⲢⲞⲨⲤⲀⲖⲎⲘ (Ⲧ-ϨⲒⲈⲢⲞⲨⲤⲀⲖⲎⲘ) *Jerusalem*
Ī̄Ⲏ̄Ⲥ̄, Ī̄Ⲥ̄	=	ⲒⲎⲤⲞⲨⲤ *Jesus*
Ī̄Ⲏ̄Ⲗ̄	=	ⲒⲤⲢⲀⲎⲖ *Israel*
П̄Ⲕ̄Ⲗ̄Ⲥ̄	=	ⲠⲀⲢⲀⲔⲖⲎⲦⲞⲤ *Paraklet, Beistand, Tröster*
П̄Ⲛ̄Ⲁ̄	=	ⲠⲚⲈⲨⲘⲀ *Pneuma, Geist*
П̄Ⲛ̄ⲒⲔⲞⲚ	=	ⲠⲚⲈⲨⲘⲀⲦⲒⲔⲞⲚ *geistlich*
Ⲥϥ̄ⲞⲤ	=	ⲤⲦⲀⲨⲢⲞⲤ *Kreuz*
Ⲥϥ̄ⲞⲨ	=	ⲤⲦⲀⲨⲢⲞⲨ (σταυροῦν) *kreuzigen*
Ⲥ̄Ⲱ̄Ⲣ̄	=	ⲤⲰⲦⲎⲢ *Erlöser*
Ⲭ̄Ⲥ̄, Ⲭ̄Ⲣ̄Ⲥ̄	=	ⲬⲢⲒⲤⲦⲞⲤ *Christus*
		auch für ⲬⲢⲎⲤⲦⲞⲤ *gütig, nützlich* → ⲘⲚ̄ⲦⲬ̄Ⲣ̄Ⲥ̄ *Güte*
Ⲝ̄Ⲥ̄	=	ⲜⲞⲈⲒⲤ *Herr*

Auch ausgeschriebene Namen können überstrichen als Eigennamen gekennzeichnet
sein: Ⲃ̄Ⲁ̄Ⲣ̄Ⲃ̄Ⲏ̄Ⲗ̄Ⲱ̄, Ⲏ̄Ⲗ̄Ⲏ̄Ⲗ̄Ⲏ̄Ⲑ̄.

B. Nomina

1. Das Nomen

Das koptische Nomen existiert in zwei grammatischen Geschlechtern: maskulin und feminin. Neutrische griechische Lehnwörter werden als Maskulina behandelt (ⲡⲉⲡⲛⲉⲩⲙⲁ *der Geist*), neutrische Sachverhalte oft durch das Femininum ausgedrückt (ⲁϥϫⲟⲟⲥ *er sagte es*). Das Geschlecht des Nomens ist seiner äußeren Gestalt nicht ohne weiteres zu entnehmen. Von einigen Substantiven (meist Personenbezeichnungen) und einigen der wenigen koptischen Adjektive[3] existieren sowohl maskuline als auch feminine Formen: ⲥⲟⲛ/ⲥⲱⲛⲉ *Bruder/Schwester*, ⲩⲏⲣⲉ/ⲩⲉⲉⲣⲉ *Sohn/Tochter*, ⲣ̄ⲣⲟ/ⲣ̄ⲣⲱ *König/Königin*, ϩⲁⲉ/ϩⲁⲏ *letzter/letzte*, ⲕⲁⲙⲉ/ⲕⲁⲙⲏ *schwarz*. Der Plural wird zumeist ausschließlich durch den Artikel (bestimmt oder unbestimmt) ausgedrückt, es haben sich nurmehr wenige eigenständige Pluralformen erhalten (z.B. ⲡⲉ *Himmel*, pl. ⲡⲏⲩⲉ; ⲥϩⲓⲙⲉ *Frau*, pl. ϩⲓⲟⲙⲉ; ⲉⲓⲱⲧ *Vater*, pl. ⲉⲓⲟⲧⲉ *Väter, Eltern*; ⲥⲃⲱ *Lehre*, pl. ⲥⲃⲟⲟⲩⲉ; ϩⲱⲃ *Sache*, pl. ϩⲃⲏⲩⲉ; Analogiebildungen sind auch bei griechischen Nomina möglich: ⲯⲩⲭⲏ *Seele*, pl. ⲯⲩⲭⲟⲟⲩⲉ, ⲅⲣⲁⲫⲏ *Schrift*, pl. ⲅⲣⲁⲫⲟⲟⲩⲉ).

2. Nominalbildungspräfixe

a) Das Negationspräfix ⲁⲧ- (vergleichbar dem griechischen α-privativum) dient zur Bildung deverbaler bzw. denominaler negativer Adjektive[4]: ⲙⲟⲩ *sterben* → ⲁⲧⲙⲟⲩ *unsterblich*, ⲧⲁⲕⲟ *vernichten* → ⲁⲧⲧⲁⲕⲟ *unvergänglich*, ϣⲓ, ϣⲓⲧⲥ̄ *messen* → ⲁⲧϣⲓⲧⲥ̄ *unermeßlich*, ⲛⲁⲩ *sehen* → ⲁⲧⲛⲁⲩ *blind*, → ⲁⲧⲛⲁⲩ ⲉⲣⲟⲥ bzw. ⲉⲣⲟϥ oder ⲉⲣⲟⲟⲩ *unsichtbar*; ϩⲏⲧ *Herz, Verstand* → ⲁⲧϩⲏⲧ *töricht, unvernünftig*, ϭⲟⲙ *Macht, Kraft, Vermögen* → ⲁⲧϭⲟⲙ *unmöglich*

b) Das Präfix ⲙⲛ̄ⲧ- dient zur Bildung von Abstrakta. Die Bildungen mit ⲙⲛ̄ⲧ- sind feminin: ⲕⲟⲩⲓ̈ *klein* → ⲙⲛ̄ⲧⲕⲟⲩⲓ̈ *Kleinheit, Jugend*, ⲣ̄ⲣⲟ *König* → ⲙⲛ̄ⲧⲣ̄ⲣⲟ *Königreich, Herrschaft*, ⲁⲧⲧⲁⲕⲟ *unvergänglich* → ⲙⲛ̄ⲧⲁⲧⲧⲁⲕⲟ *Unvergänglichkeit*, ⲁⲧⲙⲟⲩ *unsterblich* → ⲙⲛ̄ⲧⲁⲧⲙⲟⲩ *Unsterblichkeit*.

c) Das Präfix ϭⲓⲛ- bildet mit nachfolgendem Infinitiv feminine Nomina actionis: ⲃⲱⲕ *gehen, kommen* → ϭⲓⲛⲃⲱⲕ *Gang*, ϣⲁϫⲉ *sprechen* → ϭⲓⲛϣⲁϫⲉ *Gespräch*.

d) Das Präfix ⲣ̄ⲙ(ⲛ̄)- (von ⲣⲱⲙⲉ *Mensch*) mit nachfolgendem Nomen bildet Personenbezeichnungen: ⲡⲣⲙⲛ̄ⲏⲓ̈ *der Hausgenosse*, ⲧⲣⲙⲛ̄ⲏⲓ̈ *die Hausgenossin*; ⲣ̄ⲙⲛ̄ϩⲏⲧ *klug*, ⲙⲛ̄ⲧⲣ̄ⲙⲛ̄ϩⲏⲧ *Klugheit*; ⲣ̄ⲙⲛ̄ϭⲟⲉⲓⲗⲉ *Gast*; ⲣ̄ⲙ̄ⲣⲁⲕⲟⲧⲉ *Alexandriner*.

---

[3] Die Frage des koptischen Adjektivs ist ein Problem eigener Ordnung, das hier nicht verhandelt werden soll.

[4] Dazu ausführlich: Funk, „Blind" oder „unsichtbar"?

e) Das Präfix ⲣⲉϥ-, entstanden aus ⲣⲱⲙⲉ ⲉϥ- (Circumstantialis), bildet mit nachfolgendem Verb (meist Infinitiv, gelegentlich Stativ) Nomina agentis: ⲣⲉϥϫⲓⲟⲩⲉ *Dieb*; ⲣⲉϥⲣ̄ⲛⲟⲃⲉ *Sünder*; ⲣⲉϥⲙⲟⲩ *Sterblicher*, ⲣⲉϥⲙⲟⲟⲩⲧ *Toter*.

f) Das Präfix ⲡⲁ- bzw. ⲡⲁ ⲛ̄- (von ⲡⲁ *Umstand, Lage, Stelle*) bildet maskuline Nomina agentis sowie Orts- und Zeitbegriffe: ⲡⲁ ⲛ̄ⲣ̄ϩⲱⲃ *Arbeit*; ⲡⲁϣⲁ *Aufgang, Osten*.

g) Ähnlich den Nominalbildungspräfixen dient zur Bildung von Nomina agentis eine jeweils von einem Verb abgeleitete proklitische Form (das sogenannte „Participium coniunctum"). Die Bildung erfolgt mittels des Vokals ⲁ, der dem ersten Konsonanten des Verbalstammes folgt. Einige der wichtigsten derartigen Präfixe sind:

Verb	Ableitung	Beispiel
ⲗⲓⲃⲉ *rasen*	ⲗⲁⲃ-	ⲗⲁⲃⲥϩⲓⲙⲉ *weibstoll*
ⲙⲉ *lieben*	ⲙⲁⲓ̈-	ⲙⲁⲓ̈ⲣⲱⲙⲉ *freundlich („menschenliebend")*
ⲙⲟⲟⲛⲉ *weiden*	ⲙⲁⲛ(ⲉ)-	ⲙⲁⲛϭⲁⲙⲟⲩⲗ *Kamelhirt*
ϯ *geben*	ⲧⲁⲓ̈-	ⲧⲁⲓ̈ⲃⲉⲕⲉ *Lohngeber*
ⲟⲩⲱⲙ *essen*	ⲟⲩⲁⲙ-	ⲟⲩⲁⲙⲣⲱⲙⲉ *Menschenfresser*
ϥⲓ *tragen*	ϥⲁⲓ̈-	ϥⲁⲓ̈ϣⲓⲛⲉ *Bote*
ϫⲓ *nehmen, empfangen*	ϫⲁⲓ̈-	ϫⲁⲓ̈ⲃⲉⲕⲉ *Lohnempfänger*
ϫⲱ *sagen*	ϫⲁⲧ-	ϫⲁⲧⲟⲩⲁ *Lästerer*
ϫⲓⲥⲉ *erhöhen, hoch sein*	ϫⲁⲥⲓ-	ϫⲁⲥⲓϩⲏⲧ *hochmütig*

ⲛ̄ⲃⲁⲣⲃⲁⲣⲟⲥ ⲇⲉ ⲁⲩⲉⲓⲣⲉ ⲛⲁⲛ ⲛ̄ⲟⲩⲛⲟϭ ⲙ̄ⲙⲛ̄ⲧⲙⲁⲓ̈ⲣⲱⲙⲉ. *Die Fremden erwiesen uns große Freundlichkeit* (Apg 28,2).

ⲡⲛⲟⲩⲧⲉ ⲟⲩⲁⲙⲣⲱⲙⲉ ⲡⲉ (ⲟⲩⲁⲙ = ⲟⲩ-ⲟⲩⲁⲙ) *Gott ist ein Menschenfresser* (EvPhil p. 62,35 - 63,1).

ⲟⲩⲛⲟⲩⲏⲣ ⲛ̄ϫⲁⲓ̈ⲃⲉⲕⲉ ⲛ̄ⲧⲉ ⲡⲁⲓ̈ⲱⲧ *Wieviele Tagelöhner hat mein Vater* (wörtl. *es gibt wieviele Tagelöhner bei meinem Vater*)? (Lk 15,17)

ⲙ̄ⲡⲣ̄ϣⲱⲡⲉ ⲛ̄ϫⲁⲥⲓϩⲏⲧ ⲟⲩⲃⲉ ⲅⲛⲱⲙⲏ ⲛⲓⲙ ⲉⲛⲁⲛⲟⲩϥ *Sei nicht hochmütig gegen jeden guten Rat!* (Silv p. 91,22f)

C. (Einfacher) Artikel

Artikel	Singular maskulin	Singular feminin	Plural (m. + f.)
bestimmter (definiter)	ⲡ-, ⲡⲉ-	ⲧ-, ⲧⲉ-	ⲛ-, ⲛⲉ-
unbestimmter (indefiniter)	ⲟⲩ-	ⲟⲩ-	ϩⲉⲛ-, ϩⲛ̄-

Beispiele:
ⲡⲣⲱⲙⲉ *der Mensch* ⲧⲙⲁⲁⲩ *die Mutter* ⲛ̄ⲣⲱⲙⲉ *die Menschen*
ⲟⲩϣⲏⲣⲉ *ein Kind* ϩⲉⲛϣⲏⲣⲉ *Kinder*

Die silbische Form des bestimmten Artikels erscheint vor Doppelkonsonanz:

ⲡⲉϣⲃⲏⲣ *der Genosse* ⲧⲉⲥϩⲓⲙⲉ *die Frau* ⲛⲉϩⲓⲟⲙⲉ *die Frauen*
ⲡⲉⲫⲱⲥⲧⲏⲣ *der Erleuchter* ⲧⲉⲯⲩⲭⲏ *die Seele* ⲛⲉⲯⲁⲗⲙⲟⲥ *die Psalmen*

Ist der unbestimmte Artikel sg. ⲟⲩ- mit einem vorausgehenden Vokal (ⲁ oder ⲉ) syntaktisch eng verbunden (Präposition, Konjugationsbasis, Konverter), wird meist nur ⲩ- geschrieben:

Präposition: ⲁⲥⲛⲁⲩ ⲉⲩⲣⲱⲙⲉ *sie sah einen Menschen*
Konjugationsbasis: ⲁⲩⲣⲱⲙⲉ ⲥⲱⲧⲙ̄ (Perfekt) *ein Mensch hörte*
Konverter: ⲁϥⲉⲓ ⲉⲩϣⲏⲣⲉ ⲡⲉ (Circ.)
        er kam, indem er ein Sohn ist (2ApcJac p. 46,21).
    Vgl. aber: ⲛⲉⲣⲉⲟⲩϭⲟⲙ ⲛⲏⲩ ⲉⲃⲟⲗ ⲛ̄ϩⲏⲧϥ̄ (Imperfekt) *eine Kraft ging von ihm aus* (Lk 6,19).

D. DEMONSTRATIVA

1. Demonstrativartikel (abhängig)

	Singular maskulin	Singular feminin	Plural (m. + f.)
diese(r)	ПЄЇ-	ТЄЇ-	NЄЇ-
jene(r)	ПІ-	†-	NI-

Beispiele:

ПЄЇꞶМЄ *dieser Mensch* †СꝢІМЄ *jene Frau* NЄЇꙎНРЄ *diese Kinder*

2. Demonstrativpronomen (frei)

	Singular maskulin	Singular feminin	Plural (m. + f.)
diese(r)	ПАЇ	ТАЇ	NАЇ
jene(r)	ПН	ТН	NН

Beispiele:

ЄТВЄ ПАЇ *deshalb*
ТАЇ ТЄ ꝊЄ *so* (wörtl. *dies ist die Weise*)
ПАЇ ПЄ ПЄ$\overline{XC}$ *Dieser ist der Christus.*
ΛЄІXЄ NАЇ ТНРОY NНТ$\overline{N}$ *Ich habe euch alle diese (Dinge) gesagt* (EpPt p. 135,6).
†NΛОYꞶN$\overline{Ꝣ}$ NΛК ЄВОΛ $\overline{N}$NН ЄТЄ $\overline{M}$ПЄЧСОYꞶNОY $\overline{N}$ꙎІ ПН
Ich werde dir jene (Dinge) offenbaren, die jener nicht erkannt hatte (2ApcJac p. 56,21ff).

Die enttonten Formen der Demonstrativpronomen: ПЄ, ТЄ, NЄ, fungieren als Subjekt im delokutiven zweigliedrigen Nominalsatz (→ **P.1.**) sowie als Kopula im dreigliedrigen Nominalsatz (→ **P.2.**); die verkürzten bzw. kontrahierten Formen П(Є), Т(Є), N(Є) bilden den Anfang der *vedette* in der adjektivischen Cleft Sentence (→ **X.3.**).

E. POSSESSIVA

1. Possessivartikel (abhängig)

Besitzer/ Besitzerin	Singular maskulin	Singular feminin	Plural (m. + f.)
1. Person sg.	ⲡⲁ-	ⲧⲁ-	ⲛⲁ-
2. Person sg. m.	ⲡⲉⲕ-	ⲧⲉⲕ-	ⲛⲉⲕ-
2. Person sg. f.	ⲡⲟⲩ-	ⲧⲟⲩ-	ⲛⲟⲩ-
3. Person sg. m.	ⲡⲉϥ-	ⲧⲉϥ-	ⲛⲉϥ-
3. Person sg. f.	ⲡⲉⲥ-	ⲧⲉⲥ-	ⲛⲉⲥ-
1. Person pl.	ⲡⲉⲛ-	ⲧⲉⲛ-	ⲛⲉⲛ-
2. Person pl.	ⲡⲉⲧⲛ̄-	ⲧⲉⲧⲛ̄-	ⲛⲉⲧⲛ̄-
3. Person pl.	ⲡⲉⲩ-	ⲧⲉⲩ-	ⲛⲉⲩ-

Nebenformen (häufig in Nag-Hammadi-Texten unter Einfluß anderer Dialekte):
2.P.sg.f.: ⲡⲉ-/ⲧⲉ-/ⲛⲉ-; 3.P.pl.: ⲡⲟⲩ-/ⲧⲟⲩ-/ⲛⲟⲩ-

☞ Das Geschlecht des Artikels ist mit dem bezeichneten Besitzgegenstand kongruent.

Beispiel: ⲧⲁⲙⲁⲁⲩ *meine Mutter*   ⲡⲁⲓⲱⲧ *mein Vater*
              ⲡⲉϥⲃⲁⲗ *sein Auge*   ⲡⲉⲥⲃⲁⲗ *ihr Auge*

ⲉⲣⲏⲩ (n.pl.) mit Possessivartikel bedeutet *einander*: ⲁⲩϣⲁϫⲉ ⲛⲙ̄ (= ⲙⲛ̄) ⲛⲉⲩⲉⲣⲏⲩ *sie sprachen miteinander* (Mk 12,7). ⲁⲛⲁⲥⲡⲁⲍⲉ ⲛ̄ⲛⲉⲛⲉⲣⲏⲩ *wir verabschiedeten einander* (Apg 21,6).

2. Possessivpronomen (frei)

pronominaler Besitzer	Besitzgegenstand Singular maskulin	Besitzgegenstand Singular feminin	Besitzgegenstand Plural (m. + f.)
1. Person sg.	ⲡⲱⲓ	ⲧⲱⲓ	ⲛⲟⲩⲓ
2. Person sg. m.	ⲡⲱⲕ	ⲧⲱⲕ	ⲛⲟⲩⲕ
2. Person sg. f.	ⲡⲱ	ⲧⲱ	ⲛⲟⲩ
3. Person sg. m.	ⲡⲱϥ	ⲧⲱϥ	ⲛⲟⲩϥ
3. Person sg. f.	ⲡⲱⲥ	ⲧⲱⲥ	ⲛⲟⲩⲥ
1. Person pl.	ⲡⲱⲛ	ⲧⲱⲛ	ⲛⲟⲩⲛ
2. Person pl.	ⲡⲱⲧⲛ̄	ⲧⲱⲧⲛ̄	ⲛⲟⲩⲧⲛ̄
3. Person pl.	ⲡⲱⲟⲩ	ⲧⲱⲟⲩ	ⲛⲟⲩⲟⲩ

Nebenformen im Plural: ⲛⲱⲓ, ⲛⲱⲕ, ⲛⲱ, ⲛⲱϥ usw.

Beispiel: ⲡⲱⲓ *der von mir, der Meinige* ⲛⲟⲩⲕ *die (pl.) von dir, die Deinigen*

	Besitzgegenstand Singular maskulin	Besitzgegenstand Singular feminin	Besitzgegenstand Plural (m. + f.)
nominaler Besitzer	ΠⲀ + Nomen	ⲦⲀ + Nomen	ⲚⲀ + Nomen

Beispiel: ⲦⲀ ΠϢHⲢⲈ *die* (f.sg.) *des Kindes*   ⲚⲀ ΠϢHⲢⲈ *die* (pl.) *des Kindes*

☞ Das Possessivpronomen bezieht sich auf einen anderweitig (meist zuvor) genannten oder ungenannten und dann mitzudenkenden Besitzgegenstand (zurück), ohne diesen ausdrücklich zu nennen.

ΠⲀ ⲦϢⲈⲖⲈⲈⲦ *der* (Mann) *der Braut, der Bräutigam*

Das Verhältnis der Possessiva zueinander verdeutlicht folgendes Beispiel (1Joh 2,2)[5]:

ⲀⲨⲰ ⲚⲦⲞϤ ΠⲈ ΠⲔⲰ ⲈⲂⲞⲖ ⲚⲚⲈⲚⲚⲞⲂⲈ   *Und er ist der Erlaß für unsere Sünden,*
ⲈⲦⲂⲈ ⲚⲞⲨⲚ ⲀⲈ ⲘⲀⲨⲀⲀⲚ ⲀⲚ   *nicht allein aber für die unsrigen,*
ⲀⲖⲖⲀ ⲈⲦⲂⲈ ⲚⲀ ΠⲔⲞⳝⲘⲞⳝ ⲦHⲢϥ̄   *sondern für die der ganzen Welt.*

Vgl. den griechischen Text: καὶ αὐτὸς ἱλασμός ἐστιν περὶ τῶν ἁμαρτιῶν ἡμῶν, οὐ περὶ τῶν ἡμετέρων δὲ μόνον ἀλλὰ καὶ περὶ ὅλου τοῦ κόσμου.

3. Nomina mit eigenem status pronominalis

Es haben sich einige wenige Nomina mit eigenem status pronominalis erhalten. Das angefügte Suffixpronomen (→ **F.**) gibt den *Besitzer/die Besitzerin* an. Das Nomen ist durch das possessive Suffixpronomen determiniert, bedarf also keines vorangestellten Artikels. Es handelt sich zumeist um Nomina zur Bezeichnung von Körperteilen; etliche fungieren auch als Bestandteil von Präpositionen (z.B. ⳞⲒⲦⲞⲞⲦⳝ, ⲈⲬⲰⳝ usw.) Die wichtigsten dieser Nomina sind:

Nomen	status pronominalis	Übersetzung	Beispiel/Bemerkungen
	ⲀⲢHⲬⳝ	*Ende*	ⲀⲢHⲬϥ̄ *sein Ende*, Ausnahme: ⲀⲢHⲬⲚⲞⲨ *ihr* (pl.) *Ende*
	ⲈⲒⲀⲦⳝ	*Auge, Blick*	oft in verba composita: ⲀϥⲔⲦⲈⲒ̈ⲀⲦϥ *er blickte sich um* (er wandte sein Auge)
	ⲔⲞⲨ(ⲞⲨ)Ⲛⳝ	*Busen, Schoß*	ⲔⲞⲨⲚⲤ̄ *ihr Schoß* aber: ⲔⲞⲨⲚⲦⲦHⲨⲦⲚ̄[6] *euer Schoß*
ⲢⲞ	ⲢⲰⳝ	*Mund*	ⲈⳞⲞⲨⲚ ⲈⲢⲰï̈ *in meinen Mund*

---

[5] Nach Polotsky, Die koptischen Possessiva 89, dort auch Weiterführendes zur Sache.

[6] Das Suffix -ⲦHⲨⲦⲚ̄ folgt dem status *nominalis*, vgl. a. ⳞⲰ(Ⲱ)ⳝ.

	ⲢⲀⲦ⸗	*Fuß, Bein*	vor allem in Präpositionen: ⲀϤⲰϨⲈ ⲈⲢⲀⲦϤ̄ *er hat sich hingestellt*
ⲤⲞⲨⲈⲚ	ⲤⲞⲨⲚ̄Ⲧ⸗	*Preis, Wert*	ⲚⲀϢⲈ ⲤⲞⲨⲚ̄ⲦⲤ̄ *ihr Preis ist hoch*
	ⲦⲎⲢ⸗	*ganz, alles*	das Suffix ist dem Beziehungs-wort kongruent: ⲀⲚⲞⲚ ⲦⲎⲢⲚ̄ *wir alle,* ⲠⲈⲔⲤⲰⲘⲀ ⲦⲎⲢϤ̄ *dein ganzer Leib* ⲠⲈⲨⲤⲚⲞϤ ⲦⲎⲢⲞⲨ *ihrer aller Blut*
ⲦⲰⲢⲈ	ⲦⲞⲞⲦ⸗	*Hand*	ⲦⲞⲞⲦ *meine Hand*
	ⲦⲞⲨⲰ⸗	*Busen*	ⲠⲈⲦϨⲒⲦⲞⲨⲰⲤ *ihr Nachbar*
	ϨⲰ(Ⲱ)⸗	*selbst, auch*	Ⲛ̄ⲦⲞⲔ ϨⲰⲰⲔ *auch du* aber: ϨⲰⲦⲦⲎⲨⲦⲚ̄ *auch ihr* ϨⲰⲰϤ *wird auch als Partikel* (*nun, ja*) *verwendet*
ϨⲞ	ϨⲢⲀ⸗	*Gesicht*	ⲀⲤϬⲰϢⲦ̄ ⲈϨⲞⲨⲚ ⲈϨⲢⲀϤ *sie blickte in sein Gesicht*
ϨⲎ	ϨⲎⲦ⸗	*Vorderseite, Bauch*	ⲠⲈⲨⲚⲞⲨⲦⲈ ⲠⲈ ϨⲎⲦⲞⲨ *ihr Gott ist ihr Bauch*
ϨⲎⲦ	ϨⲦⲎ⸗	*Herz, Sinn*	ⲀϤϯϨⲦⲎϤ *er beobachtete*
ⲬⲰⲬ	ⲬⲰ⸗	*Kopf*	vor allem in Präp.: ⲈⲬⲰⲔ *auf dich*

Soll einem mit Suffixpronomen versehenen Nomen ein nominaler Besitzer zugeordnet werden, wird dieser nachgestellt und mit Ⲛ̄- der Identität angeknüpft:
ⲠϢⲎⲢⲈ Ⲛ̄ⲞⲨⲰⲦ ⲠⲈⲦϢⲞⲞⲠ ϨⲚ̄ ⲔⲞⲨⲚϤ̄ Ⲙ̄ⲠⲈϤⲈⲒⲰⲦ
μονογενὴς υἱὸς ὁ ὢν εἰς τὸν κόλπον τοῦ πατρὸς (Joh 1,18vl)
der einzige Sohn, der in seinem, (und zwar) seines Vaters, Schoß ist

☞ Kann das Besitzverhältnis nicht durch Possessivartikel oder Suffix ausgedrückt werden, etwa bei einem indeterminierten Nomen, geschieht dies mittels der nachgestellten Präposition Ⲛ̄Ⲧⲁ⸗ *von, bei:* ⲞⲨϨⲘ̄ϨⲀⲖ Ⲛ̄ⲦⲀϤ *ein Sklave von ihm.*

F. PERSONALPRONOMEN

	unabhängige Pronomen	Subjekt-pronomen	Präfix-pronomen	Suffix-pronomen
1. Person sg.	ⲀⲚⲞⲔ	ⲀⲚⲄ̄-	ϯ-	-ⲓ̈, -Ⲧ[1]
2. Person sg. m.	Ⲛ̄ⲦⲞⲔ	Ⲛ̄ⲦⲔ̄-	Ⲕ-	-Ⲕ
2. Person sg. f.	Ⲛ̄ⲦⲞ	Ⲛ̄ⲦⲈ-	ⲦⲈ-	-∅[2], -Ⲉ[1], -ⲦⲈ[1]
3. Person sg. m.	Ⲛ̄ⲦⲞϤ[3]	(Ⲛ̄Ⲧϥ̄-)	ϥ-	-ϥ
3. Person sg. f.	Ⲛ̄ⲦⲞⲤ	-	Ⲥ-	-Ⲥ
1. Person pl.	ⲀⲚⲞⲚ	ⲀⲚ(Ⲛ̄)-, ⲀⲚⲞⲚ-	Ⲧⲛ̄-	-Ⲛ
2. Person pl.	Ⲛ̄ⲦⲰⲦⲛ̄	Ⲛ̄ⲦⲈⲦⲛ̄-	ⲦⲈⲦⲛ̄-	-Ⲧⲛ̄[4], -ⲦⲈⲦⲛ̄, -ⲐⲨⲦⲛ̄[5]
3. Person pl.	Ⲛ̄ⲦⲞⲞⲨ	-	ⲤⲈ-	-ⲞⲨ, -Ⲩ, -ⲤⲈ[6], -ⲤⲞⲨ[6]

[1] -Ⲧ, -Ⲉ, -ⲦⲈ folgen auf Konsonanten und Doppelvokale:
ϯⲚⲀⲞⲨⲞⲚϨⲦ̄ ⲚⲀϤ ⲈⲂⲞⲖ *ich werde mich ihm offenbaren*
ⲀⲔⲔⲀⲀⲦ *du hast mich gesetzt*
Ist der vorausgehende Konsonant ein Ⲧ, ist bei folgendem -Ⲧ die Schreibung haplographisch: ϨⲒⲦⲞⲞⲦ *durch mich*
[2] -∅ folgt auf einfachen Vokal: ϨⲰⲠ Ⲙ̄ⲘⲞ *Verbirg dich* (fem.)!
[3] Ⲛ̄ⲦⲞϤ wird auch als Partikel (*nun, ja,* usw.) gebraucht (→ M.)
[4] Sofern möglich, wird ein Ⲧⲛ̄- vorausgehender Vokal gedehnt: ⲈⲢⲞ⸗ → ⲈⲢⲰⲦⲛ̄, ⲚⲀ⸗ → ⲚⲎⲦⲛ̄
[5] -ⲐⲨⲦⲛ̄ folgt vorausgehendem Ⲧ und dem status nominalis des Infinitivs:
Ⲛ̄ϨⲎⲦⲐⲨⲦⲛ̄ *unter euch,* ⲀⲒ̈ϪⲈⲨ ⲐⲨⲦⲛ̄ *ich habe euch gesandt*
[6] -ⲤⲈ, -ⲤⲞⲨ finden Verwendung als Objektsuffix nach bestimmten Verben[7] sowie im Possessivsatz.

Das unabhängige Pronomen wird im Nominalsatz (→ **P.**) und zur Hervorhebung (→ **M.**) verwendet. Die Subjektpronomen dienen ausschließlich zur Bildung des Subjekts im binären interlokutiven Nominalsatz (→ **P.1.**). Die Präfixpronomen dienen zur Bildung des Subjekts im Adverbialsatz (→ **S.**). Die Suffixpronomen folgen auf den status pronominalis von Konjugationsbasen des Verbalsatzes (→ **T.**), von Präpositionen (→ **K.**), Infinitiven (→ **O.1.** und **U.**), Verben mit nachgestelltem Subjekt (→ **V.**) sowie Nomina mit eigenem status pronominalis (→ **E.3.**). Sie dienen auch zur Bildung von Subjekt und/oder Objekt im Possessivsatz (→ **R.**).

---

[7] Dazu ausführlicher: Till §200.

Das Personalpronomen der 3. Person sg. f. vertritt auch der Sache nach das im Koptischen nicht vorhandene Neutrum: ⲁϥϫⲟⲟⲥ *er sagte es.* Allerdings können neutrische Sachverhalte koptisch auch durch Maskulina oder pluralisch ausgedrückt werden. Das Personalpronomen der 3. Person pl. dient auch zur Darstellung der unbestimmten Person („man") bzw. zur Umschreibung des Passivs (→ O.3.): ⲁⲩⲱ ⲁⲩϥⲓ ⲙ̄ⲙⲟϥ ⲉϩⲣⲁⲓ̈ ⲉⲃⲟⲗ ϩⲓⲧⲟⲟⲧⲟⲩ *Und er wurde hinaufgenommen von ihnen (weg)* (Apg 1,9).

G. Zur Determination im Koptischen[8]

Ein Nomen ist determiniert durch

- a) den vorangestellten bestimmten Artikel: ⲡⲣⲱⲙⲉ *der Mensch*
- b) den vorangestellten Demonstrativartikel   ⲧⲉⲓϭϩⲓⲙⲉ *diese Frau*
   bzw.   ϯϭϩⲓⲙⲉ *jene Frau*
- c) das vorangestellte Determinativpronomen
   (vor substantiviertem Relativsatz)   ⲡⲉⲧⲥⲱⲧⲙ̄ *der Hörende*
- d) den vorangestellten Possessivartikel   ⲡⲉϥⲃⲁⲗ *sein Auge*
- e) ein Suffixpronomen (bei den nurmehr
   seltenen Nomina mit status pronominalis[9])   ⲣⲟ *Mund* → ⲣⲱϥ *sein Mund*
- f) nachgestelltes ⲛⲓⲙ *jede(r)*   ⲣⲱⲙⲉ ⲛⲓⲙ *jeder Mensch*

☞ ⲛⲓⲙ heißt entweder *jede(r) einzelne* oder *jede(r) beliebige, irgendein(e)*, in letzterem Falle wird das mit ⲛⲓⲙ versehene Nomen als nicht determiniert behandelt.

Per se determiniert sind

- g) Eigennamen (gelegentlich sind Schreibungen mit bestimmtem Artikel möglich, bzw. bei einigen bestimmten Eigennamen üblich)
- h) Personalpronomen

☞ beim Übergang von der Aussage (ϥ̄ⲥⲱⲧⲙ̄ *er hört*) zur Benennung (ⲡⲉⲧⲥⲱⲧⲙ̄ *der Hörende*) kommt es vor (meist femininen) Abstrakta unter Umständen zu scheinbarer Genusinkongruenz zwischen dem determinierenden Artikel und dem Nomen:
ⲟⲩⲙⲉ ⲡⲉ *er ist wahr(haftig)* → ⲡⲙⲉ *der Wahr(haftig)e*[10] (ⲙⲉ *Wahrheit* ist fem. → ⲧⲙⲉ *die Wahrheit*).

Ein Nomen ist nicht determiniert bei

- a) Artikellosigkeit (ein mit dem Determinativpronomen ⲡ- versehener freier Relativsatz kann unter bestimmten Umständen als artikelloses Substantiv aufgefaßt und behandelt werden, → **X.2.** Relativsatz)
- b) vorangestelltem unbestimmtem Artikel

Zur Eigenart des unbestimmten Artikels (ⲟⲩ- sg.m./f., ϩⲉⲛ- pl.m./f.) gehört sein zwiegesichtiger Charakter. Der unbestimmte Artikel kann gebraucht werden

---

[8] Hierzu ausführlicher und einander wunderbar ergänzend: einerseits Jernstedt, Determination und andererseits Polotsky, Determination.

[9] Vgl. **E.3.** Nomina mit eigenem status pronominalis.

[10] Beispiele bei Shisha-Halevy, Categories 143; zur Sache: Polotsky, Grundlagen I, 48f, Determination 467-492.

a) koordinierend; das entspricht, jedenfalls im Singular, dem Gebrauch des unbestimmten Artikels im Deutschen: OYPⲰME *ein Mensch*

b) subordinierend (genetivisch-konstrukt), in der Bedeutung *einer/eine/etwas von*; häufig vor Abstrakta, die das Prädikat eines qualifizierenden Nominalsatzes bilden: OYNOYTE ⲡⲉ *einer von Gott, ein Göttlicher ist er*, ⲡⲱⲁⲭⲉ OYME ⲡⲉ *das Wort ist wahr*; hierzu zählt auch die (fakultative) Verbindung des Fragepronomens OY mit dem unbestimmten Artikel: OYOY ⲡⲉ *Was ist es?* Im Falle der Subordination ist es auch möglich, bestimmte abstrakte Nomina, die ansonsten nur singularisch gebraucht werden, mit dem unbestimmten Pluralartikel zu versehen: ⲛⲉⲓ̈ⲱⲁⲭⲉ ⳍⲉⲛⲙⲉ ⲛⲉ *diese Worte sind wahr*

Die Art der Determination (bzw. Nicht-Determination) eines Nomens bedingt einerseits bestimmte syntaktische Konstruktionen, bzw. erfordern bestimmte syntaktische Muster andererseits bestimmte Formen der Determination. Einige häufige Muster seien hier aufgezählt:

— ein nicht determiniertes Nomen ist niemals Subjekt eines Adverbialsatzes (→ S.)

— das Subjekt eines Existenzsatzes (→ Q.) ist im allgemeinen nicht determiniert

— das Antecedens eines Relativsatzes (→ X.2.) ist stets determiniert

— mit N̄- angeknüpfte Attribute stehen artikellos, Nomina nach dem N̄- der Identität ebenfalls (→ N.3. und 4.)

— auf ⳍⲱⲥ (ὡς) in der Bedeutung *als* unmittelbar folgende Nomina stehen artikellos

— undeterminierte Prädikate eines Nominalsatzes (→ P.) sind niemals artikellos

H. Interrogativa (Fragewörter)

Grundsätzlich gilt: jeder Satz kann auch ohne besondere Kennzeichnung als Fragesatz verwendet werden. ⲞⲨⲚ̄ ⲢⲰⲘⲈ Ⲙ̄ⲠⲈⲒⲘⲀ *Ist jemand hier?* (Wörtl. *Gibt es einen Menschen an diesem Ort?*) Durch die Verwendung von Interrogativpartikeln, -pronomen und -adverbien ist es aber auch möglich, einen Satz ausdrücklich als Fragesatz zu markieren, bzw. die genaue Art der Frage zu bezeichnen.

1. Interrogativpronomen

ⲚⲒⲘ	*Wer? Was?*
ⲞⲨ	*Was?*
ⲈⲦⲂⲈ ⲞⲨ	*Warum?*
ⲬⲈ ⲞⲨ	*Warum?*
Ⲁ;	*Wer? Was? Welcher?*
Ⲛ̄Ⲁ; Ⲛ̄Ⲉ	*In welcher Weise? Wie?*
ⲀⲢⲞ⸗	*Was ist ...? Warum?*
ⲞⲨⲎⲢ (m.), **ⲞⲨⲎⲢⲈ** (f.)	*Wie groß? Wieviel? Wie lange?* (Das Gezählte wird mit Ⲛ̄- angeknüpft)

ⲚⲒⲘ ⲦⲈ ⲦⲀⲘⲀⲀⲨ *Wer ist meine Mutter?* **ⲞⲨ ⲠⲈⲦ†ⲚⲀⲀⲀϤ** (ⲈⲦ†ⲚⲀ = rel. Instans 1.P.sg.) *Was soll ich tun?* (Wörtl. *Was ist das, von dem gilt: ich werde es tun?*). **ⲠⲀⲚⲞⲨⲦⲈ ⲠⲀⲚⲞⲨⲦⲈ ⲈⲦⲂⲈ ⲞⲨ ⲀⲔⲔⲀⲀⲦ Ⲛ̄ⲤⲰⲔ** *Mein Gott, mein Gott, warum hast du mich verlassen?* **ⲬⲈ ⲞⲨ ⲦⲈⲦⲚ̄ⲂⲰⲖ Ⲙ̄ⲘⲞϤ** *Warum löst ihr es (sc. das Füllen)?* (Lk 19,31) **Ⲁ; ⲠⲈ ⲠⲚⲞⳆ** *Was ist größer?* **Ⲛ̄Ⲁ; Ⲛ̄Ⲉ ⲠⲀⲒ ⲚⲀ;ⲰⲠⲈ** *Wie wird das geschehen?* **ⲀⲢⲞⲔ ⲚⲘ̄ⲘⲀⲒ Ⲓ̄Ⲥ̄** *Was hast du mit mir (zu schaffen), Jesus?* (Mk 5,7: τί ἐμοὶ καὶ σοί, Ἰησοῦ). Vgl.: **ⲦⲈⳆⲒⲘⲈ ⲈⲢⲈⲞⲨⲈ;ⲞⲨ (ⲞⲨⲈ;-ⲞⲨ) ⲚⲘ̄ⲘⲀⲒ** *Frau, was willst du mit mir?* (Joh 2,4: τί ἐμοὶ καὶ σοί, γύναι;) **ⲞⲨⲚⲦⲎⲦⲚ̄ ⲞⲨⲎⲢ Ⲛ̄ⲞⲈⲒⲔ** *Wieviel Brot habt ihr?*

ⲞⲨ (als Prädikat eines Nominalsatzes) und **Ⲁ;** (in Verbindung mit **ⲘⲒⲚⲈ**, **Ⲉ** oder **ⳆⲞⲦ** *Art, Weise*) können auch mit unbestimmtem Artikel versehen werden (→ G. Zur Determination im Koptischen):

ⲞⲨⲞⲨ ⲆⲈ ⲠⲈ ⲈⲤⲞⲨⲰⲚ ⲠⲚⲞⲨⲦⲈ *Was aber ist Gotteserkenntnis?* (Wörtl. *Was für eine Sache aber ist es, Gott zu erkennen?*) **ⲞⲨⲀ; Ⲙ̄ⲘⲒⲚⲈ ⲦⲈ ⲦⲈⳆⲒⲘⲈ** *Was ist das für eine Frau?* (Wörtl. *Eine von welcher Art ist die Frau?*)

2. Interrogativadverbien

ⲧⲱⲛ, ⲛ̄ⲧⲱⲛ	*Wo?*
ⲉⲧⲱⲛ	*Wohin?*
ⲉⲃⲟⲗ ⲧⲱⲛ	*Woher?*
ⲧⲛⲁⲩ	*Wann?*
ϣⲁ ⲧⲛⲁⲩ	*Bis wann?*

ⲧⲱⲛ und andere Frageadverbien stehen häufig in einem substantivisch transponierten (→ **X.4.**) Satz: ⲉϥⲧⲱⲛ ⲡⲉⲕⲉⲓⲱⲧ *Wo ist dein Vater?* ⲛ̄ⲧⲁⲩⲉⲓ ⲉⲃⲟⲗ ⲧⲱⲛ *Woher sind sie gekommen?* ⲉⲣⲉⲛⲁⲓ̈ ⲛⲁϣⲱⲡⲉ ⲧⲛⲁⲩ *Wann wird das geschehen?*

3. Interrogativpartikeln

ⲉⲛⲉ	⎫	
ⲉϣⲝⲉ	⎬	Partikeln zur Einleitung eines Fragesatzes
ⲉⲓⲉ (ϩⲓⲉ)	⎭	

ⲉⲛⲉ ⲥⲧⲟ (ⲧⲟ: Stativ von ϯ) ⲛⲁⲓ̈ *Ist es mir erlaubt?* ⲉϣⲝⲉ ⲕⲥⲟⲟⲩⲛ̄ *Weißt du?* (Mt 25,26: ἤδεις;)

4. Interrogativa griechischen Ursprungs

ⲁⲣⲁ (ἆρα)	Partikel zur Einleitung eines Fragesatzes
ⲙⲏ (μή)	zur Einleitung einer rhetorischen Frage
ⲙⲏⲧⲓ (μή τι), auch ⲉⲓⲙⲏⲧⲓ	zur Einleitung einer erstaunten Frage
ⲡⲱⲥ (πῶς)	*Wie? Wieso?*

ⲁⲣⲁ ϯⲛⲁⲟⲩⲱϩ ⲉⲧⲟⲟⲧ ⲉϭⲱϣⲧ ⲉⲡⲉⲕⲣ̄ⲡⲉ ⲉⲧⲟⲩⲁⲁⲃ *Werde ich wiederum auf deinen heiligen Tempel blicken?* (Jona 2,5: ἆρα προσθήσω τοῦ ἐπιβλέψαι πρὸς τὸν ναὸν τὸν ἅγιόν σου) ⲙⲏ ⲉϥⲛⲁϯ ⲛⲁϥ ⲛ̄ⲟⲩⲱⲛⲉ *Wird er ihm etwa einen Stein geben?* ⲙⲏⲧⲓ ⲁⲛⲟⲕ ⲡⲉ *Bin ich's?* ⲉⲓⲉ ⲡⲱⲥ ϭⲉ ⲛ̄ⲧⲉⲧⲛ̄ⲛⲟⲉⲓ ⲁⲛ *Wieso versteht ihr denn nicht?*

I. ZAHLWÖRTER

1. Kardinalia

Zahl	masc.	fem.	mit Zehnern	drucklos
1	ⲟⲩⲁ	ⲟⲩⲉⲓ	-ⲟⲩⲉ (m.)/ -ⲟⲩⲉⲓ (f.)	ⲟⲩ-
2	ⲥⲛⲁⲩ	ⲥⲛ̄ⲧⲉ	-ⲥⲛⲟⲟⲩⲥ (m.)/ -ⲥⲛⲟⲟⲩⲥ(ⲉ) (f.)	
3	ⲱⲟⲙ(ⲛ̄)ⲧ	ⲱⲟⲙⲧⲉ	-ⲱⲟⲙⲧⲉ	ⲱⲙ(ⲛ)ⲧ-
4	ϥⲧⲟⲟⲩ	ϥⲧⲟ(ⲉ)	-ⲁϥⲧⲉ	ϥⲧⲟⲩ-, ϥⲧⲉⲩ-
5	ϯⲟⲩ	ϯ(ⲉ)	-ⲧⲏ	
6	ⲥⲟⲟⲩ	ⲥⲟ(ⲉ)	-ⲁⲥⲉ	ⲥⲉⲩ-
7	ⲥⲁⲱϥ̄	ⲥⲁⲱϥⲉ	-ⲥⲁⲱϥ(ⲉ)	
8	ⲱⲙⲟⲩⲛ	ⲱⲙⲟⲩⲛⲉ	-ⲱⲙⲏⲛⲉ	
9	ⲯⲓⲥ, ⲯⲓⲧ	ⲯⲓⲧⲉ, ⲯⲓⲥⲉ		
10	ⲙⲏⲧ	ⲙⲏⲧⲉ		ⲙⲛ̄ⲧ-
20	ⲭⲟⲩⲱⲧ	ⲭⲟⲩⲱⲧⲉ		ⲭⲟⲩⲧ-
30	ⲙⲁⲁⲃ	ⲙⲁⲁⲃⲉ		ⲙⲁⲃ-
40	ϩⲙⲉ			
50	ⲧⲁ(ⲉ)ⲓⲟⲩ	ⲧⲁ(ⲉ)ⲓⲟⲩⲉ		
60	ⲥⲉ			
70	(ⲥ)ⲱϥⲉ, ⲱⲃⲉ			
80	ϩⲙⲉⲛⲉ			ϩⲙ(ⲉ)ⲛⲉ-
90	ⲡⲥ̄ⲧⲁ(ⲉ)ⲓⲟⲩ			ⲯⲁⲓⲧ-
100	ⲱⲉ			
200	ⲱⲏⲧ			
1000	ⲱⲟ			
10000	ⲧⲃⲁ			

Zahlenangaben in literarischen Texten werden (außer im Bohairischen) in aller Regel als Zahlwort geschrieben, Zahlzeichen (→ **A.1.** Alphabet) werden praktisch nur zur Paginierung verwendet (ⲁ̄ = 1, ⲃ̄ = 2 usw.).

Zehner in Verbindung mit Einern haben, wenn vorhanden, die drucklose (konstrukte) Form, der Einer folgt dem Zehner: ⲙⲛ̄ⲧⲟⲩⲉ *11*. Trifft -ⲧⲏ *5* auf einen auf ⲧ auslautenden Zehner (ⲙⲛ̄ⲧ-, ⲭⲟⲩⲧ-, ⲯⲁⲓⲧ-) wird nur ein ⲧ geschrieben (haplographische Schreibweise): ⲙⲛ̄ⲧⲏ *15*. Folgen die vokalisch anlautenden Einer für *4* und *6* (-ⲁϥⲧⲉ und -ⲁⲥⲉ) auf nicht auf ⲧ auslautende Zehner, wird ein ⲧ eingeschoben: ⲥⲉⲧⲁⲥⲉ *66*.

Der Begriff für das Gezählte wird an das Zahlwort mit N̄- artikellos angeknüpft: ϨΜΕ
N̄ϨΟΟΥ *40 Tage* (Ausnahme: das Zahlwort CNAΥ *2* folgt unmittelbar dem Gezählten:
ϪΟΕΙC CNAΥ *2 Herren*.) Diese Art der Konstruktion gilt auch für die Bildung der
Vielfachen von 100, 1000 und 10000 (außer 200 etc.): †ΟΥ N̄ϢΕ N̄CON *500 Brüder*,
†ΟΥ N̄ϢΟ N̄ΡΩΜΕ *5000 Menschen*, (aber: ϢΟ CNAΥ *2000*), †ΟΥ N̄ΤΒΑ *50000*.
Steht eine drucklose (konstrukte) Form des Zahlwortes zur Verfügung, kann ihr das
Gezählte unmittelbar angeschlossen werden: ϢΜ̄Τ ϨΩΒ *3 Dinge*, ΑϤΤΟΥϢΕ
ungefähr 400 (Α- vor Zahlen heißt *ungefähr*). Ein Beispiel für eine zusammengesetzte
Zahl: CΕΥϢΕ CΕΤΑCΕ *sechshundertsechsundsechzig*. Stehen für das Zahlwort
sowohl maskuline als auch feminine Formen zur Verfügung, richtet sich das
Geschlecht des Zahlwortes nach dem Geschlecht des Gezählten: ϢΟΜN̄Τ N̄ϨΟΟΥ *3
Tage*, ϢΟΜΤΕ N̄ΡΟΜΠΕ *3 Jahre*. Ein Zahlwort wird als Singular behandelt. Wird es
mit einem Artikel versehen, wird demzufolge ein Singularartikel verwendet, das
Geschlecht des Artikels richtet sich wie das Zahlwort nach dem Geschlecht des
Gezählten: ΤϢΟΜΤΕ N̄ϬΟΜ *die 3 Kräfte*, ΠΕϤΜN̄ΤCNΟΟΥC N̄ΜΑΘΗΤΗC *seine 12
Jünger*.

2. Ordinalia

Ordinalia werden aus dem Kardinalzahlwort und dem Präfix ΜΕϨ- gebildet:
ΜΕϨCNAΥ *zweiter*, ΜΕϨCN̄ΤΕ *zweite*, ΜΕϨϢΟΜN̄Τ *dritter* usw. Ausnahme: *Erste/r*
heißt ϢΟΡΠ (m.) bzw. ϢΟΡΠ(Ε) (f.) oder ϨΟΥΕΙΤ (m.) bzw. ϨΟΥΕΙΤΕ (f.).
ΑΥΩ ΠΜΕϨCNAΥ ΑϤϪΙΤC̄ ΑΥΩ ΑϤΜΟΥ ΕΜΠϤ̄ΚΑCΠΕΡΜΑ. ΑΥΩ
ΠΜΕϨϢΟΜN̄Τ ϨΟΜΟΙΩC. *Und der zweite nahm sie und starb, keine Nachkommen
hinterlassend, und der dritte ebenso* (Mk 12,21).
Wie bei den Kardinalia wird das Gezählte mit N̄- artikellos angeknüpft: ϨN̄
ΤΜΕϨCN̄ΤΕ N̄ΟΥΡϢΕ *in der zweiten Nachtwache*, ϢΑ ΤΜΕϨϢΟΜΤΕ Μ̄ΠΕ *bis in
den dritten Himmel*. Ausnahmen: Gelegentlich wird das Ordnungszahlwort dem
Gezählten nachgestellt: ΠΜΟΥ Μ̄ΜΕϨCNAΥ *der zweite Tod*. Das Zahlwort für 2,
CNAΥ, kann dem Gezählten auch unmittelbar folgen, das Präfix ΜΕϨ- steht dann vor
dem Gezählten: Μ̄ΠΜΕϨCΕΠ CNAΥ *zum zweiten Mal*.

3. Brüche

Der Zähler von Brüchen ist in der Regel 1. Werden Brüche als Zahlzeichen
dargestellt, erhält der den Nenner bezeichnende und als Zahlzeichen verwendete
Buchstabe rechts oben einen Schrägstrich: Γ′ = ⅓. Das Zahlzeichen für ½ ist Ϳ.
Werden Brüche als Zahlwort ausgedrückt, werden sie mit vorangestelltem ΡΑ-, ΡΕ-,
ΤΡΕ-, ΟΥN̄- oder ΟΥΩΝ N̄- und dem Zahlwort für den Nenner gebildet:
ΠΡΑϤΤΟΟΥ *das Viertel*, ΠΡΕϢΟΜN̄Τ *das Drittel*, ΠΤΡΕϤΤΟΟΥ *das Viertel*, ΠΕϤΟΥN̄
†ΟΥ *sein Fünftel*, ΟΥΟΥΩΝ N̄ϢΟΜN̄Τ *ein Drittel*. Der Ausdruck für die Hälfte wird

mit ⲡⲁϣⲉ (f.) oder ⲃⲟⲥ, ⲃⲓⲥ-, ⲃⲉⲥ- (m.) gebildet: ϩⲛ̄ ⲧⲡⲁϣⲉ ⲛ̄ⲧⲉⲩϣⲏ *in der Hälfte der Nacht (= um Mitternacht)*, ⲟⲩⲃⲓⲥ ⲟⲩⲛⲟⲩ *eine halbe Stunde*, ϣⲟⲙⲛ̄ⲧ ⲛ̄ϩⲟⲟⲩ ⲟⲩⲃⲟⲥ *dreieinhalb Tage*.

4. Zahlabstrakta

Zahlabstrakta werden mit dem Präfix ⲁⲛ-, Plural ⲁⲛⲁⲛ- gebildet. Zahlabstrakta sind maskulin. ⲁⲛⲥⲁϣϥ̄ *Siebenheit*, ⲁⲛⲁⲛϣⲉ *Hundertschaften*.

J. ITERATION (WORTVERDOPPELUNG)[11]

Iteration, d.h. die unmittelbare Wiederholung eines Wortes hat einerseits distributive, andererseits emphatische (den Wortsinn verstärkende) Bedeutung:

a) distributiv

ⲞⲨⲀ *einer* → ⲞⲨⲀ ⲞⲨⲀ *jeder*

     ⲠⲞⲨⲀ ⲠⲞⲨⲀ *jeder (einzelne)* (sehr häufig)

     ⲦⲞⲨⲈⲒ ⲦⲞⲨⲈⲒ *jede (einzelne)*

ⲦⲀϬ *Stück* → ⲦⲀϬ ⲦⲀϬ *Stück für Stück*

ϢⲎⲘ bzw. ⲔⲞⲨⲒ *klein* → ϢⲎⲘ ϢⲎⲘ bzw. ⲔⲞⲨⲒ ⲔⲞⲨⲒ *allmählich*

ⲀϤⲀⲢⲬⲈⲤⲐⲀⲒ Ⲛ̄ⲬⲞⲞⲨⲤⲈ ⲤⲚⲀⲨ ⲤⲚⲀⲨ *Er fing an, sie auszusenden je zwei (und) zwei* (Mk 6,7).

b) emphatisch

ϢⲎⲘ *klein* → ϢⲎⲘ ϢⲎⲘ *sehr klein*

ϨⲞⲖⲰⲤ *gänzlich* → ϨⲞⲖⲰⲤ ϨⲞⲖⲰⲤ *ganz und gar*

Ⲙ̄ⲘⲎⲚⲈ *täglich* → Ⲙ̄ⲘⲎⲚⲈ Ⲙ̄ⲘⲎⲚⲈ *Tag für Tag*

Beispiele:

ⲠϨⲰⲂ Ⲙ̄ⲠⲞⲨⲀ ⲠⲞⲨⲀ ⲚⲀⲞⲨⲰⲚϨ̄ ⲈⲂⲞⲖ.

Das Werk eines jeden wird offenbar werden (1Kor 3,13).

ⲠⲞⲨⲀ ⲆⲈ ⲠⲞⲨⲀ ⲚⲀϪⲒ Ⲙ̄ⲠⲈϤⲂⲈⲔⲈ ⲔⲀⲦⲀ ⲠⲈϤϨ̄ⲤⲈ·

Jeder aber wird seinen Lohn empfangen gemäß seiner Arbeit (1Kor 3,8).

ⲈⲢⲈⲦⲞⲨⲈⲒ̂ ⲦⲞⲨⲈⲒ̂ ϢⲰⲠ Ⲙ̄ⲘⲈⲦⲢⲎⲦⲎⲤ ⲤⲚⲀⲨ Ⲏ ϢⲞⲘⲚⲦ̄.

... indem jede zwei oder drei Maße faßte (Joh 2,6).

---

[11] Ausführlicher dazu: Shisha-Halevy, Categories 36.46.

K. Präpositionen

Präpositionen existieren in der Regel in zwei status (z.B. ϩⲛ̄-/ⲛ̄ϩⲏⲧ⸗): dem status nominalis, dem ein Nomen folgt und dem status pronominalis, dem ein Suffixpronomen angefügt wird.

ϩⲙ̄ ⲡⲏⲉⲓ *im Haus* ⲛ̄ϩⲏⲧϥ *in ihm*

1. Die gebräuchlichsten Präpositionen

ⲁϫⲛ̄-/ⲁϫⲛ̄ⲧ⸗	*ohne*, Nebenform: ⲉϫⲛ̄-/ⲉϫⲛ̄ⲧ⸗
ⲉ-/ⲉⲣⲟ⸗	*zu, in, an, nach, gegen*; s.a. **K.3.**
ⲉⲣⲛ̄-/ⲉⲣⲱ⸗	*bei, zu, gegen*
ⲉⲣⲁⲧ⸗	*hin zu* (häufig nach ⲱϩⲉ/†ⲁϩⲉ)
ⲉⲧⲃⲉ-/ⲉⲧⲃⲏⲏⲧ⸗	*wegen, über, bezüglich*
ⲉⲧⲛ̄-/ⲉⲧⲟⲟⲧ⸗[12]	*zu, bei, von*
ⲉϫⲛ̄-/ⲉϫⲱ⸗	*auf, über, wegen, für*; auch: *ohne* (wie ⲁϫⲛ̄-/ⲁϫⲛ̄ⲧ⸗)
ⲙⲛ̄- (ⲛⲙ̄-)/ⲛⲙ̄ⲙⲁ⸗	*mit, und*
ⲙⲛ̄ⲛ̄ⲥⲁ-/ⲙⲛ̄ⲛ̄ⲥⲱ⸗	*nach* (temp.)
ⲛ̄-/ⲛⲁ⸗	Präposition des Dativs: *für, zu*
ⲛ̄-/ⲙ̄ⲙⲟ⸗	*in, an, zu, her von, während, durch*
ⲛ̄ⲥⲁ-	*außer*
ⲛ̄ⲥⲁ-/ⲛ̄ⲥⲱ⸗	*hinter, nach, bei*
ⲛ̄ⲧⲉ-/ⲛ̄ⲧⲁ⸗	*von, bei*; zur Umschreibung des Genetivs: meist bei vorangehendem indeterminierten oder mit Demonstrativartikel versehenem Nomen
ⲛ̄ⲧⲛ̄-/ⲛ̄ⲧⲟⲟⲧ⸗	*in, bei, durch, von*
(ⲛ̄)ⲛⲁϩⲣⲛ̄-/(ⲛ̄)ⲛⲁϩⲣⲁ⸗	*bei, vor, angesichts*
ⲟⲩⲃⲉ-/ⲟⲩⲃⲏ⸗	*gegen, zu*
ⲟⲩⲧⲉ-/ⲟⲩⲧⲱ⸗	*zwischen*
ϣⲁ-/ϣⲁⲣⲟ⸗	*zu, bei, bis*
ϩⲁ-/ϩⲁⲣⲟ⸗	*unter, wegen, für, zu, gegen, von her, hin zu*
ϩⲓ-/ϩⲓⲱⲱ⸗	*auf, in, bei, mit, während*
ϩⲛ̄-/ⲛ̄ϩⲏⲧ⸗	*in, an, durch*
ϩⲁⲣⲛ̄-/ϩⲁⲣⲱ⸗	*unter, vor jemanden hin*
ϩⲓⲣⲛ̄-/ϩⲓⲣⲱ⸗	*auf, an, bei*

[12] ⲧⲟⲟⲧ⸗ ist eigentlich der status pronominalis von ⲧⲱⲣⲉ *Hand*. Die Präposition ⲉⲧⲟⲟⲧ⸗ ist wie andere Präpositionen auch eine zusammengesetzte Bildung mit einem Begriff für Körperteile. Vgl. a. E.3.

(ⲉ)ϩⲏⲧ⸗	*vor*
ϩⲁⲧⲛ̄-/ϩⲁⲧⲟⲟⲧ⸗	*unter, neben, bei*
ϩⲓ	*und* (zur Verknüpfung von Nomina, das angeknüpfte Nomen steht artikellos)
ϩⲓⲧⲛ̄-/ϩⲓⲧⲟⲟⲧ⸗	*durch, von, nach, während*
ϩⲁϫⲛ̄-/ϩⲁϫⲱ⸗	*vor, entgegen*
ϩⲓϫⲛ̄-/ϩⲓϫⲱ⸗	*auf, über, neben, für*
ϫⲓⲛ-	*seit*

2. Beispiele für zusammengesetzte Präpositionen

ⲉⲃⲟⲗ ⲛ̄-/ⲙ̄ⲙⲟ⸗	*von, aus*
ⲉⲃⲟⲗ ϩⲛ̄-/ⲛ̄ϩⲏⲧ⸗	*von, aus, vor*
ⲉⲃⲟⲗ ϩⲓⲧⲛ̄-/ϩⲓⲧⲟⲟⲧ⸗	*von, durch*
ⲉϩⲟⲩⲛ ⲉ-/ⲉⲣⲟ⸗	*hinein in, hin zu*
ⲉϩⲟⲩⲛ ϩⲛ̄-	*hinein in*
ⲉⲓⲙⲏⲧⲓ ⲉ-/ⲉⲣⲟ⸗	*außer*
ⲙ̄ⲙⲓⲛ ⲙ̄ⲙⲟ⸗	*eigen, selbst* (zur Betonung von Possessiva und von Reflexivität)
ⲛ̄ϩⲣⲁⲓ̈ ϩⲛ̄-/ⲛ̄ϩⲏⲧ⸗	*in*
ϣⲁϩⲣⲁⲓ̈ ⲉ-/ⲉⲣⲟ⸗	*bis*
ϩⲣⲁⲓ̈ ϩⲛ̄-/ⲛ̄ϩⲏⲧ⸗	*in*
ϩⲁⲑⲏ ⲛ̄-	*vor* (zeitlich und räumlich) auch ϩⲁ-ⲧⲉ⸗ ϩⲏ (mit Possessivartikel): ϩⲁⲧⲉϥϩⲏ *vor ihm* (wörtl. *vor seiner Vorderseite*)
ϫⲓⲛ ⲛ̄-	*seit*

3. Zur Präposition ⲉ-/ⲉⲣⲟ⸗

Die Präposition ⲉ-/ⲉⲣⲟ⸗ ist sehr häufig und wird in vielfältigen syntaktischen Zusammenhängen gebraucht.

a) Zur Bezeichnung der Richtung, des Bezuges auf etwas, des Mittels usw.:

ⲃⲱⲕ ⲉϩⲣⲁⲓ̈ ⲉⲡⲕⲟⲥⲙⲟⲥ ⲧⲏⲣϥ̄ *Geht hinaus in alle Welt!*

ⲁⲥⲛⲁⲩ ⲉⲣⲟϥ *sie sah ihn* (= *blickte auf ihn*)

ⲁϥⲥⲱⲧⲙ̄ ⲉⲣⲟⲥ *er hörte sie*

ⲛⲉⲣⲉⲡⲣⲱⲙⲉ ⲛⲁⲱⲛϩ̄ ⲁⲛ ⲉⲡⲟⲉⲓⲕ ⲙ̄ⲙⲁⲧⲉ

Der Mensch wird nicht vom Brot allein leben.

b) Zum Ausdruck des Vergleichs:

ⲁⲩⲱ ⲉⲓⲥ ⲡⲉϩⲟⲩⲟ ⲉⲥⲟⲗⲟⲙⲱⲛ ⲙ̄ⲡⲉⲓ̈ⲙⲁ. *Und siehe, hier ist mehr als Salomo!*

ϥ̄ϫⲟⲟⲣ ⲉⲣⲟⲓ̈ *Er ist stärker als ich.*

häufig verstärkt durch ⲛ̄ϩⲟⲩⲟ/ⲉϩⲟⲩⲟ *mehr* (von ϩⲟⲩⲟ *Überfluß*):

ⲚⲀⲚⲞⲨⲤ ⲈⲢϨⲨⲠⲎⲢⲈⲦⲈⲒ ⲚϨⲚ̄ⲔⲞⲞⲨⲈ Ⲛ̄ϨⲞⲨⲞ ⲈⲦⲢⲈϨⲚ̄ⲔⲞⲞⲨⲈ Ⲣ̄ϨⲨⲠⲎⲢⲈⲦⲒ ⲘⲘⲞⲔ· *Es ist besser, anderen zu dienen, als andere dich bedienen zu lassen* (Wörtl.: *Es ist gut ..., mehr als ...*).

kontrahiert: ⲦⲈⲒ̈ⲬⲎⲢⲀ Ⲛ̄ϨⲎⲔⲈ ⲀⲤⲚⲞⲨϪⲈ ⲈϨⲞⲨⲈⲚⲈⲦⲚⲞⲨϪⲈ ⲦⲎⲢⲞⲨ. *Diese arme Witwe hat mehr eingelegt als alle Einlegenden.*

auch superlativisch (der Kontext entscheidet): Ⲛ̄ϨⲞⲨⲞ ⲆⲈ ⲈⲚⲀⲢⲒⲀⲚⲞⲤ ⲘⲚ̄ ⲚϨⲈⲖⲖⲎⲚ *am meisten die Arianer und die Griechen*

c) Zur Anknüpfung des Infinitivs

ⲠⲈⲦⲈⲨⲚ̄Ⲧϥ̄ⲘⲀⲀϪⲈ ⲘⲘⲀⲨ ⲈⲤⲰⲦⲘ̄ ⲘⲀⲢⲈϥⲤⲰⲦⲘ̄. *Wer Ohren hat zu hören, soll hören!*

d) Zur Bezeichnung des Schuldners:

ⲀⲨⲠⲈⲦⲈⲢⲞⲔ (ⲀⲨ-Ⲡ-ⲈⲦ-ⲈⲢⲞⲕ) *Gib, was du schuldest!* (Mt 18,28)

ⲠϨⲞⲞⲨⲦ ⲘⲀⲢⲈϥⲧ̄ ⲘⲠⲈⲦⲈⲢⲞϥ Ⲛ̄ⲦⲈϥⲤϨⲒⲘⲈ. ϨⲞⲘⲞⲒⲰⲤ ⲆⲈ ⲦⲔⲈⲤϨⲒⲘⲈ ⲘⲀⲢⲈⲤⲧ̄ ⲘⲠⲈⲦⲈⲢⲞⲤ ⲘⲠⲈⲤϨⲀⲒ̈.

τῇ γυναικὶ ὁ ἀνὴρ τὴν ὀφειλὴν ἀποδιδότω, ὁμοίως δὲ καὶ ἡ γυνὴ τῷ ἀνδρί.

Der Mann gebe, was er schuldet seiner Frau. Ebenso aber auch die Frau, was sie schuldet, gebe sie ihrem Gatten (1Kor 7,3).

4. Präpositionen griechischen Ursprungs

Verhältnismäßig selten verwendet das Koptische Präpositionen griechischen Ursprungs, am häufigsten ⲔⲀⲦⲀ (κατά) *gemäß* (oft in Verbindung mit ϨⲈ *Art, Weise*: ⲔⲀⲦⲀ ⲐⲈ *wie* mit anschließendem Relativsatz) und ⲠⲀⲢⲀ (παρά) *über ... hinaus, mehr als*. Diese beiden existieren (im Koptischen) auch mit eigenem status pronominalis (ⲠⲀⲢⲀⲞⲥ bzw. ⲔⲀⲦⲀⲢⲞⲥ). Gelegentlich findet auch ⲠⲢⲞⲤ (πρός) Verwendung.

ϢⲀⲢⲈⲠⲚⲞⲨⲦⲈ ⲆⲈ ⲧ̄ ⲚⲀϥ Ⲛ̄ⲞⲨⲤⲰⲘⲀ <u>ⲔⲀⲦⲀ</u> ⲐⲈ ⲈⲦϥⲞⲨⲀϢⲥ̄. ⲀⲨⲰ ⲞⲨⲤⲰⲘⲀ ⲘⲠⲞⲨⲀ ⲠⲞⲨⲀ Ⲛ̄ⲚⲈϬⲢⲰⲰϬ <u>ⲔⲀⲦⲀⲢⲞϥ</u>. *Gott aber gibt ihm einen Leib wie er will und einen Leib jedem der Samen ihm gemäß* (1Kor 15,38).

ⲈⲦⲂⲈ ⲞⲨ ⲔⲘⲈ ⲘⲘⲞⲤ <u>ⲠⲀⲢⲀⲢⲞⲚ</u> ⲦⲎⲢⲚ̄ *Warum liebst du sie mehr als uns alle?* (EvPhil p. 64,2)

L. KONJUNKTIONEN

Konjunktionen (Bindewörter) verbinden Sätze oder Satzteile miteinander, und zwar entweder koordinierend (gleichrangige Sätze oder Satzteile werden verbunden) oder subordinierend (der eingeführte Satz oder Satzbestandteil ist durch die einführende Konjunktion als untergeordnet gekennzeichnet). Kombinationen von Konjunktionen (besonders mit ϫⲉ, z.B. ϩⲓⲛⲁ ϫⲉ) sind möglich. Einige Konjunktionen sind eigentlich Präpositionen und werden auch hauptsächlich als solche gebraucht (z.B. ϫⲓⲛ, ⲙⲛ̄ⲛ̄ⲥⲁ). Die gebräuchlichsten Konjunktionen sind:

1. Konjunktionen

Konjunktion	Bedeutung	syntaktische Besonderheiten
ⲁⲩⲱ	*und*	zur Verknüpfung von Sätzen, gelegentlich in Aufzählungen; oft am Satzanfang
ⲉϣⲱⲡⲉ	*wenn*	mit folgendem ⲙ̄ⲙⲟⲛ: *wenn nicht*, mit folgendem ⲉϩⲉ: *wenn ja*
ⲉϣϫⲉ	*wenn, als ob* (Interrogativpartikel, s. **H.3.**)	auch gebraucht zur Einleitung der Apodosis eines Irrealis (mit folgendem Perfekt); mit ⲙ̄ⲙⲟⲛ und ⲉϩⲉ s. ⲉϣⲱⲡⲉ
ⲙⲛ̄ⲛ̄ⲥⲁ	*nachdem*	vor Konjunktiv
ϩⲁⲑⲏ	*bevor*	gelegentlich vor neg. Kompletiv circ.
ϫⲉ	*daß, weil, denn* (kausal); *so daß* (konsekutiv); *damit* (final); *daß* (explikativ); zur Redeeinleitung	final gebrauchtes ϫⲉ steht wie ϫⲉⲕⲁⲥ mit energetischem Futur oder substantivisch transponiertem Instans („Futur II")
ϫⲉⲕⲁ(ⲁ)ⲥ	*damit*	zur Einleitung eines Finalsatzes; steht in Verbindung mit energetischem Futur (obligat bei negierter Aussage) und substantivisch transponiertem Instans („Futur II")
ϫⲛ̄	*oder*	in Fragesätzen
ϫⲓⲛ	*seit*	in Verbindung mit dem Circumstantialis des Adverbialsatzes und mit subst. transponiertem Perfekt („Perfekt II": ϫⲓⲛⲧⲁ⸗, ϫⲓⲛⲧⲁ-)

ⲉϢⲱⲡⲉ ⲘⲘⲞⲚ ⲠⲈⲦⲚⲢⲀⲚ ⲠⲈ ⲀⲦⲤⲂⲱ ..., *wenn nicht, ist euer Name »Unwissend«* ⲉϢⲬⲈ ⲠⲤⲀⲦⲀⲚⲀⲤ ⲀϤⲦⲰⲞⲨⲚ ⲚⲦⲞϤ ⲈⲬⲱϤ ⲀⲨⲱ ⲚⲚⲈϤⲈϢⲀⲌⲈⲢⲀⲦϥ̄. *Wenn der Satan sich wider sich selbst erhöbe, könnte er nicht bestehen.* ⲀϤⲈⲓⲘⲈ ⲈⲢⲞⲞⲨ ⲌⲀⲐⲎ ⲈⲘⲠⲀⲦⲞⲨⲬⲠⲞⲞⲨ[13] *Er kannte sie, bevor sie gezeugt wurden.* ⲀⲨⲱ ⲀⲨⲞⲨⲱⲘ ⲚⲚⲞⲨⲈⲢⲎⲨ (= ⲚⲈⲨⲈⲢⲎⲨ) ⲬⲈ Ⲙ̄ⲠⲞⲨⲌⲈ ⲈⲦⲢⲞⲪⲎ *Und sie fraßen einander, weil sie keine Nahrung fanden.* ⲀϤⲦⲀⲀⲨ ⲚⲚⲈϤⲘⲀⲐⲎⲦⲎⲤ ⲬⲈ ⲈⲨⲈⲔⲀⲀⲨ ⲌⲀⲢⲰⲞⲨ *Er gab sie seinen Jüngern, damit sie sie ihnen vorsetzten.* ⲠⲈⲬⲀϤ ⲬⲈ ⲚⲀⲓ̈ⲀⲦⲞⲨ ⲚⲚ̄ⲌⲎⲔⲈ ⲬⲈ ⲦⲰⲞⲨ ⲦⲈ ⲦⲘⲚ̄ⲦⲈⲢⲞ ⲚⲘ̄ⲠⲎⲨⲈ *Er sprach: Selig die Armen, denn ihrer ist das Reich der Himmel.* ⲀⲨⲱ ⲀⲤⲤⲈⲠⲤⲰⲠϥ̄ ⲬⲈⲔⲀⲤ ⲈϤⲈⲚⲈⲬⲠⲆⲀⲓⲘⲞⲚⲒⲞⲚ ⲈⲂⲞⲖ ⲌⲒⲦⲈⲤϢⲈⲈⲢⲈ *Und sie bat ihn, daß er den Dämon aus ihrer Tochter austreibe.* ⲚⲒⲘ ⲠⲈ ⲚⲦⲀϤⲢⲚⲞⲂⲈ ⲠⲀⲓ̈ ⲠⲈ ⲬⲚ̄ ⲚⲈϤⲈⲒⲞⲦⲈ ⲚⲈ *Wer ist es, der gesündigt hat, ist's dieser oder sind's seine Eltern?* ⲀϤⲬⲚⲞⲨϤ ⲬⲈ ⲈⲚⲈⲀϤⲱⲤⲔ ⲬⲒⲚⲦⲀϤⲘⲞⲨ. *Er fragte ihn, ob er schon lange tot sei (Wörtl.: ob er lange verweilt hat, seit er starb).*

2. Konjunktionen griechischen Ursprungs

Konjunktion	Bedeutung	syntaktische Besonderheiten
ⲀⲖⲖⲀ (ἀλλά)	*aber, sondern*	die am häufigsten verwendete Konjunktion griechischen Ursprungs
ⲈⲒⲘⲎⲦⲒ (εἰ μή τι)	*außer wenn*	u.a. vor Konjunktiv
ⲈⲒⲦⲈ ... ⲈⲒⲦⲈ (εἴτε ... εἴτε)	*sei es ...sei es*	
ⲈⲠⲈⲒ (ἐπεί) ⲈⲠ(Ⲉ)ⲒⲆⲎ (ἐπειδή)	*da, weil*	wird kausal gebraucht
Ⲏ (ἤ)	*oder*	bei Aufzählungen
ⲔⲀⲒⲠⲈⲢ (καίπερ)	*obwohl*	wird konzessiv gebraucht (mit nachfolgendem Circumstantialis)
ⲔⲀⲚ (κἄν)	*obwohl, auch wenn*	konzessiv und konditional gebraucht
ⲘⲎⲠⲞⲦⲈ (μήποτε)	*damit nicht*	vor Konjunktiv
ⲘⲎⲠⲰⲤ (μήπως)	*damit nicht*	vor Konjunktiv
ⲞⲨⲦⲈ ... ⲞⲨⲦⲈ (οὔτε ... οὔτε)	*weder ...noch*	zwischen ⲞⲨⲦⲈ und ⲞⲨⲆⲈ (οὐδέ) *und nicht, auch nicht, aber nicht* unterscheidet das Koptische oft nicht
ϢⲒⲚⲀ (ἵνα)	*daß, damit*	s. ⲌⲒⲚⲀ
ⲌⲈⲰⲤ (ἕως)	*bis*	gelegentlich vor Limitativ

---

[13] Inter p. 2,33f. Im Original Dialekt *L6*, hier dem sahidischen Standard angepaßt.

ϨΙΝΑ (ἵνα)	daß, damit	in der Regel final, gelegentlich konsekutiv gebraucht und wie ϪΕΚΑⲤ mit energetischem Futur bzw. substantivisch transponiertem Instans („Futur II") verbunden[14]
ϨΟⲤΟΝ (ὅσον) ⲈⲪ(Ϩ)ΟⲤΟΝ (ἐφ' ὅσον)	insofern als solange als	
ϨⲰⲤ (ὡς)	als (temp.), als ob, da, solange, während	häufig mit nachfolgendem Circumstantialis
ϨⲰⲤⲦⲈ (ὥστε)	so daß	vor Konjunktiv; gelegentlich Folgerungspartikel: folglich
ϨΟⲦΑΝ (ὅταν)	wenn	wird temporal und konditional gebraucht

ⲘⲚϬⲞⲘ ⲘⲠⲢⲰⲘⲈ ⲈϪΙΛΑΑⲨ ϨΑⲢΟϤ ΟⲨΑΑϤ ⲈⲒ̄ⲘΗⲦΙ ⲚⲤⲈⲦΑΑⲤ ΝΑϤ ⲈΒΟΛ ϨΝ̄ ⲦⲠⲈ. *Unmöglich ist es für einen Menschen, etwas zu nehmen aus sich selbst heraus, außer wenn es ihm vom Himmel gegeben wird* (Joh 3,27). ⲠⲈⲬⲤ̄ ΟⲨⲚ̄ⲦΑϤ ΟⲨΟΝ ΝΙⲘ ϨⲢΑⲓ̈ Ν̄ϨΗⲦϤ̄ ⲈΙⲦⲈ ⲢⲰⲘⲈ ⲈΙⲦⲈ ΑⲄⲄⲈΛΟⲤ *Christus hat einen jeden in sich: sowohl Mensch als auch Engel.* ⲔΑΝ ΟⲨⲚ̄ ⲔⲈΟⲨΑ ..., *auch wenn es etwas anderes gibt* Ⲧⲓ̄ϨⲦΗⲦⲚ̄ (Ⲧⲓ̄-ϨⲦΗⲧⲚ̄) ⲈⲢⲰⲦⲚ ⲘΗⲠΟⲦⲈ ΝⲦⲈⲠⲈⲦⲚϨΗⲦ ϨⲢΟⲱ *Hütet euch, damit euer Herz nicht beschwert ist!* ⲈⲦΒⲈ ⲠΑⲈΙ ΟⲨⲦⲈ ⲚⲈⲦΝΑΝΟⲨΟⲨ ΝΑΝΟⲨΟⲨ ΟⲨⲦⲈ ⲚⲈΘΟΟⲨ ⲤⲈϨΟΟⲨ *Deshalb sind weder die Guten gut, noch die Bösen böse.* ⲦΟⲦⲈ ΑϤⲈⲒ Ν̄ϬΙ ⲠΟⲨΟⲈΙϢ ϨⲈⲰⲤ ϢΑΝⲦⲈⲠϢΗⲢⲈ ϢΗⲘ ΑⲈΙΑⲈΙ *Dann kam die Zeit, bis das kleine Kind groß geworden war.* ΟⲨϨⲈΘΝΙⲔΟⲤ Ⲣ̄ⲢⲰⲘⲈ ⲘΑϤⲘΟⲨ ⲘⲠⲈϤⲰΝϨ ⲄΑⲢ ⲈⲚⲈϨ ϨΙΝΑ ⲈϤΝΑⲘΟⲨ *Ein heidnischer Mensch kann nicht sterben. Er hat nämlich niemals gelebt, so daß er sterben könnte.* ΑϤϪΟΟⲨ ⲘⲠⲈϤϨⲘ̄ϨΑΛ ϢΙΝΑ ⲈϤΝΑⲦⲰϨⲘ Ν̄ⲚϢⲘ̄ⲘΟⲈΙ *Er sandte seinen Sklaven, damit er die Gäste einlade.* ϨⲰⲤ ⲈΝϢΟΟⲠ ϨⲘ̄ ⲠⲈⲈΙⲔΟⲤⲘΟⲤ ϢϢⲈ ⲈⲢΟΝ ⲈϪⲠΟ ΝΑΝ Ν̄ⲦΑΝΑⲤⲦΑⲤΙⲤ *Solange wir in dieser Welt sind, ziemt es sich für uns, uns die Auferstehung zu erwerben.*

---

[14] In einigen in nicht standardisiertem Sahidisch geschriebenen Texten folgt - unter Einfluß nördlicher Dialekte (*F/B*) - auf ϨΙΝΑ gelegentlich auch der Konjunktiv (2ApcJac p.49,16f: ⲘΑⲦⲓ̄ ϨⲦΗⲦⲚ̄ ⲈⲢΟⲈΙ ϨΙΝΑ Ν̄ⲦⲈⲦⲚ̄ΝΑⲨ ⲈⲢΟⲈΙ *Gebt acht auf mich, damit ihr mich seht!*).

M. PARTIKELN UND HERVORHEBUNG

1. Partikeln

Etliche Grammatiken unterscheiden nicht streng zwischen Konjunktionen und Partikeln. Unter Partikeln sind hier nur solche Wörter verstanden, die eine hervorhebende/betonende Funktion innerhalb eines Satzes innehaben. Die Grenze zwischen Partikeln und Konjunktionen ist freilich fließend und deshalb nicht immer eindeutig zu ziehen. (Zum Gebrauch von Negationspartikeln vgl. W. FORMEN DER VERNEINUNG, zum Gebrauch von Interrogativpartikeln vgl. H.3. Interrogativpartikeln.) Das Koptische selbst ist nicht übermäßig reich an Partikeln, greift jedoch oftmals auf Partikeln griechischen Ursprungs zurück, besonders häufig auf ΓΑΡ (γάρ) *denn, nämlich,* und ΔЄ (δέ), *aber, andererseits* (in *L6-* und *L6-*beeinflußten Texten auch Ⲛ̄ΓΑΡ bzw. Ⲛ̄ΔЄ geschrieben). Weiterhin werden ΜЄΝ (μέν) *zwar, einerseits* (*L6* auch Ⲙ̄ΜЄΝ), ОYΝ (οὖν) *nun, also* (nicht zu verwechseln mit ОYⲚ̄- *es gibt!*) u.a. verwendet. Die oben aufgeführten Partikeln stehen stets an zweiter Stelle im Satz (d.h. an der ersten freien Stelle im Satz nach der ersten prosodischen Einheit). Gelegentlich wird die Konjunktion ⲒⲰⲤⲦЄ (ὥστε) als Folgerungspartikel: *folglich, also* verwendet (1ApcJac p. 32,17f: ⲒⲀⲔⲰBⲞⲤ ⲒⲰⲤⲦЄ ⲔⲚⲀⲬⲒ Ⲛ̄ⲚЄⲒ̈Ⲙ̄ⲔⲞⲞⲒ *Jakobus, folglich wirst du diese Leiden erdulden*).

Weitere Partikeln (genuin koptischen Ursprungs) sind: Ⲙ̄ⲘⲀⲦЄ *nur, allein,* ⲞⲚ *auch, wiederum,* ⲢⲰ *selbst, auch, noch, ja usw.* (Partikel zur Bekräftigung), ϬЄ *nun, denn, ja, noch, aber.* Gelegentlich werden auch Ⲛ̄ⲦⲞϥ (eigentlich das unabhängige Personalpronomen der 3.Person sg. m.) und ⲒⲰⲰϥ (von ⲒⲰⲰ⸗ *auch, selbst*) als hervorhebende Partikeln (*nun, ja, aber*) verwendet. Ⲙ̄ⲠⲢϢⲰⲠЄ Ⲛ̄ⲦBⲚⲎ ЄⲢЄⲚ̄ⲢⲰⲘЄ ⲠⲎⲦ Ⲛ̄ⲤⲰⲔ· ⲀⲖⲖⲀ ϢⲰⲠЄ Ⲛ̄ⲦⲞϥ Ⲛ̄ⲢⲰⲘЄ ЄⲔⲠⲎⲦ Ⲛ̄ⲤⲀ Ⲛ̄ⲐⲎⲢⲒⲞⲚ ЄⲐⲞⲞY *Sei kein (Haus-)Tier, indem dich die Menschen verfolgen, sondern sei vielmehr ein Mann, indem du die bösartigen (Wild-)Tiere verfolgst* (Silv p. 86,1-4).

2. Hervorhebung

Zur Einführung des nachgestellten nominalen Subjekts im Verbalsatz (Tripartite Pattern) und im Adverbialsatz (Bipartite Pattern), konkret im Präsens und Instans, dient Ⲛ̄ϬⲒ. D.h. einer konjugierten Verbform, die bereits mit einem pronominalen Subjekt versehen ist, wird das nominale Subjekt nachgestellt, wobei es durch Ⲛ̄ϬⲒ eingeführt wird: ⲀϥⲤⲰⲦⲘ̄ *er hörte* → ⲀϥⲤⲰⲦⲘ̄ Ⲛ̄ϬⲒ ⲠЄⲦⲢⲞⲤ *Petrus hörte* (wörtl. *er, Petrus, hörte*). Die Konstruktion wird auch im Adverbialsatz und bei Verben mit nachgestelltem Subjekt (→ **V.**) gebraucht: ϥⲤⲰⲦⲘ̄ Ⲛ̄ϬⲒ ⲠЄⲦⲢⲞⲤ *Petrus hört,* ⲠЄⲬⲀϥ Ⲛ̄ϬⲒ Ⲓ̄Ⲥ̄ *Jesus sprach/spricht.* Die Setzung von Ⲛ̄ϬⲒ ist auch nach kausativem Infinitiv (→ **U.**) zulässig, nicht jedoch nach Kausativverben (→ **O.5.**).

Eine andere Möglichkeit, ein nominales Subjekt hervorzuheben, ist, einer mit pronominalem Subjekt konjugierten Verbform das nominale Subjekt voranzustellen: ⲡⲉⲧⲣⲟⲥ ⲁϥⲥⲱⲧⲙ̄ *Petrus hörte*. Einfaches affirmatives Perfekt mit nominalem Subjekt lautet: ⲁⲡⲉⲧⲣⲟⲥ ⲥⲱⲧⲙ̄ *Petrus hörte*. Oder aber die Konjugationsbasis erscheint doppelt: ⲁⲡⲉⲧⲣⲟⲥ ⲁϥⲥⲱⲧⲙ̄ *Petrus hörte*. (Vgl. auch unter **X.2**. *Die adjektivische Cleft Sentence*). Zur Hervorhebung kann weiterhin ein unabhängiges Personalpronomen gebraucht werden: ⲛ̄ⲧⲟⲕ ⲋⲉ ⲛ̄ⲧⲕ̄ ⲛⲓⲙ *Du aber, wer bist du?* (Joh 1,22) ⲁⲛⲟⲕ ⲉⲓ̈ⲃⲁⲡⲧⲓⲍⲉ ⲙ̄ⲙⲱⲧⲛ̄ ϩⲛ̄ ⲟⲩⲙⲟⲟⲩ *Ich taufe euch mit Wasser* (Joh 1,26). Auch ein Objekt kann durch Spitzenstellung im Satz hervorgehoben sein: ⲓ̈ⲁⲕⲱⲃ ⲁⲓ̈ⲙⲉⲣⲓⲧϥ̄. ⲏⲥⲁⲩ ⲇⲉ ⲁⲓ̈ⲙⲉⲥⲧⲱϥ *Jakob habe ich geliebt, Esau aber habe ich gehaßt* (Röm 9,13/Mal 1,3).

Zur Verstärkung des Possessivartikels und von Reflexivität dient nachgestelltes ⲙ̄ⲙⲓⲛ ⲙ̄ⲙⲟ⸗ *eigen, selbst* mit dem entsprechenden, d.h. dem Antecedens kongruenten Suffix: ϩⲙ̄ ⲡⲉϥϯⲙⲉ ⲙ̄ⲙⲓⲛ ⲙ̄ⲙⲟϥ *in seinem eigenen Dorf*. ⲕⲁⲓⲅⲁⲣ ⲛ̄ⲧⲁⲡⲉⲭ̄ⲥ̄ ⲣ̄ⲁⲛⲁϥ ⲁⲛ ⲙ̄ⲙⲓⲛ ⲙ̄ⲙⲟϥ *denn auch Christus gefiel sich nicht selbst* (Röm 15,3).

Zur Hervorhebung verschiedener Satzglieder dienen weiterhin ⲟⲩⲁ(ⲁ)⸗ und ⲙⲁⲩⲁ(ⲁ)⸗ (vor -ⲧⲏⲩⲧⲛ̄ ⲟⲩⲁⲁⲧ⸗ bzw. ⲙⲁⲩⲁⲁⲧ⸗) mit den Bedeutungen *allein, eigen* und *selbst*: ⲡⲉⲧϣⲁϫⲉ ϩⲁⲣⲟϥ ⲙⲁⲩⲁⲁϥ ⲉϥϣⲓⲛⲉ ⲛ̄ⲥⲁ ⲡⲉϥⲉⲟⲟⲩ ⲙ̄ⲙⲓⲛ ⲙ̄ⲙⲟϥ *Wer von sich selbst her redet, sucht seinen eigenen Ruhm* (Joh 7,18). ⲟⲩⲣⲱⲙⲉ ⲅⲁⲣ ⲛ̄ⲁⲑⲏⲧ ϣⲁϥⲃⲱⲕ ⲟⲩⲁⲁϥ ⲉϩⲟⲩⲛ ⲉⲡⲉϥϣⲟⲣϣⲣ̄ *Denn allein ein unvernünftiger Mensch geht in sein Verderben* (Silv 97,6ff). ⲛ̄ⲧⲁϥⲡⲱϩ ϣⲁⲣⲱⲧⲛ̄ ⲟⲩⲁⲧⲧⲏⲩⲧⲛ̄ *Ist es* (sc. das Wort) *zu euch allein gekommen?* (1Kor 14,36)

N. Die multifunktionalen Morpheme ⲛ-/ⲛ̄- im Überblick

Das Koptische ⲛ-/ⲛ̄- kommt als sprachlich-syntaktisches Element in sehr vielen, unterschiedlichen Zusammenhängen vor. Besonders für die Anfängerin und den Anfänger ist es deshalb schwierig, anhand einer Grammatik in einem zu analysierenden Text zu bestimmen, um welches ⲛ̄ es sich je und je handelt. Es ist daher an dieser Stelle auf eine linguistische Ordnung der Grammatik verzichtet worden, um die verschiedenen Verwendungen des ⲛ̄ auf einen Blick darzustellen und so das „Geheimnis“ des ⲛ̄ lüften zu helfen.

1. Das ⲛ̄- als bestimmter Pluralartikel (art. def. pl.) und Determinativpronomen (pron. det. pl.)

ⲣⲱⲙⲉ *Mensch* ⲟⲩⲣⲱⲙⲉ *ein Mensch*
ⲡⲣⲱⲙⲉ *der Mensch* ϩⲛ̄ⲣⲱⲙⲉ *Menschen*

ⲛ̄ⲣⲱⲙⲉ *die Menschen* ⲛⲉⲧⲥⲱⲧⲙ̄ *die Hörenden (die, welche hören)*
(art. def. pl.) (pron. det. pl.)

2. Das ⲛ̄- zur Anknüpfung des Objekts

status nominalis ⲛ̄-
ϥⲙⲉ ⲛ̄ⲧⲉϥⲙⲁⲁⲩ *er liebt seine Mutter*

status pronominalis ⲙ̄ⲙⲟ⸗
ϥⲙⲉ ⲙ̄ⲙⲟⲥ *er liebt sie*

3. Das ⲛ̄- zur Anknüpfung eines Attributes (part. attrib.[15])

Ein Attribut folgt dem Wort, das mit ihm versehen wird. Die Verknüpfung erfolgt durch ein dem Attribut vorgesetztes ⲛ̄-, das Attribut folgt dem ⲛ̄- artikellos.

ⲟⲩⲣⲱⲙⲉ ⲛ̄ⲥⲁⲃⲉ *ein weiser Mensch* ⲧϣⲉⲉⲣⲉ ⲛ̄ⲥⲁⲃⲏ *die kluge Tochter*

Bei einigen Attributen, z.B. ⲛⲟϭ *groß*, ⲕⲟⲩⲓ̈ *klein*, bei Zahlwörtern und Mengenbezeichnungen ist die Reihenfolge der Glieder umgekehrt:

ⲡⲛⲟϭ ⲛ̄ⲣⲱⲙⲉ *der große Mensch* ϩⲁϩ ⲛ̄ⲣⲱⲙⲉ *viele Menschen*
ⲟⲩⲕⲟⲩⲓ̈ ⲛ̄ⲕⲱϩⲧ̄ *ein kleines Feuer* ϩⲙⲉ ⲛ̄ϩⲟⲟⲩ *40 Tage*

[15] Die Bezeichnung des jeweiligen ⲛ̄- der unter 2., 3., 4., 7. dargestellten Verwendungsarten als Partikel hat sich (z.B. in den Textausgaben der Reihe *Texte und Untersuchungen*) eingebürgert und wird deshalb hier teilweise angeführt, auch wenn sie nicht der im Abschnitt Partikeln vorausgesetzten engeren Fassung des Begriffs entspricht.

Bei einigen (sehr engen) Verbindungen wird das Attribut unmittelbar angefügt.

ΠϢΗΡΕ ϢΗΜ *das kleine Kind*   ΡⲰΜΕ ⲤⲚⲀⲨ *zwei Menschen*
ΠϢΗΡΕ ΚΟⲨⲒ *der junge Knabe*   ⲌⲒⲞΜΕ ⲤⲚ̄ⲦΕ *zwei Frauen*

4. Das N̄- der Identität (part. ident.)

Der von N̄- abhängige Ausdruck steht erstens artikellos, bzw. ohne bestimmten Artikel. Die häufigste und wichtigste Verbindung ist die in Wendungen mit ϢⲰⲠΕ/ϢΟΟΠ und Ο (Stativ von ΕⲒΡΕ):

ⲀⲨϢⲰⲠΕ Ⲛ̄ΚⲀⲦⲀⲖⲒΚΟⲤ *Sie wurden verdammt.*
ϤϢΟΟΠ ⲚⲀⲚ (Dat.) Ⲛ̄ΕⲒⲚΕ *Er ist für uns Vorbild.*
ⲤΕΟ Ⲛ̄ⲌⲘ̄ⲌⲀⲖ Μ̄ΠΜΟⲨ *Sie sind Sklaven des Todes.*
ⲀⲒⳜⲒ Μ̄ΜΟⲤ Ⲛ̄ⲤⲌⲒΜΕ *Ich nahm sie zur Frau.*
ⲀϤΟⲨⲰⲚⲌ̄ ΕΒΟⲖ Ⲛ̄ⲤⲀΡⳜ *Er offenbarte sich als Fleisch.*

Zur Auflösung eines pronominalen Ausdrucks steht zweitens das N̄- der Identität auch vor bestimmtem Artikel.

ΠΕⲦⲢ̄ⲌΟⲦΕ ⲆΕ ⲌⲎⲦϤ̄ Μ̄ΠⲚΟⲨⲦΕ ΜⲀϤⲢ̄ⲖⲀⲀⲨ Ⲛ̄ⲦΟⲖΜΗΡⲒⲀ·
Wer aber Gott (wörtl. *ihn als den Gott*) *fürchtet, begeht keine Dreistigkeit* (Silv p. 108,20ff).
ϢⲰΠΕ ΕΚΡ̄ⲀⲚⲀϤ Μ̄ΠⲚΟⲨⲦΕ *Werde Gott wohlgefällig!* (Silv p. 98,18f)

Problematisches: Schwierig einzuordnen ist ein N̄-, das syntaktisch nur als N̄- der Identität bzw. attributives N̄- verstanden werden kann, jedoch ohne Beziehungswort (das dann als imaginäres hinzugedacht werden muß: etwa ΕϤΟ bzw. ΟⲨΡⲰΜΕ) im Satz steht:

ΕΒΟⲖ ⲌΜ̄ ΠⲄΕⲚΟⲤ Μ̄ΠⲒⲤΡⲀΗⲖ. ⲦΕϤⲨⲖΗ ⲚΒΕⲚⲒⲀΜΕⲒⲚ. Ⲛ̄ⲌΕΒΡⲀⲒΟⲤ ΕΒΟⲖ ⲌⲚ̄ Ⲛ̄ⲌΕΒΡⲀⲒΟⲤ. Μ̄ϤⲀΡⲒⲤⲀⲒΟⲤ ΚⲀⲦⲀ ΠⲚΟΜΟⲤ.
ἐκ γένους Ἰσραήλ, φυλῆς Βενιαμίν, Ἑβραῖος ἐξ Ἑβραίων, κατὰ νόμον Φαρισαῖος (Phil 3,5).
Aus dem Volk Israel, dem Stamm Benjamin, **Hebräer** *aus den Hebräern,* **Pharisäer** *nach dem Gesetz.*

5. N̄-/ṀMO⸗ als Präposition *in, an, durch* etc.

status nominalis N̄-
ⲀⲨϬⲞⲖϤ̄ ⲚⲞⲨⲤⲦⲞⲖⲎ *sie hüllten ihn in ein Kleid*

status pronominalis ṀMO⸗
ⲀⲨϬⲞⲖϤ̄ ṀMⲞⲤ *sie hüllten ihn in es*

6. N̄-/NⲀ⸗ als Präposition (des Dativs)

Die Präposition N̄- /NⲀ⸗ (2.P.sg.f. NⲈ, 2.P.pl. NⲎⲦN̄) vertritt unseren Dativ, sie steht auch gelegentlich, quasi als Dativus ethicus, zur Verstärkung des Imperativs.

status nominalis N̄-:
ⲠⲈⲞⲞⲨ ṀⲠⲚⲞⲨⲦⲈ ϨN̄ ⲚⲈⲦⲜⲞⲤⲈ *Ehre sei Gott in den Höhen* (Lk 2,14).
status pronominalis NⲀ⸗:
ⲀⲒⲜⲒ ṀMⲞⲤ NⲀⲒ̈ N̄ⲤϨⲒⲘⲈ *Ich nahm sie mir zur Frau.*
ṀⲠⲢ̄ⲘⲞⲨⲦⲈ ⲈⲈⲒⲰⲦ ⲚⲎⲦN̄ ϨⲒⲜM̄ ⲠⲔⲀϨ *Nennt niemanden für euch auf Erden Vater!* (Mt 23,9; Dativus ethicus)
ⲚⲞⲨⲚⲞⲂⲈ ⲔⲎ NⲈ ⲈⲂⲞⲖ *Deine (f.) Sünden sind dir (f.) vergeben* (Lk 7,48).

7. Das N̄- zur Anknüpfung eines Genetivs (part. gen.)

Das mit N̄- angeknüpfte Nomen hat meist einen bestimmten Artikel, bzw. ist determiniert. Ist das vorangehende (Bezugs-)Wort indeterminiert oder mit Possessivartikel versehen, wird in der Regel die Präposition N̄ⲦⲈ-/N̄ⲦⲀ⸗ zur Umschreibung des Genetivs verwendet.)
ⲦⳜⲈⲈⲢⲈ N̄ⲦⲈⲤϨⲒⲘⲈ *die Tochter der Frau*
ⲠⲔⲀⲢⲠⲞⲤ N̄ⳜⲎⲚ ⲚⲒⲘ *die Frucht jedes Baumes*
aber: ⲞⲨϨM̄ϨⲀⲖ N̄ⲦⲈⲠⲜⲞⲒ̈Ⲥ *ein Knecht des Herrn*

8. Das N̄- zur Anknüpfung eines Infinitivs

Neben der Präposition Ⲉ- findet auch N̄- Verwendung, um einen Infinitiv an einen Verbalausdruck anzuknüpfen.
ⲀⲨⲀⲢⲬⲈⲒ N̄ⳜⲀⳜⲈ *Sie begannen zu sprechen.*
N̄ⲤⲈⲤⲞⲞⲨN̄ ⲀⲚ N̄ⲤϨⲀⲒ *Sie können nicht schreiben.*

9. Weitere Verwendungen von N-/N̄-

Das N̄- findet weiterhin Verwendung als
— Suffixpronomen der 1. Person pl. (→ F. PERSONALPRONOMEN)
— Konjugationselement des Konjunktivs (z.B. N̄ϤⲤⲰⲦM̄)

— in der Negation eines Satzes oder Satzteiles (N̄- ... ⲁⲛ), sofern dafür nicht andere Negationsformen vorgesehen sind (→ **Y. Formen der Verneinung**)
— als Bildungselement von Adverbien (vor indeterminierten Ausdrücken): N̄ϨⲞⲨⲞ *mehr*, N̄ⲔⲈⲤⲞⲠ *wiederum, neulich*
— als status nominalis des Infinitivs von ⲈⲒⲚⲈ *bringen* (ⲀϤN̄ⲠⲦⲨⲠⲞⲤ *er brachte das Muster hervor*)

10. N̄- als Konverter (statt Ⲉ-)

Till (§ 462) gibt als (möglichen) Relativkonverter des Aorists (bei Till: Praesens consuetudinis) im sahidischen und fajjumischen Dialekt N̄ an, ohne allerdings Beispiele anzugeben. Diese finden sich bei Steindorff, Lehrbuch § 474. Bei zwei der drei dort aufgeführten sahidischen Beispiele kann es sich aus syntaktischen Gründen allerdings nur um Umstandssätze handeln (ⲞⲨⲤⲰⲚⲈ N̄ϢⲀⲨⲘⲞⲨⲦⲈ ⲈⲢⲞⲤ ⲬⲈ ⲘⲀⲢⲒⲀ *eine Schwester, die Maria genannt wird*)[16]. Es handelt sich bei N̄ϢⲀ(ⲢⲈ) um eine relativ seltene Nebenform zur Transponierung eines Aorists, die in bestimmten Textzeugen jedoch gehäuft auftreten kann. Weitere Beispiele für den Konverter N̄- vor ϢⲀ(ⲢⲈ): Mk 15,8 (sowohl ed. Quecke als auch ed. Aranda), häufig in Mt (ed. Aranda), z.B. 7,17; 12,35; 25,32. Das Beispiel Mt 12,35 zeigt überdies, daß dort, wo N̄- für Ⲉ- eintritt, jeder Konverter Ⲉ-, also auch der für die substantivische Transposition[17], durch N̄- ersetzt werden kann: ⲠⲢⲰⲘⲈ N̄ⲀⲄⲀⲐⲞⲤ ⲈⲂⲞⲖ ϨⲘ̄ ⲠⲈϤϨⲞ ⲈⲦⲚⲀⲚⲞⲨϤ N̄ϢⲀϤⲦⲀϨⲞ ⲈⲂⲞⲖ Ⲙ̄ⲠⲠⲈⲦⲚⲀⲚⲞⲨϤ. *Der gute Mensch, aus seinem guten Schatz bringt er das Gute hervor.*

---

[16] Das Antecedens (ⲞⲨⲤⲰⲚⲈ) ist nicht determiniert.
[17] Als Konverter der substantivischen Transposition vor Aorist ist N̄- auch für den mittelägyptischen Dialekt des Koptischen belegt. Vgl. Funk, Beiträge des mittelägyptischen Dialekts 185.

O. DAS VERB

Das koptische Verb existiert grundsätzlich in zwei Formen, dem Infinitiv einerseits, dem Stativ (früher, etwa bei Till: das Qualitativ) andererseits. Nicht alle Verben bilden beide Formen. Zu den Verben mit nachgestelltem Subjekt vgl. Kapitel **V.**, zum sogenannten Participium coniunctum vgl. **B.2.** Nominalbildungspräfixe.

1. Der Infinitiv

Der Infinitiv beschreibt eine Tätigkeit bzw. einen Vorgang. Der transitive Infinitiv bildet drei status: den status absolutus, den status nominalis und den status pronominalis.

1. status absolutus:	ⲕⲱ *setzen, legen, lassen*
2. status nominalis:	ⲕⲁ-
3. status pronominalis:	ⲕⲁⲁ⸗

Das direkte Objekt, das dem transitiven Infinitiv folgt, wird an den status absolutus mittels ⲛ̄-/ ⲙ̄ⲙⲟ⸗ (→ N.2.), an den status nominalis und den status pronominalis unmittelbar angeknüpft. Auf den status pronominalis folgt ein Suffixpronomen (→ **F.** PERSONALPRONOMEN). Innerhalb des einfachen Adverbialsatzes (Präsens) einschließlich seiner Transpositionen ist der Gebrauch des status nominalis nur eingeschränkt und der des status pronominalis nicht zulässig (→ **S.2.** Die Stern-Jernstedtsche Regel). Von Verben griechischen Ursprungs existiert kein status nominalis beziehungsweise pronominalis. Ihr Gebrauch entspricht dem des status absolutus.

1. status absolutus:	ⲁⲩⲱ ⲥⲉⲕⲱ ⲛ̄ⲛⲉⲩⲧⲱⲧⲉ (Adverbialsatz) *Und sie legen ihre Quasten an* (Mt 23,5).
2. status nominalis:	ⲁϥⲕⲁ ⲡⲁⲩⲗⲟⲥ ⲉϥⲙⲏⲣ (Perfekt) *Er ließ Paulus gebunden zurück* (Apg 24,27).
3. status pronominalis:	ⲁϥⲕⲁⲁⲥ ⲛ̄ϭⲓ ⲡⲉϩⲙⲟⲙ (Perfekt) *Das Fieber verließ sie* (Mt 8,15).

Ein Infinitiv kann als Substantiv gebraucht und (dann) mit Artikel versehen werden. Ein substantivierter Infinitiv wird stets als Maskulinum behandelt: ϣⲁϫⲉ *reden* → ⲡϣⲁϫⲉ *das Wort*. Ein bloßer Infinitiv kann auch als Imperativ gebraucht werden (→ **W.** DER IMPERATIV).

2. Der Stativ

Der Stativ eines transitiven Verbs bezeichnet einen Zustand, das Ergebnis einer Handlung. Der Stativ eines intransitiven Verbs bezeichnet eine Qualität (ϨⲞⲖϬ *süß sein*), bzw., insbesondere bei Verben der Bewegung, die Fortdauer eines Vorgangs (ϥ̄ⲂⲎⲔ *er geht*). Der Stativ hat niemals ein Objekt. Einige Verben existieren nurmehr als Stativ (z.B. ϨⲞⲞⲨ *böse sein*, ϨⲘⲞⲞⲤ *sitzen, wohnen*). Der Gebrauch des Stativs ist ausschließlich innerhalb des Adverbialsatzes (Zweiteiliges Schema/Bipartite Pattern) einschließlich seiner Transpositionen zulässig. Verben der Bewegung werden innerhalb des Adverbialsatzes in der Regel als Stativ (sofern existent) gebraucht. Zur Besonderheit des Instans vgl. **S.3.** Gebräuchliches Sigel für den Stativ (in Wörterbüchern, Registern zu Textausgaben etc.) ist ein hochgestelltes Kreuz (†): ⲔⲰ (Infinitiv) *legen* → †ⲔⲎ bzw. ⲔⲎ† *liegen*.

ⲀϤⲔⲀⲀⲨ ⲈⲂⲞⲖ (trans.) *er hat sie vergeben* → ⲤⲈⲔⲎ ⲈⲂⲞⲖ *sie sind vergeben*
ⲀϤⲠⲰⲦ (intr.) *er floh* → ϥ̄ⲠⲎⲦ *er flieht*

Ein Stativ kann in der Regel nicht unmittelbar nominalisiert werden. Soll ein Stativ substantiviert werden, geschieht dies mittels eines freien Relativsatzes: ϨⲞⲞⲨ *böse sein* → ⲠⲈⲦϨⲞⲞⲨ *Böses*, ⲠⲠⲈⲦϨⲞⲞⲨ *das Böse*.

3. Aktiv - passiv - reflexiv

Der koptische Infinitiv hat keine eigenständige Passivform. Er hat meist aktivische Bedeutung, zahlreiche Verben können jedoch auch passivisch gebraucht werden (meist im Verbalsatz). Vgl. den unterschiedlichen Gebrauch von ⲬⲰⲔ in Apg 13,33 (aktiv) und Eph 5,18 (passiv):
ⲬⲈ ⲀⲠⲚⲞⲨⲦⲈ ⲬⲞⲔϥ̄ ⲈⲂⲞⲖ Ⲛ̄ⲚⲈⲨϢⲎⲢⲈ
Denn Gott hat es (sc. das Versprechen) *ihren* (pl.) *Kindern erfüllt* (Apg 13,33).
ⲀⲨⲰ Ⲙ̄ⲠⲢ̄†Ϩⲉ ϨⲚ̄ ⲞⲨⲎⲢⲠ̄ ... ⲀⲖⲖⲀ Ⲛ̄ⲦⲈⲦⲚ̄ⲬⲰⲔ ⲈⲂⲞⲖ ϨⲘ̄ ⲠⲈⲠⲚ̄Ⲁ
Und betrinkt euch nicht mit Wein ..., sondern werdet erfüllt durch den Geist! (Eph 5,18)
Passivischer Gebrauch ist auch von Infinitiven griechischen Ursprungs möglich:
ⲀⲨⲰ Ⲛ̄ⲦⲞⲞⲨ ⲦⲎⲢⲞⲨ ⲀⲨⲂⲀⲠⲦⲓⲌⲈ ⲈⲘⲰ̈ⲨⲤⲎⲤ
καὶ πάντες εἰς τὸν Μωϋσῆν ἐβαπτίσθησαν
Und sie alle sind auf Mose getauft worden (1Kor 10,2).

Der Stativ eines transitiven Verbs hat den Sinn eines Zustandspassivs: ⲚⲈⲔⲚⲞⲂⲈ ⲔⲎ ⲚⲀⲔ ⲈⲂⲞⲖ *deine Sünden sind dir vergeben* (Lk 5,20). Das Subjekt (= patiens) des Stativs entspricht dem Objekt des transitiven Verbs.

Passivische Vorgänge werden häufig durch den Gebrauch der 3. Person pl. als unbestimmte Person („man") umschrieben:

ⲬⲈ ⲀⲨⲬⲠⲟ ⲚⲎⲦⲚ̄ Ⲙ̄ⲠⲞⲞⲨ Ⲙ̄ⲠⲤⲰⲦⲎⲢ
Denn euch wurde heute der Heiland geboren (Lk 2,11).
ⲦⲞⲦⲈ Ⲓ̄Ⲥ̄ ⲀⲨⲬⲒⲦϤ̄ ⲈⲞⲢⲀⲒ̈ ⲈⲦⲈⲢⲎⲘⲞⲤ ⲈⲂⲞⲖ Ⲟ̄ⲒⲦⲘ̄ ⲠⲈⲠⲚ̄Ⲁ̄ ⲈⲦⲢⲈⲨⲠⲒⲢⲀⲌⲈ
Ⲙ̄ⲘⲞϤ ⲈⲂⲞⲖ Ⲟ̄ⲒⲦⲘ̄ ⲠⲆⲒⲀⲂⲞⲖⲞⲤ.
Da wurde Jesus in die Wüste gebracht durch den Geist, damit er versucht würde durch den Teufel (Mt 4,1).

Der Aktiv-Passiv-Relation entsprechen auch einige Wortpaare von verba composita, die mit ⲧ *geben* einerseits und ⲬⲒ *nehmen, empfangen* andererseits gebildet werden:
ⲧⲂⲀⲠⲦⲒⲤⲘⲀ *taufen (Taufe geben)* - ⲬⲒⲂⲀⲠⲦⲒⲤⲘⲀ *getauft werden (Taufe empfangen)*

Zur Bezeichnung reflexiver Vorgänge hat das Koptische keine eigenständigen Formen. Das mit dem Handlungsträger kongruente direkte pronominale Objekt dient zum Ausdruck der Reflexivität. Bei den ersten und zweiten Personen versteht sie sich von selbst, bei den dritten Personen ergibt sie sich aus dem Kontext (ⲀϤⲚⲞⲬϤ̄ kann bedeuten *er legte sich* oder *er legte ihn*).
ⲀⲨⲰ ⲀⲒ̈ⲔⲦⲞⲒ̈ ⲈⲚⲀⲨ ⲈⲦⲈⲤⲘⲎ Ⲙ̄ⲠⲈⲦϢⲀⲬⲈ ⲚⲘ̄ⲘⲀⲒ̈
Und ich wandte mich, um nach der Stimme dessen zu sehen, der mit mir sprach (Apk 1,12).
Ⲙ̄ⲠⲢ̄ⲚⲞⲬⲔ̄ Ⲛ̄ⲦⲠⲈ *Setz dich nicht oben hin!* (Lk 14,8)
ⲀⲠⲆⲒⲀⲂⲞⲖⲞⲤ ⲤⲀⲞ̄ⲰⲰϤ ⲈⲂⲞⲖ Ⲙ̄ⲘⲞϤ *Der Teufel entfernte sich von ihm* (Lk 4,13).
Entsprechendes gilt für verba composita, die mit einem Begriff für Körperteile, der einen eigenen status pronominalis besitzt[18], gebildet werden. Das possessive Suffix drückt hier die Reflexivität aus: ⲔⲰ Ⲛ̄Ⲟ̄ⲦⲎ︦ bzw. ⲔⲀⲞ̄ⲦⲎ︦ *vertrauen, überzeugt sein* (wörtl. *seinen Sinn setzen*).
Wird ein reflexivisch gebrauchter Infinitiv außerhalb der Konjugation verwendet (z.B. substantivisch als Subjekt eines Satzes) tritt das Suffix der 2. Person sg. m. als allgemeine Person ein:
ⲬⲈ ⲚⲀⲚⲞⲨ ⲞⲨⲀⲞ̄Ⲕ̄ Ⲛ̄ⲤⲀ ⲠⲬⲞⲈⲒⲤ (ⲞⲨⲀⲞ̄︦ Ⲛ̄ⲤⲀ- wörtl. *sich hinter ... begeben*)
... weil es gut ist, dem Herrn nachzufolgen (Sir 46,10).

Eine Besonderheit stellt das mit dem Stativ ⲀⲞ̄Ⲉ (vom intransitiven ⲰⲞ̄Ⲉ *bleiben*) gebildete ⲀⲞ̄Ⲉ ⲈⲢⲀⲦ︦ (meist kontrahiert: ⲀⲞ̄ⲈⲢⲀⲦ︦) mit der Bedeutung *sich hinstellen* dar. ⲀⲞ̄Ⲉ ⲈⲢⲀⲦ︦ kann auch außerhalb des Adverbialsatzes wie ein Infinitiv gebraucht werden.
ⲀϤⲀⲞ̄ⲈⲢⲀⲦϤ̄ Ⲟ̄ⲒⲬⲰⲤ *Er stellte sich zu ihr* (Lk 4,39).

---

[18] Vgl. E.3. Nomina mit eigenem status pronominalis.

4. Die Präverbale

Zur Modifikation der Verbalaussage können zwischen ein konjugiertes Verb und die Konjugationsbasis sogenannte Präverbale geschaltet werden. Prinzipiell ist die Voranstellung eines Präverbals sowohl vor einem Infinitiv als auch vor einem Stativ möglich. Die (syntaktischen) Regeln der Konjugation (Stern-Jernstedtsche Regel im Zweiteiligen Schema, → S.2., Ausschluß des Stativs vom Dreiteiligen Schema) werden durch den Gebrauch von Präverbalen nicht berührt, sie funktionieren bzw. gelten gewissermaßen über das Präverbal hinweg zwischen Konjugationsbasis und konjugiertem Verb.[19] Die häufigsten Präverbale sind ⲣ̄ⲡⲕⲉ- (etwas) *auch* (tun), ⲣ̄ϩⲟⲩⲉ- verstärkend: (etwas) *übermäßig, in besonderem Maße* (tun) und ϣⲣⲡ̄-, ϣⲣⲡ̄ ⲛ̄-, ⲣ̄ϣ(ⲟ)ⲣⲡ̄ (ⲛ̄)- (etwas) *schon, bereits, früher, vorher* (tun) (temporal und modal).

ⲭⲉ ⲉϣⲭⲉ ⲁⲓⲣ̄ⲡⲕⲉⲗⲩⲡⲓ ⲙ̄ⲙⲱⲧⲛ̄ ϩⲛ̄ ⲧⲉⲡⲓⲥⲧⲟⲗⲏ
denn wenn ich euch auch betrübt habe durch den Brief ... (2Kor 7,8).

ⲭⲉ ⲥⲣ̄ϩⲟⲩⲉⲁⲩⲝⲁⲛⲉ ⲛ̄ϭⲓ ⲧⲉⲧⲛ̄ⲡⲓⲥⲧⲓⲥ
denn euer Glaube wächst sehr (2Thess 1,3).
ὅτι ὑπεραυξάνει ἡ πίστις ὑμῶν

ⲛⲉϯϣⲣⲡ̄ⲭⲱ ⲙ̄ⲙⲟⲟⲩ ⲛⲏⲧⲛ̄ ⲕⲁⲧⲁ ⲑⲉ ⲉⲛⲧⲁⲓ̈ϣⲣⲡ̄ⲭⲟⲟⲩ
..., die ich euch voraussage, wie ich sie (schon) *vorausgesagt habe* (Gal 5,21).
ἃ προλέγω ὑμῖν καθὼς προεῖπον

ⲉⲥⲉⲓⲛⲉ ⲙ̄ⲡⲓⲅⲉⲛⲟⲥ ⲉⲡⲉⲥⲏⲧ· ⲉⲃⲟⲗ ϩⲙ̄ ⲡⲏ ⲉⲧⲣ̄ϣⲟⲣⲡ̄ ⲛ̄ϣⲟⲟⲡ·
..., als sie dies Geschlecht nach unten brachte aus jenem, der präexistent ist (1ApcJac p. 34,5ff).

5. Verbalklassen

Hinsichtlich ihrer Form lassen sich die koptischen Verben verschiedenen Verbalklassen zuordnen.[20] A. Shisha-Halevy (Chrestomathy 199-201) unterscheidet sieben Klassen und eine „irregular class":
Klasse I: dreikonsonantige Wurzeln (ⲥⲱⲧⲡ̄, ⲟⲩⲱⲛϩ̄)
Klasse II: zweikonsonantige Wurzeln (ⲕⲱⲧ, ⲡⲱⲧ, ⲙⲟⲩⲣ)
Klasse III: Wurzeln mit medialem *glottal stop* (ⲡⲱⲱⲛⲉ, ⲧⲱⲱⲃⲉ)
Klasse IV: Wurzeln mit reduplizierter Silbe (ϣⲧⲟⲣⲧⲣ̄, ⲛⲟϭⲛⲉϭ)
Klasse V: ⲧ-Kausativa (ⲧⲁⲙⲟ, ⲧⲥⲁⲃⲟ *lehren*, ⲭⲡⲟ)
Klasse VI: Qualitäts- bzw. Zustandsverben (ϩⲗⲟϭ *süß sein*, ⲙ̄ⲕⲁϩ)
Klasse VII: „*j-absolut*"-Wurzeln (ⲭⲓⲥⲉ, ⲭⲉⲥ-, ⲭⲉⲥⲧ⸗/ⲭⲁⲥⲧ⸗, ⳁⲭⲟⲥⲉ)
Irreguläre Klasse: Sammelklasse (ⲉⲓⲣⲉ, ϯ, ⲥϩⲁⲓ̈, ⲉⲓ)

---

[19] Dazu ausführlich, insbesondere bezüglich der Verwendung von Präverbalen vor Stativ: W.-P. Funk, Zur Syntax II.
[20] Diese Zuordnung erfolgt in den einschlägigen Grammatiken nicht einheitlich. Vgl. Stern §§ 357-365, Steindorff, Lehrbuch §§ 232-292, Till §§ 266-280.

Die ⲧ-*Kausativa*

Von besonderem Interesse sind die Verben in Klasse V, die sogenannten ⲧ-Kausativa. Durch Vorsatz von ⲧ und auslautendes ⲟ entstehen kausative Verben, die mit dem Verb, von dem sie abgeleitet sind, ein kausativ-resultatives Wortpaar bilden:

ⲧⲁⲗⲟ *emporheben*	ⲁⲗⲉ *aufsteigen*
ⲧⲙ̄ⲙⲟ *füttern*	ⲟⲩⲱⲙ *essen*
ⲧⲙ̄ϩⲟ *anzünden*	ⲙⲟⲩϩ *brennen*
ⲧⲥⲟ *tränken*	ⲥⲱ *trinken*
ⲧⲥⲃ̄ⲕⲟ *klein machen*	ⲥⲃⲟⲕ *klein werden*
ⲧⲥⲛ̄ⲕⲟ *säugen*	ⲥⲱⲛⲕ̄ *saugen*
ⲧϩⲓⲟ, ⲑⲓⲟ *fällen*	ϩⲉ *fallen*
ϫⲡⲟ (ⲧ+ϣ = ϫ) *gebären, zeugen*	ϣⲱⲡⲉ *werden*

Analoge Ableitungen von Adjektiven sind belegt: ⲧⲥⲁⲃⲟ *lehren* von ⲥⲁⲃⲉ *weise*.

6. Das Verb ⲉⲓⲣⲉ *tun, machen*

Das Verb ⲉⲓⲣⲉ *tun, machen* findet in vielfältigen Konstruktionen Verwendung und ist besonders formenreich:

Infinitiv:		
status absolutus	ⲉⲓⲣⲉ (ⲓⲣⲉ/ï̇ⲣⲉ)	
status nominalis	ⲣ̄-	
status pronominalis	ⲁⲁ⸗, selten ⲉⲓⲁⲧ⸗	
Stativ (†)	ⲟ, selten ⲱ *sein*	
Imperativ		
absolutus	ⲁⲣⲓⲣⲉ	ⲁⲣⲓⲣⲉ *Tu(t) (es)!*
nominalis	ⲁⲣⲓ-	ⲁⲣⲓⲡⲙⲉⲉⲩⲉ *Erinnere (dich)! / Erinnert (euch)!*
pronominalis	ⲁⲣⲓ⸗	ⲁⲣⲓⲥⲟⲩ *Tu(t) es![21]*
kausativer Infinitiv		
nominalis	ⲧⲣⲉ-	ⲧⲣⲉⲡϣⲏⲣⲉ ⲃⲱⲕ *veranlassen, daß das Kind geht*
pronominalis	ⲧⲣⲉ⸗ (mit 1.P.sg. ⲧⲣⲁ)	ⲁϥⲧⲣⲉϥⲣ̄ⲡⲙⲉⲉⲩⲉ *er veranlaßte ihn, sich zu erinnern (daß er sich erinnert)*

---

[21] Zum Suffix -ⲥⲟⲩ vgl. F. PERSONALPRONOMEN.

Zum Gebrauch des kausativen Infinitivs siehe auch unter U. DER KAUSATIVE INFINITIV.

In fast allen koptischen Dialekten (jedoch nicht im klassischen Sahidisch[22] und im Mittelägyptischen) dient der status nominalis ⲣ̄- dazu, griechische Lehnverben zu integrieren: ⲁⲥⲡ̄ⲡⲓⲥⲧⲉⲩⲉ *sie hat geglaubt.* Das griechische Verb erscheint meist in einer (Kurz-)Form, die häufig der des Imp. sg. aktiv gleicht. Das integrierte griechische Verb entspricht dem status absolutus, Objekte müssen daher, sofern grammatisch zulässig, mit ⲛ̄-/ⲙ̄ⲙⲟ⸗ angeknüpft werden: ⲁⲥⲡ̄ϩⲩⲃⲣⲓⲍⲉ ⲙ̄ⲙⲟϥ *sie hat ihn beleidigt.*

7. Das Verb ϯ *geben*

Das Verb ϯ ist, ähnlich dem Verb ⲉⲓⲣⲉ, formenreich und findet in verschiedenen Verbindungen Verwendung:

Infinitiv:
status absolutus	ϯ; auch ⲧⲓ, ϯⲓ, ⲧⲉⲓ, vor dativischem ⲛⲁ⸗: ⲧⲛ̄	
status nominalis	ϯ-	
status pronominalis	ⲧⲁ(ⲁ)⸗, ϯ⸗	
Stativ (ᵗ)	ⲧⲟ, auch ⲧⲱ	
Imperativ		
absolut	ⲙⲁ, ϯ, ⲙⲁϯ	ⲙⲁ *Gib! / Gebt!*
nominal	ⲙⲁ-, ϯ-	ⲙⲁⲧⲥⲁⲃⲟⲓ *Belehre mich!*
		ϯⲉⲟⲟⲩ *Verherrliche!*
pronominal	ⲙⲏⲉⲓ⸗	ⲙⲏⲉⲓⲥ *Gib sie!*
Präfix	ⲧⲁⲓ̈-	ⲧⲁⲓ̈ⲃⲉⲕⲉ *Lohngeber*
(„Participium coniunctum")		

Mit nachfolgendem dativischem ⲛⲁ⸗ (und unmittelbar sich anschließendem Objekt) können Formen von ϯ eine prosodische Einheit bilden[23]: ⲛ̄ⲛⲉⲩϯⲛⲁⲥⲙⲁⲉⲓⲛ *ihm* (sc. dem Geschlecht, kopt. fem.) *wird kein Zeichen gegeben werden* (Lk 11,29 ed. Horner); ⲛ̄ⲥⲉⲧⲙ̄ⲧⲛ̄ⲛⲁϥⲙⲁ *und ihm wird keine Stätte gegeben* (Sir 13,22); ϣⲁⲩⲧⲛⲁⲥⲉⲟⲟⲩ *sie wird verherrlicht* (wörtl. *man gibt ihr Herrlichkeit*) (EvPhil p. 84,5).

Mit Adverbien, Präpositionen und direkt angeschlossenen Nomina bildet ϯ verba composita, die eine gegenüber bloßem ϯ modifizierte Verbalaussage zum Inhalt haben:

---

[22] In von benachbarten Dialekten beeinflußtem Sahidisch (etwa dem in zahlreichen Nag-Hammadi-Texten) ist das nachfolgend beschriebene Phänomen aber durchaus anzutreffen.
[23] Dazu ausführlich: Emmel, Proclitic Forms.

† ЄBOⲖ   *weggeben, verkaufen*

† ЄⲦⲚ̄-/† ЄⲦOOⲦ⸗   *übergeben, anvertrauen, gebieten*
† Ⲛ̄Ca-   *verfolgen*
† ⳥Ⲓ-/† ⳥Ⲓⲱⲱ⸗   *anziehen (Kleidung)*

†ЄOOⲨ   *verherrlichen*
†CBⲱ   *lehren*
†⳥O   *bitten*
†⳥HⲦ/†⳥ⲦH⸗   *beobachten*
†⳥HⲨ   *gewinnen*

Analoge verba composita bilden insbesondere ЄⲒⲢЄ *tun, machen,* Ⲕⲱ *setzen, stellen,* *legen* und ⲬⲒ *nehmen, empfangen,* z.B.:
Ⲣ̄BOⲖ *frei werden, entrinnen,* ⲔaⲢⲱ⸗ *schweigen („Mund halten"),* ⲬⲒ†ⲠЄ *schmecken*

P. NOMINALSÄTZE

Nominalsätze sind Sätze, deren *Prädikat* aus einem Nomen bzw. Pronomen besteht. Ein undeterminiertes nominales Prädikat steht nie artikellos (Ausnahme: bloßer Infinitiv). Hinsichtlich der Anzahl der Glieder des Satzkernes lassen sich Nominalsätze in zweigliedrige und dreigliedrige (binäre und ternäre) Nominalsätze unterteilen. Zweigliedrige Nominalsätze lassen sich wiederum hinsichtlich ihres *Subjektes*[24] in interlokutive (1. und 2. Personen) und delokutive (3. Personen) Nominalsätze unterteilen.

1. Zweigliedrige Nominalsätze

Zweigliedrige Nominalsätze bestehen in ihrem Kern aus einem nominalen oder pronominalen Prädikat und einem pronominalen Subjekt. Der zweigliedrige Satzkern ist erweiterbar (s.u.).

Interlokutiver Nominalsatz (ⲀⲚ̄-Satz)

Interlokutive Nominalsätze bestehen in ihrem Kern aus einem nominalen Prädikat und einem pronominalen Subjekt der ersten bzw. zweiten Person (sg. oder pl.). Als Prädikat kommen außerdem die Interrogativpronomina **ⲚⲒⲘ** *Wer?* und **ⲞⲨ** *Was?* sowie die Possessivpronomina in Frage. Als Subjekt werden die schwachtonigen, proklitischen Formen des selbständigen Personalpronomens verwendet, die entweder schon äußerlich als solche zu erkennen sind, oder auch äußerlich den volltonigen Formen gleichen können. Beide Formen sind möglich und stehen auch nebeneinander: ⲬⲈ ⲀⲚⲞⲔ ⲞⲨϨⲔⲈ ⲀⲚ̄ ⲞⲨⲈⲂⲒⲎⲚ *denn ich bin ein Armer (und) ich bin ein Elender* (Besa 91,3). Das Subjekt besetzt stets die erste Stelle des Satzkernes, steht also im interlokutiven Nominalsatz unmittelbar *vor* dem Prädikat.

	Subjekt
1. Person sg.	ⲀⲚ̄-, ⲀⲚⲞⲔ-
2. Person sg. m.	Ⲛ̄ⲦⲔ̄-, Ⲛ̄ⲦⲞⲔ-
2. Person sg. f.	Ⲛ̄ⲦⲈ-, Ⲛ̄ⲦⲞ-
1. Person pl.	ⲀⲚ(Ⲛ̄)-, ⲀⲚⲞⲚ-
2. Person pl.	Ⲛ̄ⲦⲈⲦⲚ̄-, Ⲛ̄ⲦⲰⲦⲚ̄-

---

[24] „Subjekt" und „Prädikat" werden hier im logischen Sinne verwendet, also im Sinne von „logisches Subjekt" und „logisches Prädikat". Andere gebräuchliche Bezeichnungen: Thema und Rhema bzw. topic und comment.

Beispielsätze:

ⲀⲚⲄ ⲠϢⲎⲢⲈ ⲘⲠⲚⲞⲨⲦⲈ *Ich bin der Sohn Gottes* (Mt 27,43).

└┴┴┘└──────────────┘
Subjekt   Prädikat

ⲀⲚⲄ ⲞⲨⲢⲰⲘⲈ ⲢⲢⲈϤⲢⲚⲞⲂⲈ *Ich bin ein sündiger Mensch* (Lk 5,8).
ⲚⲦⲔ ⲠⲠⲈⲦⲞⲨⲀⲀⲂ ⲘⲠⲚⲞⲨⲦⲈ *Du bist der Heilige Gottes* (Mk 1,24).
ⲀⲚⲚ ϨⲈⲚϨⲘϨⲀⲖ ⲚⲀⲦϢⲀⲨ *Wir sind unnütze Knechte* (Lk 17,10).
ⲀⲚⲞⲚ ϨⲘⲠⲒⲤⲦⲞⲤ *Wir sind Gläubige* (EvPhil p. 65,37).
ⲚⲦⲈⲦⲚ ϨⲈⲚⲚⲞⲨⲦⲈ *Ihr seid Götter* (Joh 10,34).

mit prädikativem Interrogativpronomen:
ⲀⲚⲄ ⲚⲒⲘ *Wer bin ich?* (z.B. Mk 8,27)
ⲚⲦⲔ ⲚⲒⲘ *Wer bist du?* (z.B. Joh 1,19)

mit Possessivpronomen:
ⲀⲚⲄ ⲠⲀⲠⲈⲬⲤ *Ich bin Christi* (1Kor 1,12).

Die Verbindung zwischen Subjekt und Prädikat ist im interlokutiven Nominalsatz unauflöslich, gleich, welche äußerliche Form der schwachtonigen Subjektspronomina verwendet werden. Beide Formen sind proklitisch. Partikeln, Verstärker etc., die die zweite Stelle im Satz einnehmen (z.B. ⲄⲀⲢ, ⲆⲈ, ⲘⲈⲚ) folgen, wenn der Satzkern nicht nach vorn erweitert ist (s.u.), auf das Prädikat, bzw., wenn das Prädikat mehrteilig ist, auf den ersten Bestandteil des Prädikates. M.a.W., die Partikel besetzt die erste freie Stelle *hinter* dem Nexus von Subjekt und Prädikat: ⲀⲚⲞⲚ ϨⲈⲚϢⲂⲢⲢϨⲰⲂ ⲄⲀⲢ ⲚⲦⲈ ⲠⲚⲞⲨⲦⲈ *Denn wir sind Mitarbeiter Gottes* (1Kor 3,9).

Das Subjekt im binären Satzkern des interlokutiven Nominalsatzes ist erweiterbar:
1. Extraposition des Subjekts (zur Hervorhebung desselben)
ⲚⲦⲰⲦⲚ ⲚⲦⲈⲦⲚ ϨⲈⲚⲈⲂⲞⲖ ϨⲘ ⲠⲈⲒⲔⲞⲤⲘⲞⲤ *Ihr seid aus dieser Welt* (Joh 8,23).
ⲘⲎⲦⲒ ⲀⲚⲞⲔ ⲀⲚⲄ ⲞⲨⲒⲞⲨⲆⲀⲒ *Bin ich etwa ein Jude?* (Joh 18,35)
ⲀⲚⲞⲔ ⲘⲈⲚ ⲀⲚⲄ ⲞⲨⲢⲰⲘⲈ ⲚⲒⲞⲨⲆⲀⲒ *Ich bin ein jüdischer Mann* (Apg 21,39).
ⲀⲚⲞⲔ ⲚⲘ̄ (= ⲘⲚ̄) ⲠⲀⲈⲒⲰⲦ ⲀⲚⲞⲚ ⲞⲨⲀ *Ich und mein Vater, wir sind eins* (Joh 10,30).
2. Nachgestellte Wiederholung des Subjekts, z.B. zur Markierung einer Frage als rhetorisch
ⲀⲚⲄ ⲚⲒⲘ ⲀⲚⲞⲔ ϪⲈ ⲈⲢⲈⲦⲘⲀⲀⲨ ⲘⲠⲀϪⲞⲈⲒⲤ ⲈⲒ ⲈⲢⲀⲦ⳿
Wer bin ich (denn), daß die Mutter meines Herrn zu mir kommt? (Lk 1,43)
Ⲏ ⲈⲢⲈⲠⲈⲔⲂⲀⲖ Ⲟ ⲘⲠⲞⲚⲎⲢⲞⲤ ϪⲈ ⲀⲚⲄ ⲞⲨⲀⲄⲀⲐⲞⲤ ⲀⲚⲞⲔ
Oder ist dein Auge böse, weil ich gütig bin? (Mt 20,15)

Delokutiver Nominalsatz (ⲡⲉ-Satz)

Delokutive Nominalsätze bestehen in ihrem Kern aus einem nominalen oder pronominalen Prädikat und einem pronominalen Subjekt. Hinsichtlich der Verwendung pronominaler Prädikate gibt es im delokutiven Nominalsatz, anders als im interlokutiven Nominalsatz (s.o.), keine Einschränkungen. Auch volltonige Personalpronomen der ersten und zweiten Personen können demzufolge als Prädikat eines delokutiven Nominalsatzes fungieren. Das Subjekt des delokutiven Nominalsatzes wird durch die schwachtonigen Demonstrativa ⲡⲉ (sg.m.), ⲧⲉ (sg.f.), ⲛⲉ (pl.) gebildet. Analog zum interlokutiven Nominalsatz gebildete Sätze mit ⲛ̄ⲧϥ̄-kommen nur ganz ausnahmsweise vor. Das pronominale Subjekt (ⲡⲉ, ⲧⲉ, ⲛⲉ) *folgt* dem Prädikat.

Beispielsätze:
ⲟⲩⲇⲓⲕⲁⲓⲟⲥ ⲡⲉ   *Er ist gerecht* (wörtl. *ein Gerechter*) (Heb 11,4).
└─────────────┘ └┘

    Prädikat   Subjekt

ⲧⲁⲥⲱⲛⲉ ⲧⲉ   *Sie ist meine Schwester* (Gen 12,19).
ⲡⲭⲟⲉⲓⲥ ⲡⲉ   *Es ist der Herr* (Joh 21,7).
ⲁⲛⲟⲕ ⲡⲉ   *Ich bin's* (Mk 14,62).
ⲉⲡⲓⲇⲏ ⲍⲉⲛϣⲙ̄ⲙⲟ ⲙ̄ⲙⲟϥ ⲛⲉ ...,   *weil sie für ihn Fremdlinge sind* (EpPt p. 136,2f).
Anders als im interlokutiven Nominalsatz bilden Prädikat und Subjekt im delokutiven Nominalsatz keine unauflösliche prosodische Einheit:

ⲟⲩⲙⲛ̄ⲧⲥⲟϭ ⲅⲁⲣ ⲛⲁϥ ⲧⲉ ...,   *denn es ist ihm eine Torheit* (1Kor 2,14).

> ☞ Vgl. den grundsätzlichen strukturellen Unterschied zwischen inter-
> lokutivem und delokutivem Nominalsatz an Hand folgender Beispiele:
>
> interlokutiv: ⲁⲛⲅ̄ ⲟⲩⲣⲙ̄ⲣⲁϣ *ich bin freundlich* (Mt 11,29).
>   Subjekt   Prädikat
> delokutiv: ⲁⲛⲟⲕ ⲡⲉ *ich bin's* (*It's me*) (Mk 14,62).
>   Prädikat Subjekt

Das Subjekt im binären Kern des delokutiven Nominalsatzes kann durch ein Nomen erweitert werden. Das pronominale Subjekt des delokutiven Nominalsatzes wird durch ein Nomen erweitert, das dem Prädikat vorangehen, oder dem pronominalen Subjekt folgen kann. In jedem Falle steht das Prädikat *vor* dem pronominalen Subjekt (ⲡⲉ, ⲧⲉ, ⲛⲉ).

1. Vorangestellte nominale Erweiterung

ⲡⲚⲞⲨⲦⲈ ⲆⲈ ⲞⲨⲀ ⲡⲈ. *Gott aber ist einer* (Gal 3,20).

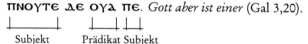

Subjekt   Prädikat Subjekt

binärer Kern

ⲡⲈⲬⲤ ⲆⲈ ⲡⲀⲡⲚⲞⲨⲦⲈ ⲡⲈ· *Christus aber ist Gottes (der von Gott)* (1Kor 3,23).
ⲦⲈⲤϨⲓⲘⲈ ⲆⲈ ⲡⲈⲞⲞⲨ ⲘⲡⲈⲤϨⲀⲓ ⲦⲈ *Die Frau aber ist der Glanz ihres Mannes* (1Kor 11,7).
ⲚⲞⲨⲂⲀⲗ ϨⲈⲚⲂⲀⲗ ⲚϬⲢⲞⲞⲘⲡⲈ ⲚⲈ *Deine (fem.) Augen sind Taubenaugen* (Hld 1,15).

2. Nachgestellte nominale Erweiterung

ⲞⲨⲀ ⲡⲈ ⲡⲚⲞⲨⲦⲈ *Gott ist einer* (Mk 12,32).

Präd. Subj.   Subjekt

binärer Kern

ⲞⲨⲡⲓⲤⲦⲞⲤ ⲡⲈ ⲡϢⲀϪⲈ *Zuverlässig ist das Wort* (1Tim 1,15).
ⲀⲚⲞⲔ ⲡⲈ ⲡⲞⲨⲞⲓⲚ ⲘⲡⲔⲞⲤⲘⲞⲤ *Ich bin das Licht der Welt* (Joh 8,12).
ⲀⲚⲞⲔ ⲦⲈ ⲦⲈⲤⲘⲎ ⲘⲡⲈⲦⲰϢ ⲈⲂⲞⲗ *Ich bin die Stimme eines Rufers* (Joh 1,23).
ⲚⲓⲘ ⲦⲈ ⲦⲀⲘⲀⲀⲨ ⲀⲨⲰ ⲚⲓⲘ ⲚⲈ ⲚⲀⲤⲚⲎⲨ
Wer ist meine Mutter und wer sind meine Brüder? (Mt 12,48)
Das Subjekt ⲦⲈ begegnet häufig in der Wendung ⲦⲀⲓ ⲦⲈ ⲐⲈ so (wörtl. *dies ist die Weise*), häufig mit nachfolgendem Relativsatz:
ⲦⲀⲓ ⲦⲈ ⲐⲈ ⲈⲦⲈϢϢⲈ ⲈⲢⲰⲦⲚ ⲈϢⲚϨⲓⲤⲈ
So ziemt es sich für euch zu arbeiten (Apg 20,35).

Als Erweiterung des pronominalen Subjektes kommt auch ein Infinitiv in Frage:
ⲞⲨⲘⲚⲦⲘⲀⲔⲀⲢⲓⲞⲤ ⲡⲈ ϯ ⲈϨⲞⲨⲈ Ϫⲓ *Selig ist Geben mehr als Nehmen* (Apg 20,35).

2. Dreigliedriger Nominalsatz mit Kopula ⲡⲈ, ⲦⲈ, ⲚⲈ

Dem erweiterten delokutiven binären Nominalsatz mit nachgestelltem nominalen Subjekt äußerlich gleich ist der dreigliedrige Nominalsatz, in dem ⲡⲈ (bzw. ⲦⲈ oder ⲚⲈ) als Kopula zwischen einem nominalen Subjekt und einem nominalen Prädikat fungiert. Als Prädikat kommt auch ein Infinitiv in Frage. Die Grundstruktur ist: Subjekt - Kopula - Prädikat. Der Hauptunterschied zum erweiterten delokutiven binären Nominalsatz besteht also darin, daß im dreigliedrigen Nominalsatz das Prädikat auf die Kopula *folgt*. D.h. ein dreigliedriger Nominalsatz läßt sich nicht auf einen binären Kern (Prädikat + ⲡⲈ) reduzieren. ⲡⲈ wird in der Regel als Kopula gebraucht, wenn Subjekt und Prädikat maskulin und singularisch sind, bzw. wenn

Subjekt und Prädikat in Genus und Numerus nicht übereinstimmen. ⲧⲉ bzw. ⲛⲉ werden gesetzt, wenn sowohl Subjekt als auch Prädikat feminin und singularisch (dann steht ⲧⲉ) bzw. pluralisch (dann steht ⲛⲉ), also miteinander kongruent sind.

Beispielsätze:

ⲡⲥⲃ̅ⲃⲉ ⲡⲉ ⲡⲥⲃ̅ⲃⲉ ⲙ̅ⲡ̅ϩⲏⲧ

Subjekt Kopula Prädikat

Die (wahre) Beschneidung ist die Beschneidung des Herzens (Röm 2,29).

ⲧⲥⲱϣⲉ ⲇⲉ ⲡⲉ ⲡⲕⲟⲥⲙⲟⲥ *Der Acker ist die Welt* (Mt 13,38).

ⲛ̅ϫⲁⲓ̈ⲟϩⲥ ⲇⲉ ⲛⲉ ⲛ̅ⲁⲅⲅⲉⲗⲟⲥ *Die Schnitter sind die Engel* (Mt 13,39).

ⲁⲩⲱ ⲧⲉⲥϩⲓⲙⲉ ⲛ̅ⲧⲁⲕⲛⲁⲩ ⲉⲣⲟⲥ ⲧⲉ ⲧⲛⲟϭ ⲙ̅ⲡⲟⲗⲓⲥ

Und die Frau, die du gesehen hast, ist die große Stadt (Apk 17,18).

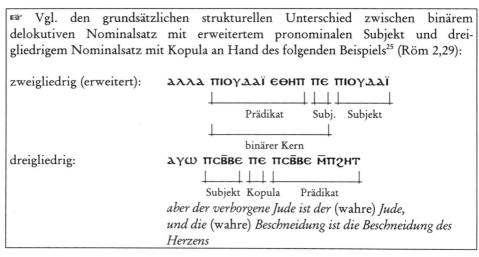

☞ Vgl. den grundsätzlichen strukturellen Unterschied zwischen binärem delokutiven Nominalsatz mit erweitertem pronominalen Subjekt und dreigliedrigem Nominalsatz mit Kopula an Hand des folgenden Beispiels[25] (Röm 2,29):

zweigliedrig (erweitert): ⲁⲗⲗⲁ ⲡⲓⲟⲩⲇⲁⲓ̈ ⲉⲑⲏⲡ ⲡⲉ ⲡⲓⲟⲩⲇⲁⲓ̈

Prädikat · Subj. · Subjekt

binärer Kern

dreigliedrig: ⲁⲩⲱ ⲡⲥⲃ̅ⲃⲉ ⲡⲉ ⲡⲥⲃ̅ⲃⲉ ⲙ̅ⲡ̅ϩⲏⲧ

Subjekt Kopula Prädikat

aber der verborgene Jude ist der (wahre) Jude,
und die (wahre) Beschneidung ist die Beschneidung des Herzens

3. Negation

Nominalsätze werden grundsätzlich mit (ⲛ̅-) ... ⲁⲛ negiert. Im binären Nominalsatz folgt die Negationspartikel ⲁⲛ stets auf das Prädikat. Im dreigliedrigen Nominalsatz mit Kopula steht die Negationspartikel ⲁⲛ hinter dem Subjekt.

1. Interlokutiver Nominalsatz: Die Negationspartikel ⲁⲛ folgt auf das Prädikat, steht also hinter der prosodischen Einheit aus Subjekt und Prädikat.
ⲁⲛⲅ̅ ⲟⲩϩⲓⲕⲁⲛⲟⲥ ⲁⲛ *Ich bin nicht geeignet* (Mk 1,7).

---

[25] Ausführliche Diskussion des Beispiels in Polotsky, Grundlagen 36f.

2. Delokutiver Nominalsatz

ⲚⲀⲚⲞⲚ ⲀⲚ ⲚⲈ *Wir sind's nicht* (Lk 8,45).

erweitert:

ⲀⲚⲞⲔ ⲀⲚ ⲠⲈ ⲠⲈⲬⲤ̅. *Ich bin nicht der Christus* (Joh 1,20).

3. Dreigliedriger Nominalsatz mit Kopula

Ⲛ̅ⲦⲘ̅ⲚⲦⲈⲢⲞ ⲄⲀⲢ ⲀⲚ Ⲙ̅ⲠⲚⲞⲨⲦⲈ ⲠⲈ ⲞⲨⲰⲘ Ϩⲓ ⲤⲰ

Denn das Reich Gottes ist nicht Essen und Trinken (Röm 14,17).

Daß *Reich Gottes* hier Subjekt ist und *Essen und Trinken* Prädikat, ergibt sich zwingend auch aus dem Nachsatz: ⲀⲖⲖⲀ ⲞⲨⲆⲒⲔⲀⲒⲞⲤⲨⲚⲎ ⲦⲈ ..., *sondern Gerechtigkeit.*

4. Transpositionen[26]

Interlokutive Nominalsätze können circumstantial und präterital transponiert werden. Delokutive Nominalsätze und dreigliedrige Nominalsätze mit Kopula können circumstantial, relativisch und präterital transponiert werden. Die Konverter sind Ⲉ (Circumstantialis), ⲚⲈ (Präteritum) und ⲈⲦⲈ (Relativsatz). Nach ⲠⲀⲓ̈, ⲦⲀⲓ̈, ⲚⲀⲓ̈ lautet der Relativkonverter statt ⲈⲦⲈ meist nur Ⲉ.

1. Interlokutiver Nominalsatz

circumstantial: ⲀⲚ̅ ⲞⲨⲢⲰⲘⲈ Ⲛ̅ⲒⲞⲨⲆⲀⲓ̈. ⲈⲀⲚ̅ ⲞⲨⲢⲘ̅ⲦⲀⲢⲤⲞⲤ

Ich bin ein jüdischer Mann, der ich ein Tarser bin (Apg 21,39).

präterital: ⲈⲚⲈⲈⲒⲀⲢⲈⲤⲔⲈ 6Ⲉ ⲞⲚ Ⲛ̅Ⲛ̅ⲢⲰⲘⲈ ⲚⲈⲀⲚ̅ Ⲡ̅Ϩ̅Ⲙ̅ϨⲀⲖ ⲀⲚ Ⲙ̅ⲠⲈⲬⲤ̅

(Irrealis) circumst. Imperfekt

Denn wenn ich noch den Menschen gefiele, wäre ich der Knecht Christi nicht (Gal 1,10).

2. Delokutiver Nominalsatz

circumstantial: ⲞⲨⲚ̅ ⲠⲈⲐⲞⲞⲨ ⲆⲈ ⲘⲚ̅ⲚⲤⲀ ⲠⲈⲈⲒⲔⲞⲤⲘⲞⲤ ⲈϨⲘ̅ⲠⲈⲐⲞⲞⲨ ⲚⲀⲘⲈ

ⲚⲈ *Es gibt Böses nach dieser Welt, das wahrlich böse ist* (EvPhil p. 66,13f).

relativisch: ⲤⲀⲨⲖⲞⲤ ⲆⲈ ⲈⲦⲈ ⲠⲀⲨⲖⲞⲤ ⲠⲈ

Saulus aber, der Paulus ist (Apg 13,9).

präterital: ⲈϨⲨⲠⲞⲔⲢⲒⲚⲈ ⲬⲈ ⲚⲈϨⲈⲚⲆⲒⲔⲀⲒⲞⲤ ⲚⲈ

(Irrealis) *um zu heucheln, daß sie rechtschaffen wären* (Lk 20,20).

ⲚⲈⲦⲈⲠⲢⲰ ⲦⲈ *Es war Winter* (Joh 10,22).

3. Dreigliedriger Nominalsatz mit Kopula

circumstantial: Ⲁ4ϢⲰⲠⲈ Ⲛ̅6Ⲓ ⲞⲨⲢⲰⲘⲈ ... ⲈⲠⲈ4ⲢⲀⲚ ⲠⲈ ⲒⲰϨⲀⲚⲚⲎⲤ

Es war ein Mensch (gesandt von Gott), sein Name: Johannes (Joh 1,6).

---

[26] Grundsätzliches in Kapitel **X.** DIE TRANSPOSITIONEN DES SATZES.

relativisch: ⲚⲀⲒ̈ⲀⲦϤ̄ Ⲙ̄ⲠⲈⲦⲈ ⲠⲈϤⲂⲞⲎⲐⲞⲤ ⲠⲈ ⲠⲚⲞⲨⲦⲈ Ⲛ̄Ⲓ̈ⲀⲔⲰⲂ
                 Wohl dem, dessen Helfer der Gott Jakobs ist (Ps 145,5).
                 ⲦⲀⲒ̈ ⲈⲠⲈⲤⲦⲈⲬⲚⲒⲦⲎⲤ ⲘⲚ̄ ⲠⲈⲤⲆⲎⲘⲒⲞⲨⲢⲄⲞⲤ ⲠⲈ ⲠⲚⲞⲨⲦⲈ·
                 Diese (sc. Stadt), deren Baumeister und Schöpfer Gott ist (Heb 11,10).
präterital: ⲚⲈⲠⲈⲦⲘ̄ⲘⲀⲨ ⲀⲚ ⲠⲈ ⲠⲞⲨⲞⲒ̈Ⲛ *Jener war nicht das Licht* (Joh 1,8).

Ein Problem eigener Ordnung ist die Frage, ob auch Nominalsätze - unter ganz bestimmten Bedingungen, etwa beim Gebrauch der substantivischen Transposition zur Hervorhebung von Gegensätzen - substantivisch transponiert werden können.[27] Die Struktur des Nominalsatzes läßt eine substantivische Transposition nicht unbedingt erwarten.

---

[27] Vgl. den problematischen Satz in Silv p. 101,35-102,1: ⲀⲨⲰ ⲈϢⲬⲈ Ⲛ̄ⲦⲀ[ⲨⲬ]Ⲡ[ⲞϤ] ⲈⲨⲀⲦⲬ̄ⲠⲞϤ ⲠⲈ· *Und wenn er (auch) gezeugt wurde, ist er (doch) ein Ungezeugter.* Sofern der Text hier nicht korrupt ist, erklärt sich der Gebrauch des Konverters Ⲉ⁻ vor dem Nominalsatz vielleicht am ehesten durch den Gebrauch der substantivischen Transposition zur Hervorhebung von Gegensätzen (s.u. **X.4.**).

Q. EXISTENZSÄTZE

Prädikationen der Existenz werden durch OYN (OYN̄) *es gibt, ist vorhanden* bzw. MN̄ (M̄M̄N̄) *es gibt nicht, ist nicht vorhanden* ausgedrückt. Auf den Ausdruck der Existenz (bzw. Nicht-Existenz) folgt unmittelbar das Subjekt. Das Subjekt eines Existenzsatzes ist niemals ein Personalpronomen. Als Subjekt kommen in Frage:

1. ein undeterminiertes Nomen bzw. Indefinitpronomen:	PⲰME *Mensch* OYPⲰME *ein Mensch* ⲞENPⲰME *Menschen* ⲖⲖⲖY *irgend jemand/etwas*
2. Numerale:	ⲞⲖⲞ *viele* OYHP *Wie viele?*
3. ein substantivierter Relativsatz[28]:	ⲠⲈⲦⲞⲞB̄ *Verborgenes*
4. ⲐⲈ (Ⲧ-ⲞⲈ) in der festen Wendung:	OYN ⲐⲈ N̄-/MN̄ ⲐⲈ N̄- *es ist möglich/unmöglich*

Beispielsätze:

OYN̄ OYPⲰME *Es gibt einen Menschen.* (wörtl. *ein Mensch ist vorhanden*)
Prädikat Subjekt

OYN̄ ⲖⲖⲖY *Es gibt etwas.*

MN̄ ⲠⲈⲦⳖOⲤⲈ ⲈⲒⲰ2ⲀⲚⲚⲎⲤ *Es gibt keinen Größeren als Johannes.*

MN̄ ⲐⲈ N̄ⲰⲀⳖⲈ ⲈPOOY *Es ist unmöglich, sie (pl.) zu beschreiben.*

Ein nicht konvertierter Adverbialsatz (→ S.) mit undeterminiertem Subjekt existiert nicht. Soll eine entsprechende Aussage getroffen werden, geschieht dies mittels einer Existenzaussage:

OYN̄ ⲔⲈⲦⲞⲠⲞⲤ ⲰⲞⲞⲠ *Es gibt (noch) einen anderen Ort.*

MN̄ PⲰME M̄ⲠⲈⲒ̈MⲀ *Niemand ist hier* (wörtl. *ein Mensch ist nicht vorhanden an diesem Ort*).

MN̄ PⲰME NⲀMⲞY *Ein Mensch wird nicht sterben ...*

---

[28] Ⲡ- vor dem Relativkonverter (ⲈⲦ) ist nicht der bestimmte Artikel, sondern ein Determinativpronomen, das (im Sahidischen) dem bestimmten Artikel äußerlich gleicht. Vgl. auch **X.2.** und dort besonders die Ausführungen zum freien Relativsatz.

Transpositionen

Folgende Transpositionen des Existenzsatzes sind möglich (geht OYN̄ ein Є voran, wird zumeist das O nicht geschrieben):

Basis	circumstantiale	relativische	substantivische	präteritale
OYN̄	ЄYN̄	ЄTЄYN̄	ЄYN̄	NЄYN̄
MN̄	ЄMN̄	ЄTЄ MN̄	ЄTЄ MN̄/ЄMN̄	NЄMN̄

Transpositionen zweiten Grades:
Bei der Transposition zweiten Grades wird ein bereits (präterital) transponierter Satz ein weiteres Mal transponiert.

Basis (prät.)	circumstantiale	relativische	substantivische	präteritale
NЄYN̄	ЄNЄYN̄	ЄNЄYN̄	—[29]	—

Beispiele transponierter Existenzsätze:
circumstantial und präterital: ЄMN̄ PH ΔЄ N̄BOΛ OYΔЄ MN̄ CIOY N̄OYAΠC N̄2OOY. AYW NЄPЄOYNOб N̄XIMWN 2IXWN. NЄMN̄ ΛAAY бЄ N̄2ЄΛΠIC ϢOOΠ NAN ЄTPЄNOYXAï. *Als aber draußen keine Sonne war noch Sterne tagelang und ein großer Sturm war über uns, gab es nun keine Hoffnung mehr für uns, daß wir gerettet würden* (Apg 27,10).
relativisch: ΠAI ЄTЄ MN̄ ΛAAY N̄2AIBЄC H ϢIBЄ H PIKЄ 2A2THq. *..., der, bei dem es keinen Schatten, keine Veränderung noch Verwandlung gibt* (Jak 1,17).
substantivisch (rhetorische Frage): ЄTЄ MN̄ ϢЄЄPЄ ϢOOΠ ЄBOΛ 2N̄ NЄKCNHY... *Gibt es denn keine Tochter unter deinen Brüdern ...?* (Ri 14,3)
relativisch-präterital (zweiten Grades): ЄΠЄIΔH N̄TOq ΠЄNЄYN̄ бOM M̄MOq ΠЄ 2M̄ ΠϢAXЄ. *..., weil er es war, der mächtig war in der Rede* (Apg 14,12).

---

[29] Nicht belegt; vgl. a. **X.5.** Das Präteritum, dort besonders den Abschnitt *Transposition zweiten Grades*.

R. POSSESSIVSÄTZE

Die Verbindung von OYⲚ̄ bzw. MⲚ̄ mit der Präposition Ⲛ̄ⲦⲈ-/Ⲛ̄ⲦⲀⲥ bei ergibt den geläufigsten Ausdruck für *haben* bzw. *nicht haben* (wörtl. *es ist vorhanden/nicht vorhanden bei*), nämlich OYⲚ̄ⲦⲈ-/OYⲚ̄ⲦⲀⲥ bzw. (M̄)MⲚ̄ⲦⲈ-/(M̄)MⲚ̄ⲦⲀⲥ. Die Bezeichnung für den Besitzer/die Besitzerin folgt unmittelbar:

> OYⲚ̄ⲦⲈ ⲠⲀⲈⲒⲰⲦ *mein Vater hat (es gibt bei meinem Vater)*
> OYⲚ̄ⲦⲀⲥ *er hat (es gibt bei ihm)*

Der Besitzgegenstand, also das sachliche Objekt des Possessivsatzes, kann im Koptischen auch formal-syntaktisch als Objekt behandelt werden. Das Objekt erhält dann die Objektspartikel Ⲛ̄- und zwar unter folgenden syntaktischen Bedingungen: wenn das Objekt nicht unmittelbar auf den Besitzer folgt und wenn der Besitzer zugleich durch ein Suffixpronomen bezeichnet ist. Oft folgt dem Ausdruck für *haben/nicht haben* ein im Deutschen schwer wiederzugebendes M̄MⲀY *dort* (vgl. engl. „there is"): OYⲚ̄ⲦⲀⲥ M̄MⲀY Ⲛ̄OYⲤ̄ϨⲒⲘⲈ *Er hat eine Frau*. Das Objekt kann wie das pronominale Subjekt durch ein Suffixpronomen, das dem pronominalen Subjekt unmittelbar folgt, ausgedrückt werden:

> OYⲚ̄ⲦⲈ ⲠⲀⲈⲒⲰⲦ OYⲤϨⲒⲘⲈ *Mein Vater hat eine Frau.*
> MⲚ̄ⲦⲈ ⲠⲀⲈⲒⲰⲦ OYⲤϨⲒⲘⲈ *Mein Vater hat keine Frau.*
> OYⲚ̄ⲦⲀⲥ OYⲤϨⲒⲘⲈ *Er hat eine Frau.*
> OYⲚ̄ⲦⲀⲥ M̄MⲀY Ⲛ̄OYⲤϨⲒⲘⲈ *Er hat eine Frau.*
> OYⲚ̄ⲦⲀⲥⲤ̄ *Er hat sie.*
> MⲚ̄ⲦⲀⲥⲤ̄ *Er hat sie nicht.*
> OYⲚ̄ⲦⲀⲥⲤⲈ *Er hat sie (pl.).* Oder:
> > OYⲚ̄ⲦⲀⲥⲤOY[30] *Er hat sie (pl.).*

als Frage:
> OYⲚ̄ⲐⲎⲦⲚ̄ OYⲎⲢ̄ Ⲛ̄OⲈⲒⲔ *Wieviel Brot habt ihr?* (Mk 6,38)

☞ Folgt einem suffigierten Ausdruck des Habens unmittelbar ein nominaler Ausdruck, kann die Subjekt-Objekt-Abfolge auch umgekehrt sein[31]:

> ⲦⲀⲄⲀⲠⲎ ⲈⲦⲈ OYⲚ̄ⲦⲀⲤ ⲠⲚOYⲦⲈ

kann sowohl heißen: *Die Liebe, die (den) Gott hat* (Gott = Objekt)
als auch: *Die Liebe, die (der) Gott hat* (Gott = Besitzer)

---

[30] Zum Suffix -ⲤOY vgl. **F. PERSONALPRONOMEN**.
[31] Vgl. auch Polotsky, Grundlagen 77f.

Hier muß der Kontext entscheiden, welche Auffassung jeweils die richtige ist, vgl.
Inter p. 16,28f: ⲧⲁⲡⲉ ⲉⲧⲉ ⲟⲩⲛⲧⲉⲥ ⲛⲏ ⲟⲩⲛⲧⲉⲕⲥ ϩⲱⲱⲕ *Das Haupt, das jene
haben, hast du auch* (Dialekt L6), sowie PBerol 20915[32]: ⲉⲃⲟⲗ ⲛ̄ⲛⲉⲧⲉ ⲟⲩⲛⲧⲉⲥ
ⲧⲉⲯⲩⲭⲏ ... *von dem, was die Seele hat.*

Zum Ausdruck von *haben/nicht haben* mit pronominaler Bezeichnung des Besitzers,
dem ein nominales Objekt unmittelbar angeschlossen wird, existiert auch eine
verkürzte (ⲟⲩⲛ̄ⲧ⸗/ⲙⲛ̄ⲧ⸗ statt ⲟⲩⲛ̄ⲧⲁ⸗/ⲙⲛ̄ⲧⲁ⸗) konstrukte Form (status nominalis)
nach folgendem Paradigma:

Singular		Plural	
1.Person	ⲟⲩⲛ̄ⲧ̄-/ⲙⲛ̄ⲧ̄-	1.Person	ⲟⲩⲛ̄ⲧⲛ̄-/ⲙⲛ̄ⲧⲛ̄-
2.Person m.	ⲟⲩⲛ̄ⲧⲕ̄-/ⲙⲛ̄ⲧⲕ̄-	2.Person	ⲟⲩⲛ̄ⲧⲉⲧⲛ̄-/ⲙⲛ̄ⲧⲉⲧⲛ̄-
2.Person f.	ⲟⲩⲛ̄ⲧⲉ-/ⲙⲛ̄ⲧⲉ-		
3.Person m.	ⲟⲩⲛ̄ⲧϥ̄-/ⲙⲛ̄ⲧϥ̄-	3.Person	ⲟⲩⲛ̄ⲧⲟⲩ-/ⲙⲛ̄ⲧⲟⲩ-
3.Person f.	ⲟⲩⲛ̄ⲧⲥ̄-/ⲙⲛ̄ⲧⲥ̄-		

ⲙⲛ̄ⲧ̄ ϩⲁⲉⲓ ⲙ̄ⲙⲁⲩ *Ich habe keinen Ehemann* (Joh 4,17).
ⲟⲩⲛ̄ⲧϥ̄ ⲟⲩϣⲉⲉⲣⲉ ⲟⲩⲱⲧ *Er hat eine einzige Tochter.*

Die Transpositionen des Possessivsatzes folgen demselben Muster wie die des
Existenzsatzes (vgl. Q. EXISTENZSÄTZE), Beispiele:

circumstantial: ⲛⲉⲩⲛⲟⲩⲣⲱⲙⲉ ⲣ̄ⲣⲙ̄ⲙⲁⲟ ⲉⲩⲛ̄ⲧⲁϥ ⲙ̄ⲙⲁⲩ ⲛⲟⲩⲟⲓⲕⲟⲛⲟⲙⲟⲥ
          Es war ein reicher Mann, der hatte einen Verwalter (Lk 16,1).
relativisch: ⲡⲉⲧⲉⲩⲛ̄ⲧⲁϥ ⲅⲁⲣ ⲥⲉⲛⲁϯ ⲛⲁϥ.
          Denn wer hat, dem wird gegeben werden (Mk 4,25).
substantivisch: ⲉⲩⲛ̄ⲧⲁⲕ ϭⲉ ⲙ̄ⲙⲁⲩ ⲉⲃⲟⲗ ⲧⲱⲛ ⲙ̄ⲡⲙⲟⲟⲩ ⲉⲧⲟⲛϩ̄.
          Woher hast du denn das lebendige Wasser? (Joh 4,11)
relativisch-präterital: ⲡⲁⲓ ⲉⲛⲉⲩⲛⲧⲁϥ ⲉⲣⲟϥ ⲛ̄ϣⲉ ⲛ̄ⲥⲁⲧⲉⲉⲣⲉ.
(zweiten Grades)   *..., diesen, der ihm hundert Statere schuldete* (Mt 18,28).

---

[32] Noch nicht ediert; die Seitenzählung steht noch nicht fest.

S. ADVERBIALSÄTZE (ZWEITEILIGES SCHEMA)

Ein Adverbialsatz besteht in seiner Grundform, d.h. in nicht transponierter oder erweiterter Form, aus zwei Bestandteilen: dem nominalen oder pronominalen Subjekt und dem darauffolgenden adverbialen Prädikat. Ein Adverbialsatz drückt folglich kein Ereignis in der Zeit aus, sondern stellt die nähere Bestimmung eines Zustandes (im Raum) dar. Das Subjekt eines nicht transponierten Adverbialsatzes ist stets determiniert. Soll eine adverbiale Aussage über ein indeterminiertes Subjekt getroffen werden, geschieht dies mittels eines Existenzsatzes (→ Q. EXISTENZSÄTZE). Zur Anknüpfung des Objekts im Präsens siehe S.2. Die Stern-Jernstedtsche Regel.

ⲦⲘⲀⲀⲨ Ⲙ̄ⲘⲀⲨ *Die Mutter ist da.*
Subjekt   Prädikat
ⲠⲤⲟⲚ ⲀⲘ̄ ⲠⲎⲒ̈ *Der Bruder ist im Haus.*
ⲠⲤⲟⲚ Ⲛ̄ⲀⲎⲦ⳽ *Der Bruder ist in ihm.*

Ist das Subjekt ein Personalpronomen, finden die nichtselbständigen proklitischen Pronomina (Präfixpronomen) folgender Reihe Verwendung (anders im Verbalsatz, → T. VERBALSÄTZE, F. PERSONALPRONOMEN und PARADIGMENTAFELN):

Singular		Plural	
1. Person	ϯ-	1. Person	ⲦⲚ̄-
2. Person m.	ⲕ-	2. Person	ⲦⲈⲦⲚ̄-
2. Person f.	ⲦⲈ- (ⲦⲈⲣ bzw. Ⲧⲣ̄ bei folgendem Vokal)		
3. Person m.	ϥ-	3. Person	ⲤⲈ-
3. Person f.	ⲥ-		

ⲤⲈⲘⲠⲈⲒ̈ⲘⲀ *Sie sind hier* (wörtl. *an diesem Ort*).
ⲤⲚ̄ⲀⲎⲦⲔ̄ *Sie* (sc. die Pistis) *ist in dir* (2Tim 1,5).

1. Das Präsenssystem

Wird das adverbiale Prädikat eines Adverbialsatzes mittels eines Infinitivs bzw. eines Stativs gebildet, spricht man auch vom Präsens, bzw., unter Berücksichtigung der möglichen Transpositionen und Erweiterungen (Instans, s.u.), vom Präsenssystem. Nur innerhalb des Präsenssystems ist die Verwendung eines Stativs als Prädikat überhaupt zulässig. Von Verben der Bewegung wird innerhalb des Präsenssystems in der Regel der Stativ gebraucht. Zur Spezifik des Stativs vgl. im übrigen O.2. Auch ein Infinitiv (bzw. Stativ), der im Adverbialsatz als Prädikat verwendet wird, ist nicht

Träger eines Verbalinhalts, d.h. drückt kein Ereignis in der Zeit aus, sondern beschreibt - adverbialisiert - einen Zustand im Raum. Die Konjugationstypen des Präsenssystems sind folglich keine Tempora.

Daß und warum das so ist, zeigt ein Blick in die Sprachgeschichte.[33] Zwischen Subjekt und Infinitiv stand ursprünglich eine bereits frühzeitig weggefallene - gleichwohl mitzudenkende - Präposition (*ḥr*), die den Infinitiv adverbialisierte. ⲧⲥⲱⲧⲙ̅ bedeutet deshalb strenggenommen nicht *ich höre*, sondern *ich: beim Hören*. Äußerlich unterscheidet sich der Adverbialsatz vom Verbalsatz, bzw. das Zweiteilige Schema vom Dreiteiligen Schema durch das Fehlen einer Konjugationsbasis (auch der Konverter des Präteritums ist keine Konjugationsbasis, sondern eben ein Konverter; dasselbe gilt natürlich für die übrigen Konverter):

ⲧⲥⲱⲧⲙ̅ *ich höre*   ⲁⲓ̈ⲥⲱⲧⲙ̅ *ich hörte* (Perfekt)

ⲥⲉⲥⲱⲧⲙ̅ *sie hören*   ⲁⲩⲥⲱⲧⲙ̅ *sie hörten* (Perfekt)

ⲧⲛ̅ⲥⲱⲧⲙ̅ *wir hören*   ϣⲁⲛⲥⲱⲧⲙ̅ *wir hören* (Aorist)

Die grundsätzlichen Unterschiede zwischen Adverbialsatz bzw. Präsenssystem auf der einen Seite und Verbalsatz auf der anderen verdeutlicht folgende Tabelle[34]:

	Adverbialsatz (Zweiteiliges Schema)	Verbalsatz (Dreiteiliges Schema)
Aspekt	Raum/Dauer	Zeit/Ereignis
Konjugationsbasis	nein	ja
Präposition	ja	nein
Infinitiv		
status absolutus	ja	ja
status nominalis	bedingt (bei indeterm. Objekt)	ja
status pronominalis	nein	ja
Stativ (Qualitativ)	ja	nein

2. Zur Anknüpfung des Objekts: Die Stern-Jernstedtsche Regel[35]

Steht im Präsens einschließlich seiner Transpositionen ein transitiver Infinitiv mit nachfolgendem Objekt, wird nie sein status pronominalis verwendet. Pronominale Objekte werden mit dem status pronominalis ⲙ̅ⲙⲟ⸗ der Objektspartikel ⲛ̅- (→ N.2.) angeknüpft. Der status nominalis wird nur angewendet, wenn das Objekt ein

---

[33] Vgl. z.B. Till § 251.

[34] Vgl. Polotsky, Grundlagen 173.

[35] Weiteres bei Till § 259 und § 260, Polotsky, Grundlagen 218, Jernstedt, Anknüpfung.

artikelloses Nomen (→ **G.**), bzw. ein Indefinit- oder Fragepronomen ist. Determinierte nominale Objekte werden mit ⲛ̄- angeschlossen.

ϯⲕⲱ ⲙ̄ⲙⲟⲥ *ich lege sie* (sg.) Aber: ⲁⲓ̈ⲕⲁⲁⲥ *ich habe sie* (sg.) *gelegt* (Perfekt)

Die wichtigste Ausnahme von dieser Regel macht das Verb ⲟⲩⲱϣ (ⲟⲩⲉϣ-, ⲟⲩⲁϣ⸗) *wollen, lieben*, dessen status nominalis bzw. pronominalis im Präsenssystem bei nachfolgendem Objekt obligatorisch verwendet wird.[36] Der kausative Infinitiv (→ **U.**) ist auf Grund seiner nichtselbständigen Verwendung als Konjugationselement der Stern-Jernstedtschen Regel nicht unterworfen.[37]

3. Der erweiterte Adverbialsatz: Das Instans (Futur)

Das Instans (Till und andere: Futur I) wird mit dem auf das Subjekt folgenden Element ⲛⲁ- gebildet. Dabei handelt es sich um den Stativ des Verbs ⲛⲟⲩ *gehen* in der Bedeutung *im Begriff sein*. Die Verbindung eines nominalen oder pronominalen Subjektes mit dem Stativ ⲛⲁ ist also zunächst ein ganz regulärer Adverbialsatz mit einem Stativ als Prädikat: ϥⲛⲁ *er ist im Begriff*. Im Rahmen des Instans bildet diese Konstruktion den grammatischen Kern, der um einen bloßen Infinitiv, der dem grammatischen Kern zur näheren Erläuterung folgt, erweitert ist. ⲛⲁ- fungiert dann gewissermaßen als Hilfsverb. Ausgedrückt wird der Zustand der Erwartung eines (sich demnächst ereignenden) Vorgangs. ϥⲛⲁⲥⲱⲧⲙ̄ bedeutet demnach: *er ist im Begriff* (und zwar:) *zu hören*. Der dem Satzkern angefügte bloße Infinitiv kann, sofern vorhanden, in allen drei status (absolutus, nominalis, pronominalis) verwendet werden. Da es sich bei dem angefügten bloßen Infinitiv lediglich um die Erweiterung eines regulären Adverbialsatzes handelt, ist zugleich erklärt, warum das Instans der Stern-Jernstedtschen Regel scheinbar (!) nicht unterworfen ist.
Das Instans kann circumstantial, relativisch, substantivisch und präterital transponiert werden (s.u.). Die präteritale Transposition des Instans heißt auch Futurum imperfectum. Sie beschreibt einen Zustand, der in der Vergangenheit in Aussicht stand, oft in der Bedeutung eines Irrealis (→ PARADIGMENTAFELN).

Beispielsätze:
ⲡⲛⲟⲩⲧⲉ ⲛⲁⲧⲁⲕⲟϥ *Gott wird ihn verderben* (1Kor 3,17).
ϩⲏⲣⲱⲇⲏⲥ ⲅⲁⲣ ⲛⲁϣⲓⲛⲉ ⲛ̄ⲥⲁ ⲡϣⲏⲣⲉ ϣⲏⲙ ⲉⲧⲁⲕⲟϥ
Denn Herodes wird nach dem kleinen Kind suchen, um es umzubringen (Mt 2,13).
ϥⲛⲁⲧⲁⲙⲱⲧⲛ̄ ⲉⲛⲉⲧⲛⲁϣⲱⲡⲉ. *Er wird euch unterrichten über das, was geschehen wird* (Joh 16,13).

---

[36] Zur Erklärung dieses Phänomens vgl. Depuydt, For the sake of ⲟⲩⲱϣ.
[37] Vgl. Polotsky, CP 232b.

Das Paradigma des Instans bietet in der 2.P.sg.f. die Variante ⲧⲉⲣⲁ (für ⲧⲉⲛⲁ), vgl. das folgende Beispiel (in relativischer Transposition):

ⲡⲙⲁ ⲉⲧⲉⲣⲁϭⲱ ⲛ̅ϩⲏⲧϥ̅ ϯⲛⲁϭⲱ ϩⲱ ⲛ̅ϩⲏⲧϥ̅ ⲛⲙ̅ⲙⲉ

Wo du (fem.) *bleiben wirst, da werde auch ich mit dir* (fem.) *bleiben* (Ruth 1,16).

4. Negation

Adverbialsätze (einschließlich des Instans und aller Transpositionen) werden durch ⲛ̄- ... ⲁⲛ negiert. Das ⲛ̄- wird jedoch oft nicht geschrieben.

Beispielsätze:
ⲛϥ̄ϩⲙ̄ ⲡⲉⲓ̈ⲙⲁ ⲁⲛ *Er ist nicht hier* (Mk 16,6).
ⲛ̄ⲥⲉⲭⲟ ⲁⲛ ⲛ̄ⲥⲉⲱϩⲥ̄ ⲁⲛ *Sie säen nicht, sie ernten nicht* (Lk 12,24).
Instans:
ⲟⲩⲧⲉ ⲛ̄ⲥⲉⲛⲁⲭⲓϩⲓⲙⲉ ⲁⲛ. ⲟⲩⲧⲉ ⲛ̄ⲥⲉⲛⲁⲭⲓϩⲁⲓ̈ ⲁⲛ
Weder werden sie (sc. die Männer) *heiraten* (wörtl. *Frauen nehmen*), *noch werden sie* (sc. die Frauen) *heiraten* (wörtl. *Männer nehmen*) (Mk 12,25).
Vgl. den griech. Text: οὔτε γαμοῦσιν οὔτε γαμίζονται.

5. Transpositionen[38]

Adverbialsätze einschließlich des Instans können circumstantial, relativisch, substantivisch und präterital transponiert werden. Die präteritale Transposition des einfachen Adverbialsatzes heißt auch Imperfekt, die des Instans Futurum imperfectum.

Circumstantialis (Umstandssatz)

Der Konverter des Umstandssatzes lautet ⲉⲣⲉ-/ⲉ⸗, vor nominalem Subjekt verkürzt auch ⲉ-. Steht der Konverter unmittelbar vor pronominalem Subjekt, wird dieses nicht wie im nichttransponierten Adverbialsatz durch ein Präfixpronomen, sondern durch ein Suffixpronomen ausgedrückt (→ F. PERSONALPRONOMEN). Ein mit (ⲛ̄-) ... ⲁⲛ negierter Adverbialsatz kann ebenfalls (durch ⲉ-) circumstantial transponiert werden. Im negierten Adverbialsatz stehen dann stets die Präfixpronomen, unabhängig davon, ob das ⲛ̄- der Negation geschrieben oder ausgelassen wird. Das konvertierende ⲉ- wiederum wird vor ⲛ̄ bzw. ⲙ̄ häufig nicht geschrieben. Der Umstandssatz des einfachen Adverbialsatzes drückt Gleichzeitigkeit aus, der des Instans Nachzeitigkeit.

---

[38] Grundsätzliches in Kapitel **X.** DIE TRANSPOSITIONEN DES SATZES.

einfacher Adverbialsatz:

ⲀⲨⲰ ⲈⲢⲈⲒⲤ̄ ⲎⲚ ⲂⲎⲐⲀⲚⲒⲀ ⲈϤⲚⲎⲬ ⲎⲘ ⲠⲎⲎⲒ Ⲛ̄ⲤⲒⲘⲰⲚ ⲠⲈⲦⲤⲞⲂⲌ ⲀⲤⲈⲒ Ⲛ̄ϬⲒ
ⲞⲨⲤϨⲒⲘⲈ ⲈⲢⲈⲞⲨⲀⲖⲀⲂⲀⲤⲦⲢⲞⲚ Ⲛ̄ⲤⲞϬⲚ̄ Ⲛ̄ⲦⲞⲞⲦⲤ̄ Ⲛ̄ⲚⲀⲢⲆⲞⲤ ⲈϤⲤⲞⲦⲠ̄
ⲈⲚⲀϢⲈⲤⲞⲨⲚ̄ⲦⲤ̄

*Und als Jesus in Bethanien war und (zu Tisch) lag im Hause Simons des Aussätzigen, kam
eine Frau, die in ihrer Hand ein Gefäß mit Nardensalbe hatte, die ausgezeichnet und von
großem Wert war (Mk 14,3).*

ⲀⲨⲘⲎⲎϢⲈ ⲠⲒⲤⲦⲈⲨⲈ ⲈⲠⲈϤⲢⲀⲚ ⲈⲨⲚⲀⲨ ⲈⲘⲘⲀⲒ̈Ⲛ

Eine Menge glaubte an seinen Namen als sie die Zeichen sahen (Joh 2,23).

Instans (negiert):

ⲞⲨⲚ ϨⲞⲒ̈ⲚⲈ ... ⲈⲚⲤⲈⲚⲀ ϬⲒ†ⲠⲈ ⲀⲚ Ⲙ̄ⲠⲘⲞⲨ

Es gibt einige..., die werden den Tod nicht schmecken (Mk 9,1).

Relativsatz

Der Konverter des Relativsatzes lautet vor nominalem Subjekt ⲈⲦⲈⲢⲈ bzw. ⲈⲦⲈ,
vor pronominalem Subjekt ⲈⲦ. Vor negiertem Adverbialsatz (einschließlich Instans)
lautet der Konverter ⲈⲦⲈ.

☞ Zu beachten ist folgende Besonderheit der relativischen Transposition des nicht
negierten Adverbialsatzes: Ist das Subjekt des Relativsatzes identisch mit dem
Beziehungswort, wird es (das Subjekt) in der Regel innerhalb des Relativsatzes nicht
noch einmal (pronominal) ausgedrückt, d.h. auf den Relativkonverter folgt
unmittelbar das adverbiale Prädikat:

ⲞⲨⲞⲚ ⲚⲒⲘ ⲈⲦⲠⲒⲤⲦⲈⲨⲈ ⲈⲢⲞⲈⲒ̈ *ein jeder, der an mich glaubt (Joh 12,46).*

ⲞⲨⲞⲚ ⲚⲒⲘ ⲈⲦⲚⲀⲚⲞⲨϬⲤ̄ ⲈⲦⲈϤⲤⲞⲚ *ein jeder, der gegen seinen Bruder zürnen wird*
(Mt 5,22)

Steht der Relativkonverter im nicht negierten Adverbialsatz unmittelbar vor
pronominalem Subjekt, folgt der relativisch transponierte Adverbialsatz folgendem
Paradigma:

1.P.sg.	Ⲉ†	1.P.pl.	ⲈⲦⲚ̄
2.P.sg.m.	ⲈⲦⲔ̄	2.P.pl.	ⲈⲦⲈⲦⲚ̄
2.P.sg.f.	ⲈⲦⲈ		
3.P.sg.m.	ⲈⲦϤ̄	3.P.pl.	ⲈⲦⲞⲨ
3.P.sg.f	ⲈⲦⲤ̄		

Für den Relativkonverter vor pronominalen Subjekt ist weiterhin die Langform ⲉⲧⲉ belegt, und zwar in Verbindung mit folgenden Suffixpronomen: ⲉⲧⲉⲉⲓ, ⲉⲧⲉⲕ, ⲉⲧⲉϥ, ⲉⲧⲉⲥ, ⲉⲧⲉⲩ.[39]

Beispiele:

ⲡⲉⲧϣⲓⲛⲉ ϥⲛⲁϭⲓⲛⲉ *Wer sucht, wird finden* (Lk 11,10).

ⲁⲩⲭⲁⲗⲁ ⲙⲡⲉⲃⲗⲟϭ ⲉⲡⲉⲥⲏⲧ ⲡⲉⲧⲉⲣⲉⲡⲉⲧⲥⲛϭ ⲛⲏⲝ ϩⲓϫⲱϥ.
Sie ließen das Bett herab, das, auf dem der Gelähmte lag (Mk 2,4).

ⲡⲁⲓ̈ ⲉⲧⲟⲩⲛ̄ϩⲏⲧϥ̄ ⲛ̄ϭⲓ ⲛⲁϩⲱⲱⲣ ⲧⲏⲣⲟⲩ ⲛ̄ⲧⲥⲟⲫⲓⲁ.
Dieser, in dem alle Schätze der Weisheit sind (Kol 2,3).

Instans:

ⲡⲃⲁⲡⲧⲓⲥⲙⲁ ⲉϯⲛⲁϫⲓⲧϥ̄ *die Taufe, die ich empfangen werde* (Mk 10,39).

negiert:

ϣⲏⲛ ⲛⲓⲙ ⲉⲧⲉⲛϥ̄ⲛⲁϯⲕⲁⲣⲡⲟⲥ ⲁⲛ
jeder Baum, der nicht Frucht bringen wird (Lk 3,9).

Substantivische Transposition[40]

Der Konverter der substantivischen Transposition des Adverbialsatzes (Till: Präsens II bzw. Futur II) lautet vor nominalem Subjekt ⲉ(ⲣⲉ), vor pronominalem Subjekt ⲉ⸗. Beim unmittelbaren Zusammentreffen von Konverter und pronominalem Subjekt finden die Suffixpronomen Verwendung. Die Negation - durch (ⲛ̄-) ... ⲁⲛ - negiert den substantivisch transponierten Satz.

Beispielsätze:

ⲉⲣⲉⲡⲉⲛⲡⲟⲗⲓⲧⲉⲩⲙⲁ ϩⲛ̄ ⲙ̄ⲡⲏⲩⲉ
In den Himmeln ist unser Bürgerrecht (Phil 3,20).

Instans:

ⲉⲧⲃⲉ ⲡⲁⲓ̈ ⲉⲣⲉⲡⲣⲱⲙⲉ ⲛⲁⲕⲁ ⲡⲉϥⲉⲓ̈ⲱⲧ ⲛ̄ⲥⲱϥ ⲛⲙ̄ (= ⲙⲛ̄) ⲧⲉϥⲙⲁⲁⲩ
Deshalb wird ein Mann seinen Vater und seine Mutter verlassen (Mk 10,7).

ⲛ̄ⲁϣ ⲇⲉ ⲛ̄ϩⲉ ⲉⲩⲛⲁⲥⲱⲧⲙ̄ *Wie werden sie hören?* (Röm 10,14)

negiert:

ⲛⲉⲣⲉⲡⲣⲱⲙⲉ ⲛⲁⲱⲛϩ̄ ⲁⲛ ⲉⲡⲟⲉⲓⲕ ⲙ̄ⲙⲁⲧⲉ
Der Mensch wird nicht vom Brot allein leben (Lk 4,4).

In nichtklassischem Sahidisch steht substantivisch transponiertes affirmatives Instans häufig in Finalsätzen (eingeleitet mit ϫⲉ, ϫⲉⲕⲁⲁⲥ oder ϩⲓⲛⲁ):

---

[39] Die Formen der 2.P.sg.f. und 2.P.pl. sind identisch mit der Normalform. Näheres zu diesem Thema in Funk, Die zweite Apokalypse des Jakobus 56ff und Schenke, Middle Egyptian Dialect 48*f.
[40] Vgl. auch unter **X.4.** Die substantivische Transposition den Abschnitt *Die substantivische Transposition des Adverbialsatzes.*

... ϫⲉⲕⲁⲁⲥ ⲁⲛ ⲉⲧⲉⲧⲛⲁϬⲱ ⲙ̄ⲡⲓⲙⲁ ⲁⲗⲗⲁ ϫⲉ ⲉⲧⲉⲧⲛⲁⲉⲓ ⲉⲃⲟⲗ ⲛ̄ϩⲏⲧϥ
..., *nicht damit ihr an diesem Ort bleibt, sondern damit ihr aus ihm herauskommt* (LibThom p. 139,26ff).

☞ Zu beachten ist die unterschiedliche Stellung des negierenden ⲛ̄- beim Umstandsatz und bei der substantivischen Transposition:

Umstandssatz (Circumstantialis):	ⲉⲛϥⲥⲱⲧⲙ̄ ⲁⲛ (der negierte Satz wird transponiert)
substantivische Transposition:	ⲛⲉϥⲥⲱⲧⲙ̄ ⲁⲛ (der transponierte Satz wird negiert)

Präteritum

Der Konverter des Präteritums lautet ⲛⲉ, vor nominalem Subjekt erhält er auch die Langform ⲛⲉⲣⲉ. Pronominale Subjekte werden durch ein Suffixpronomen bezeichnet. Das Präteritum des Präsens heißt auch Imperfekt, das des Instans auch Futurum imperfectum bzw. Imperfektum futuri. Einem präterital transponierten Satz folgt häufig die Partikel ⲡⲉ.

einfacher Adverbialsatz:
ⲛⲉⲣⲉⲡϫⲟⲉⲓ ϩⲛ̄ ⲧⲙⲏⲧⲉ ⲛ̄ⲑⲁⲗⲁⲥⲥⲁ *Das Boot war mitten auf dem Meer* (Mk 6,47).
ϫⲉ ⲛⲉⲩⲛⲁⲩ ⲡⲉ ⲉⲙⲙⲁⲓ̈ⲛ ... *weil sie die Zeichen sahen* (Joh 6,2).
Instans:
ⲧⲁⲓ̈ ⲇⲉ ⲛⲉⲥⲛⲁⲙⲟⲩ *Diese aber war im Begriff zu sterben* (Lk 8,42).
negiert:
ⲛⲉϥⲟ ⲁⲛ ⲛ̄ⲕⲟⲩⲉⲓ *Er war nicht klein* (EvPhil p. 58,7).

Transpositionen zweiten Grades:
Präterital transponierte Sätze können ihrerseits circumstantial (Konverter ⲉ-, selten ∅-) und relativisch (Konverter ⲉ- oder ∅-, Imperfekt auch ⲉⲧⲉ-) transponiert werden. Ein Umstandsatz (Circumstantialis) des Präteritums dient häufig zur Bildung der Protasis eines Irrealis, häufig fortgesetzt durch präterital transponiertes Instans (Futurum imperfectum).

circumstantial:
ⲡϫⲟⲉⲓⲥ. ⲉⲛⲉⲕⲙ̄ⲡⲉⲓ̈ⲙⲁ. ⲛⲉⲣⲉⲡⲁⲥⲟⲛ ⲛⲁⲙⲟⲩ ⲁⲛ ⲡⲉ
Herr, wärest du hier gewesen, mein Bruder wäre nicht gestorben (Joh 11,21).

relativisch:
ϫⲉ ⲛⲉⲩⲛⲁⲩ ⲡⲉ ⲉⲙⲙⲁⲉⲓⲛ ⲉⲛⲉϥⲉ̂ⲓⲣⲉ ⲙ̄ⲙⲟⲟⲩ
..., *weil sie die Zeichen sahen, die er getan hatte* (Joh 6,2).
ⲛ̄ϩⲟⲟⲩ ⲛⲉⲛϣⲟⲟⲡ ⲛ̄ϩⲉⲃⲣⲁⲓⲟⲥ ⲛⲉⲛⲟ ⲛ̄ⲟⲣⲫⲁⲛⲟⲥ
In den Tagen, da wir Hebräer waren, waren wir Waisen (EvPhil p. 52,21f).

Zur substantivischen Transposition vgl. unter **X.5.** Das Präteritum den Abschnitt *Transposition zweiten Grades.*

T. Verbalsätze (Dreiteiliges Schema)

Die Verbalsätze des Dreiteiligen Schemas (Tripartite Pattern) bestehen in ihrer Grundform, d.h. ihrer nichttransponierten Form, aus drei Teilen: der Konjugationsbasis, die den jeweiligen Tempuscharakter des Verbalsatzes bezeichnet; ihr folgt das Subjekt in Form eines Nomens oder Suffixpronomens; diesem folgt (stets) ein Infinitiv. Der Verbalsatz drückt ein Ereignis in der Zeit aus.

1	2	3
ⲁ-	ⲡⲣⲱⲙⲉ	ⲥⲱⲧⲙ̄

Der Mensch hörte. (Perfekt)

ⲁ⸗	ϥ	ⲥⲱⲧⲙ̄

Er hörte. (Perfekt).

Das Objekt kann innerhalb des Verbalsatzes einem (transitiven) Infinitiv unmittelbar angeschlossen werden. Ein nominales Objekt folgt dann dem status nominalis des Infinitivs, ein pronominales Objekt dem status pronominalis. Ebenso möglich ist der Anschluß des Objektes mittels ⲛ̄-/ⲙ̄ⲙⲟ⸗.
ⲁϥϭⲛ̄ ⲧⲉⲥϩⲓⲙⲉ *Er fand die Frau.* ⲁϥϭⲛ̄ⲧⲥ̄ *Er fand sie.* ⲁϥϭⲓⲛⲉ ⲙ̄ⲙⲟⲥ *Er fand sie.*

1. Hauptsatzkonjugationen (Sentence Conjugations)

Perfekt

Das koptische Perfekt drückt ein Ereignis in der Vergangenheit aus. Man unterscheidet affirmatives (bejahendes) Perfekt und negatives Perfekt.

Konjugationsbasis		affirmatives Perfekt	negatives Perfekt
bei nominalem Subjekt		ⲁ-	ⲙ̄ⲡⲉ-
bei pronominalem Subjekt		ⲁ⸗	ⲙ̄ⲡ(ⲉ)⸗

ⲁⲡⲣⲱⲙⲉ ⲥⲱⲧⲙ̄ *der Mensch hörte*   ⲁϥⲥⲱⲧⲙ̄ *er hörte*
ⲙ̄ⲡⲉⲡⲣⲱⲙⲉ ⲥⲱⲧⲙ̄ *der Mensch hörte nicht*   ⲙ̄ⲡϥ̄ⲥⲱⲧⲙ̄ *er hörte nicht*

Steht vor nominalem Subjekt der unbestimmte Artikel sg. ⲟⲩ-, wird normalerweise nur ⲩ geschrieben: ⲁⲩⲣⲱⲙⲉ ⲥⲱⲧⲙ̄ *ein Mensch hörte.* Folgende Transpositionen des Perfekts sind belegt: circumstantiale (Umstandssatz), relativische, substantivische („Zweites Tempus") und präteritale (→ X. Die Transpositionen des Satzes und Paradigmentafeln). Beispiele für transponierte Sätze:

circumstantial: ⲀϤⲦⲞⲨⲚⲞⳞ ⲈⲀϤⲀⲘⲀϨⲦⲈ ⲚⲦⲈⳞϬⲓⳈ
er richtete sie auf, nachdem er ihre Hand ergriffen hatte (Mk 1,31).

relativisch: ⲦϬⲞⲘ ⲈⲚⲦⲀⲤⲈⲓ ⲈⲂⲞⲖ ⲘⲘⲞϤ *die Kraft, die von ihm ausging* (Mk 5,30).

substantivisch: ⲚⲦⲀⲨϢⲰⲠⲈ ⲄⲀⲢ ⲬⲰⲢⲓⳞ ⲚⲓϤⲈ *Denn ohne blasen sind sie entstanden* (EvPhil p. 63,11).

präterital: ⲠϢⲎⲢⲈ ⲆⲈ ϢⲎⲘ ⲚⲈⲀϤⲀⲓ̈ⲀⲈⲓ *Das kleine Kind aber war groß geworden* (Lk 2,40).

Aorist

Der koptische Aorist beschreibt ein regelmäßiges, folgerichtiges Tun. Es gibt affirmativen (bejahenden) und negativen Aorist. Der negative Aorist enthält auch den Aspekt des *Nicht-Könnens*.

Konjugationsbasis	affirmativer Aorist	negativer Aorist
bei nominalem Subjekt	ϢⲀⲢⲈ-	ⲘⲈⲢⲈ-
bei pronominalem Subjekt	ϢⲀ⸗	ⲘⲈ⸗

Insbesondere in zahlreichen Nag-Hammadi-Texten lautet die Konjugationsbasis des negativen Aoristes auch ⲘⲀⲢⲈ- bzw. ⲘⲀ⸗.

ϢⲀⲢⲈⲦⲈⳞϨⲓⲘⲈ ⳞⲰⲦⲘ̄ *die Frau hört/pflegt zu hören*
ϢⲀⳞⳞⲰⲦⲘ̄ *sie hört/pflegt zu hören*
ⲘⲈⲢⲈⲦⲈⳞϨⲓⲘⲈ ⳞⲰⲦⲘ̄ ⲈⲢⲟϤ *die Frau pflegt ihn nicht zu hören/kann ihn nicht hören*
ⲘⲈⳞⳞⲰⲦⲘ̄ ⲈⲢⲟϤ *sie pflegt ihn nicht zu hören/kann ihn nicht hören*

Folgende Transpositionen des Aorists sind belegt: circumstantiale (Umstandssatz), relativische, substantivische („Zweites Tempus") und präteritale (→ **X. DIE TRANSPOSITIONEN DES SATZES** und **PARADIGMENTAFELN**). Beispiele für transponierte Sätze:

circumstantial: ⲚⲈⲞⲨⲚⲦⲈ̄ ⲞⲨⳞⲰⲚⲈ ⲆⲈ ⲠⲈ ⲈϢⲀⲨⲘⲞⲨⲦⲈ ⲈⲢⲟⳞ ⲬⲈ ⲘⲀⲢⲓⲀ
Sie hatte aber eine Schwester, die Maria genannt wird (Lk 10,39).

relativisch: ⳞⲓⲘⲰⲚ ⲠⲈⲦⲈϢⲀⲨⲘⲞⲨⲦⲈ ⲈⲢⲟϤ ⲬⲈ ⲠⲌⲎⲖⲰⲦⲎⳞ
Simon, der der Zelot genannt wird (Lk 6,15).
ⲦⲈϢⲀⲨⲘⲞⲨⲦⲈ ⲈⲢⲟⳞ ⲬⲈ ⲂⲎⲐⲖⲈⲈⲘ
die genannt wird: Bethlehem (Lk 2,4).

substantivisch: ⲈⲂⲞⳐ ⲢⲒⲦⲞⲞⲦ· ⲈⳠⲀⲤⲈⲒ ⲈⲂⲞⳐ ⲚϬⲒ ⲦⲅⲚⲰⲤⲒⲤ
Durch mich kommt die Gnosis hervor (Protennoia p. 36,9f).
präterital: ⲚⲈⳠⲀⲨⲘⲞⲣ̄Ⳡ ⳐⲈ ⲠⲈ Ⲥ̄Ⲛ Ⲥ̄ⲈⲚⲤ̄ⲀⳐⲨⲤⲒⲤ
Er wurde mit Ketten gefesselt (Lk 8,29).

Negativer Kompletiv

Der negative Kompletiv („noch nicht" bzw. „not yet") bezeichnet ein Ereignis, das *noch nicht* geschehen ist (dessen Eintritt aber erwartet wird). Anders als bei Perfekt oder Aorist, existiert keine affirmative Form (mehr)[41].

Konjugationsbasis	negativer Kompletiv
bei nominalem Subjekt	Ⲙ̄ⲠⲀⲦⲈ-
bei pronominalem Subjekt	Ⲙ̄ⲠⲀⲦ⸗

Ⲙ̄ⲠⲀⲦⲈⲠⲢⲰⲘⲈ ⲈⲒ *der Mensch ist noch nicht gekommen*
Ⲙ̄ⲠⲀⲦ̄ⳠⲈⲒ *er ist noch nicht gekommen*

Besonders häufig ist die Verwendung des negativen Kompletivs in circumstantialer Transposition, also als Umstandssatz; gelegentlich in Verbindung mit dem Adverb ⲤⲀⲐ̄Ⲏ *bevor, ehe:* ⲤⲀⲐ̄Ⲏ ⲅⲀⲣ ⲈⲘⲠⲀⲦⲞⲨⲠⲞⲞⲚⲈⳠ ⲈⲂⲞⳐ ⲀⲨⲣ̄Ⲙ̄Ⲛ̄ⲦⲢⲈ ⲤⲀⲣⲞⳠ ⲬⲈ ⲀⳠⲡ̄ⲀⲚⲀⳠ Ⲙ̄ⲠⲚⲞⲨⲦⲈ. *Denn bevor er entrückt wurde, wurde von ihm bezeugt, daß er Gott wohlgefällig war* (Heb 11,5). Der Konverter des Umstandssatzes (Ⲉ-) wird allerdings oft nicht geschrieben. Weitere belegte Transpositionen sind die relativische und die präteritale; eine substantivische („Zweites Tempus") ist nicht bezeugt (→ **X.** Die Transpositionen des Satzes und Paradigmentafeln).

Energetisches Futur

Das energetische Futur (auch Futur III[42] bzw. Optativ, → Terminologische Übersicht über das Konjugationssystem) drückt sowohl Wünsche aus, deren Eintreten künftig erwartet wird, als auch Gebote bzw. Verbote[43]. Man unterscheidet affirmatives (bejahendes) und negatives energetisches Futur.

---

[41] Zur Sprachgeschichte vgl. Polotsky, CP 239, Anm. 1.
[42] Die u.a. bei Till gebrauchte Bezeichnung Futur III ist insofern mißverständlich, als sie eine strukturelle Verwandtschaft zum sogenannten Futur I und Futur II suggeriert, d.h. sie als gleichrangige Konjugationsformen nebeneinander stellt.
[43] Beispielliste in: Polotsky, CP 220.

Konjugationsbasis	affirm. energ. Futur	neg. energ. Futur
bei nominalem Subjekt	ⲉⲣⲉ-	ⲚⲚⲈ-
bei pronominalem Subjekt	ⲉϥⲉ- (ⲉ⸗ϥ-ⲉ-)	ⲚⲚⲈ⸗
(Bsp. 3.P.sg.m.)		

Insbesondere in zahlreichen Nag-Hammadi-Texten lautet die Konjugationsbasis des negativen energetischen Futurs auch ⲚⲈ- bzw. ⲚⲈ⸗, mit dem Suffix der 3.P.pl. auch ⲚⲞⲨ.

ⲉⲣⲉⲧⲉⲥϩⲓⲙⲉ ϬⲚ̄Ⲧϥ̄ *die Frau möge ihn finden*
ⲚⲚⲈⲧⲉⲥϩⲓⲙⲉ ϢⲚ̄Ⲧϥ̄ *die Frau soll ihn nicht suchen*
ⲦⲈⲬⲀⲢⲓⲤ ⲉⲤⲉϢⲰⲡⲉ ⲚⲘ̄ⲘⲀⲚ *Die Gnade, sie wird mit uns sein* (2Joh 3).
ⲚⲚⲈⲕϩⲰⲦⲂ̄ *Du sollst nicht töten!* (Mt 5,21)

Die häufigste Verwendung des energetischen Futurs ist die in mit Ⲭⲉ/ⲬⲉⲕⲀ(Ⲁ)Ⲥ *daß, damit* eingeleiteten Finalsätzen: ⲀⲨⲤⲈⲡⲤⲰⲡϥ̄ Ⲇⲉ ⲬⲉⲕⲀⲀⲤ ⲉϥⲉⲬⲰϩ ⲉⲣⲟϥ *Sie baten ihn aber, daß er ihn berühre* (Mk 8,22). ⲀⲨⲰ ⲀϥϩⲰⲚ ⲉⲦⲟⲟⲦⲟⲨ ⲬⲉⲕⲀⲀⲤ ⲚⲚⲉⲨⲬⲟⲟⲤ Ⲁ̄ⲀⲀⲨ *Und er befahl ihnen, daß sie es niemandem sagen* (Mk 7,36).
In durch oberägyptische Nachbardialekte des Sahidischen beeinflußten affirmativen Finalsätzen kann das affirmative energetische Futur durch das substantivisch transponierte Instans[44] („Futur II") ersetzt sein, in negativen ist das negative energetische Futur verbindlich.

Belegt sind folgende Transpositionen:
— relativische (selten belegt), für affirmatives energetisches Futur vgl. 2ApcJac p. 52,6f[45]: ⲡⲀⲓ ⲄⲀⲣ ⲉⲦⲉⲡⲣⲉ ϩⲣⲀⲓⲕ ⲚⲞⲓⲞⲨϭϥ ⲉⲣⲟϥ *Denn diese (sc. Verheißung, kopt. m.) ist es, der sich dein Angesicht zuwenden soll*; für negatives energetisches Futur vgl. Röm 11,33: Ⲛ̄ⲑⲉ ⲉⲦⲉⲚⲉⲨⲉϢⲘⲉϢⲦ̄ Ⲛ̄ϩⲀⲡ Ⲙ̄ⲡⲚⲞⲨⲦⲉ *Wie unbegreiflich sind* (wörtl. *nicht wird man prüfen können*) *die Gerichte Gottes*
— circumstantiale: leitet ⲬⲉⲕⲀ(Ⲁ)Ⲥ einen negativen Finalsatz ein, folgen etwa gleich häufig Ⲛ̄ⲚⲈ-/Ⲛ̄ⲚⲈ⸗ oder ⲉⲚⲚⲈ-/ⲉⲚⲚⲈ⸗, wobei letztere Formen die circumstantiale Transposition darstellen dürften[46]. ⲉⲚⲚⲈ-/ⲉⲚⲚⲈ⸗ folgt allerdings stets nur

---

[44] Daß es sich hierbei nicht, was an sich naheliegend wäre, um die im Sahidischen äußerlich gleiche circumstantiale Transposition des Instans (Futur) handeln kann, lehrt allein der achmimische Dialekt, in dem substantivische und circumstantiale Transposition des Instans formal unterscheidbar sind.
[45] Ed. Funk, TU 119. Weiterer Beleg: Allog p. 48,18 (ed. Turner, NHS XXVIII).
[46] Da die nichttransponierte Form des affirmativen energetischen Futurs bereits ⲉϥⲉ- lautet, ist es - sofern sich nicht anderweitig syntaktisch zwingend circumstantiale Formen nachweisen lassen - im

unmittelbar auf ϫⲉⲕⲁ(ⲁ)ⲥ. Steht zwischen Konjunktion und Konjugationsbasis noch eine Partikel, ein eingeschobener Satz oder dgl., wird regelmäßig ⲛ̄ⲛⲉ-/ⲛ̄ⲛⲉ⸗ gebraucht. 1Kor 1,17: ... ϫⲉⲕⲁⲁⲥ ⲉⲛⲛⲉϥϣⲱⲡⲉ ⲉϥϣⲟⲩⲉⲓⲧ ⲛ̄ϭⲓ ⲡⲉⲥ̄ⲧ̄ⲟⲥ ⲙ̄ⲡⲉⲭ̄ⲥ ..., *damit das Kreuz Christi nicht zunichte werde.* 2Kor 5,15: ... ϫⲉⲕⲁⲁⲥ ⲛⲉⲧⲟⲛϩ̄ ⲛ̄ⲛⲉⲩⲱⲛϩ̄ ϭⲉ ⲛⲁⲩ ..., *damit die Lebendigen nun nicht (mehr) für sich leben* (→ ⲠⲀⲢⲀⲆⲒⲄⲘⲈⲚⲦⲀFⲈLⲚ).

Apodotisches ⲉϥⲥⲱⲧⲙ̄

Es existiert außerdem eine Kurzform des affirmativen energetischen Futurs, die wegen ihrer Funktion - Bildung der Apodosis eines Konditionalsatzes - auch apodotisches ⲉϥⲥⲱⲧⲙ̄ genannt wird[47]. Sie gleicht äußerlich dem Circumstantialis des Präsens und dem protatischen ⲉϥⲥⲱⲧⲙ̄ (→ *Konditionalis*) und läßt sich nur an Hand syntaktischer Kriterien von diesen unterscheiden:

ⲉϥⲡⲏⲧ ⲉⲡⲁⲙⲛ̄ⲧⲉ ⲉϥϭⲓⲛⲉ ⲛ̄ⲧⲥⲁⲧⲉ·

Circ.+3.m.sg.+*Stativ*   apodot. *efsōtm* (mit Infinitiv)
|___Protasis___| |___Apodosis___|
Wenn er nach Westen flieht, wird er das Feuer finden.[48]

ⲉϥϣⲁⲛⲕⲧⲟϥ ⲉⲣⲏⲥ ⲉϥϭⲛ̄ⲧⲥ̄ ⲟⲛ ⲙ̄ⲙⲁⲩ

Konditionalis   apodot. *efsōtm* (mit Infinitiv im status pron.)
|___Protasis___| |___Apodosis___|
Wenn er sich nach Süden wendet, wird er es auch dort finden.[49]

2. Nebensatzkonjugationen (Clause Conjugations)

Nebensatzkonjugationen bilden stets abhängige Sätze, die einen übergeordneten Satz oder Satzteil - von dem sie abhängen - voraussetzen. Sie sind nicht transponierbar. Wie alle Verbalsatzkonjugationen werden auch die Nebensatzkonjugationen stets mit einer Form des Infinitivs gebildet. Es gibt - anders als bei den Hauptsatzkonjugationen - keine eigenen negativen Konjugationsformen; die Verneinung erfolgt durch das Element ⲦⲘ̄, das entweder dem Infinitiv unmittelbar vorgesetzt ist,

---

Grunde müßig zu spekulieren, ob ⲉϥⲉ- nach ϫⲉⲕⲁⲁⲥ analog zu ⲉⲛⲛⲉ- als Circumstantialis interpretiert werden kann. Vgl. im übrigen Polotsky CP 232f und 246f.

[47] Die Identifizierung des apodotischen ⲉϥⲥⲱⲧⲙ̄ mit dem energetischen Futur ist nicht unumstritten (vgl. Shisha-Halevy, Apodotic *efsotm*).

[48] LibThom p. 143,2f, hier Schreibung von mir standardisiert.

[49] LibThom p. 143,3, hier Schreibung von mir standardisiert. Wegen der Verwendung des Infinitivs im status pronominalis (ϭⲛ̄ⲧ⸗) kann es sich nicht um einen Circumstantialis des Adverbialsatzes handeln.

oder (bei nominalem Subjekt) der Konjugationsbasis unmittelbar folgt. Zwei Beispiele an Hand des Temporalis (eines affirmativ und eines negiert) sowie eines an Hand des Konditionalis (negiert) verdeutlichen die beschriebenen Verhältnisse: ⲚⲦⲈⲢⲈϥⲚⲀⲨ ⲆⲈ ⲈⲢⲟϥ ⲀϥⲡⲀ2Ⲧϥ̄ 2ⲀⲢⲀⲦϥ̄ (2ⲁ-ⲡⲁⲧ⸗ϥ̄) *Als er ihn aber sah, warf er sich ihm zu Füßen* (Mk 5,22). ⲚⲦⲈⲢⲈϥⲦⲘ̄ⲡⲒⲐⲈ ⲆⲈ ⲀⲚⲔⲀⲢⲰⲚ (ⲁ⸗ⲛ-ⲕⲁ-ⲣⲱ⸗ⲛ) *Als er aber nicht überzeugt wurde, schwiegen wir* (Apg 21,14). ..., ⲈⲢϢⲀⲚⲦⲘ̄ⲦⲀⲡⲟⲤⲦⲀⲤⲒⲀ ⲈⲒ Ⲛ̄ϢⲟⲢⲠ̄ ..., *wenn nicht zuvor der Abfall kommt* (2Thess 2,3).

Konjunktiv

Der koptische Konjunktiv setzt verschiedene Konstruktionen fort (erweitert sie), denen er stets *folgt*. Der Konjunktiv kann stehen: nach Imperativen, und zwar nach einfachem und negiertem Imperativ, nach Kausativem Imperativ sowie nach Energetischem Futur und nach Instans; nach Aorist und Negativem Kompletiv, nach Limitativ, Konditionalis und anderen protatischen Satzmustern (z.B. Umstandssätzen); weiterhin nach Infinitiven, einschließlich Kausativem Infinitiv, nach bestimmten unpersönlichen Ausdrücken, nominalen Prädikaten sowie nach Konjunktionen vornehmlich griechischen Ursprungs [ⲈⲒⲘⲎⲦⲒ (εἰ μή τι), ⲘⲎⲠⲟⲦⲈ (μήποτε), ⲘⲎⲠⲰⲤ (μήπως), 2ⲰⲤⲦⲈ (ὥστε)]. Der einfache Adverbialsatz („Präsens", nicht transponiert) und das einfache Perfekt (nicht transponiert - das klassische Erzähltempus) sind faktisch von der Fortsetzung durch den Konjunktiv ausgeschlossen.[50] Der Anschluß an das Bezugsmuster ist entweder unmittelbar oder erfolgt mittels ⲀⲨⲰ/Ⲏ/ⲀⲖⲖⲀ. Das Subjekt des Konjunktivsatzes ist mit dem des fortgesetzten Satzes entweder identisch oder aber nicht identisch. Der Konjunktiv kann (durch ⲦⲘ̄) negiert werden, er kann aber auch, ohne selbst negiert zu sein, einen negativen Imperativ in dessen Intention fortsetzen.

Die pronominalen Subjekte des Konjunktivparadigmas, die auf Ⲛ̄ folgen, gleichen, mit Ausnahme der 1. Person sg., den Präfixpronomen, die im einfachen Adverbialsatz verwendet werden, das Paradigma unterscheidet sich somit von allen anderen des Dreiteiligen Schemas:

---

[50] In den wenigen gelegentlich zitierten Beispielen für die Fortsetzung des Perfekts mit Konjunktiv (z.B. Joh 12,5) fungiert das Perfekt nicht als Erzähltempus. Zu beachten ist weiterhin, daß das Perfekt andererseits das am häufigsten belegte Tempus ist.

Nomen	ⲚⲦⲈ + Nomen
1.P.sg.	ⲚⲦⲀ/ⲦⲀ⁽¹⁾
2.P.sg.m.	ⲚⲄ/ⲚⲄ̄
2.P.sg.f.	ⲚⲦⲈ
3.P.sg.m.	ⲚϤ/ⲚϤ̄
3.P.sg.f.	ⲚⲤ/ⲚⲤ̄
1.P.pl.	ⲚⲦⲚ̄
2.P.pl.	ⲚⲦⲈⲦⲚ̄
3.P.pl.	ⲚⲤⲈ

⁽¹⁾ ⲦⲀ- steht hauptsächlich postimperativisch und überschneidet sich funktional mit dem Kausativen Konjunktiv

Imperativ:

ⲀⲘⲞⲨ ⲚⲄ̄ⲚⲀⲨ *Komm und sieh!* (Joh 1,46)

Ⲙ̄ⲠⲢ̄ϪⲒⲞⲨ<Ⲉ> ⲆⲈ Ⲛ̄ⲦⲞϤ Ⲍ̄Ⲛ̄ ⲠⲎⲈⲒ Ⲙ̄ⲠⲈⲒⲰⲦ Ⲛ̄ⲦⲈⲦⲚ̄ϤⲒ ⲈⲂⲞⲖ
Stehlt aber nicht im Hause des Vaters und nehmt nichts weg! (EvPhil p. 56,2f)

ⲀⲢⲒⲌⲈⲚⲔⲀⲢⲠⲞⲤ ϬⲈ ⲈⲨⲘ̄ⲠϢⲀ Ⲛ̄ⲦⲈⲦⲚ̄ⲘⲈⲦⲀⲚⲞⲒⲀ Ⲛ̄ⲦⲈⲦⲚ̄ⲦⲘⲀⲢ̄ϪⲒ ⲈϪⲞⲞⲤ
Ⲛ̄ⲌⲎⲦⲦⲎⲨⲦⲚ ϪⲈ ⲞⲨⲚⲦⲀⲚ ⲠⲈⲚⲒ̈ⲰⲦ ⲀⲂⲢⲀⲌⲀⲘ. *Bringt nun Früchte, die eurer Buße würdig sind und hebt nicht an zu sagen unter euch: Wir haben unseren Vater Abraham!* (Lk 3,8)

Kausativer Imperativ:

ⲘⲀⲢⲈϤϨⲘⲞⲞⲤ Ⲍ̄Ⲙ̄ ⲠⲈⲢⲠⲈ ⲈⲦϢⲞⲞⲠ ϨⲢⲀⲒ̈ Ⲛ̄ϨⲎⲦⲔ̄ ⲀⲨⲰ Ⲛ̄ⲄϢⲰⲠⲈ· ⲚⲀϤ
Ⲛ̄ⲞⲨⲎⲎⲂ Ⲙ̄Ⲛ̄ ⲞⲨⲖⲈⲨⲈⲒⲦⲎⲤ *Möge er wohnen in dem Tempel, der in dir ist, und sei du ihm Priester und ein Levit!* (Silv p. 109,17-20)

Ⲙ̄ⲠⲢ̄ⲦⲢⲈⲚⲤⲰⲦⲘ̄ ⲞⲨⲚ Ⲛ̄ⲤⲀ ⲚⲈⲒ̈ⲀⲚⲞⲘⲞⲤ ⲀⲨⲰ Ⲛ̄ⲦⲚ̄ⲘⲞⲞϢⲈ ϨⲢⲀⲒ̈ Ⲍ̄Ⲛ̄ [...]
Laßt uns nun nicht auf diese Gesetzlosen hören und nicht wandeln in [...]! (EpPt p. 139,29f)

☞ Der Konjunktiv kann den negierten Imperativ negativ fortsetzen, ohne selbst negiert zu sein.

Energetisches Futur:

ⲀⲨⲰ ⲈⲨⲔⲰⲦⲈ ϪⲈⲔⲀⲀⲤ ⲈⲨⲈⲘⲞⲞϢⲈ Ⲍ̄Ⲓ ⲦⲈⲌⲒⲎ ⲈⲦϢⲞⲞⲠ ϨⲀⲐⲎ Ⲙ̄ⲠⲒⲢⲞ·
ⲀⲨⲰ Ⲛ̄ⲤⲈⲞⲨⲀϨⲞⲨ Ⲛ̄ⲤⲰⲔ Ⲛ̄ⲤⲈⲈⲒ̄ ⲈϨⲞⲨⲚ Ⲛ̄ⲄⲞⲠⲞⲞⲨ ⲈϨⲞⲨⲚ Ⲛ̄Ⲅ̄†ⲠⲂⲈⲔⲈ
Ⲙ̄ⲠⲞⲨⲀ ⲠⲞⲨⲀ *Und sie kehren um, damit sie auf dem Weg wandeln, der vor dieser Tür ist und sich dir anschließen und hineingehen und (damit) du sie hineinleitest und jedem den Lohn gibst.* (2ApcJac p.55,9-14)

Instans:

ϯⲚⲀⲔⲰ ⲈⲂⲞⲖ ⲚⲚⲈⲨⲬⲒ Ⲛ̄ϬⲞⲚⲤ. ⲦⲀⲦⲘ̄ⲢⲠⲘⲈⲈⲨⲈ ⲚⲚⲈⲨⲚⲞⲂⲈ ⲬⲒⲚ ⲦⲈⲚⲞⲨ.

Ich werde vergeben ihre Gewalttaten und ihrer Sünden nicht gedenken von nun an.

ὅτι ἵλεως ἔσομαι ταῖς ἀδικίαις αὐτῶν καὶ τῶν ἁμαρτιῶν αὐτῶν οὐ μὴ μνησθῶ ἔτι. (Heb 8,12).

ⲠⲈⲦⲚⲀⲤⲰⲦⲘ̄ ⲈⲠⲈⲦⲚ̄ⲰⲀⲬⲈ ⲀⲨⲰ Ⲛ̄ϤⲔⲦⲞ Ⲙ̄ⲠⲈϤϨⲞ ⲈⲂⲞⲖ

Wer eure Worte hören wird und sein Gesicht abwenden wird... (LibThom 142,27f)[51].

Aorist:

ⲈϢⲰⲠⲈ Ⲙ̄ⲘⲞⲚ ϢⲀⲢⲈⲠⲎⲢⲠ̄ Ⲃ̄ⲂⲢ̄ⲢⲈ (→ A.4.3.) ⲠⲈϨⲚ̄ϨⲰⲦ Ⲛ̄ϤⲠⲰⲚ ⲈⲂⲞⲖ Ⲛ̄ⲦⲈⲚⲔⲈϨⲰⲦ ⲦⲀⲔⲞ. *Wenn nicht, zerreißt der junge Wein die Schläuche und fließt aus und auch die Schläuche werden zerstört* (Lk 5,37).

ⲘⲈⲢⲈⲖⲀⲀⲨ ⲬⲈⲢⲈ ⲞⲨϨⲎⲂ̄Ⲥ Ⲛ̄ϤϨⲞⲂⲤϤ̄ ⲚⲞⲨϨⲚⲀⲀⲨ Ⲏ Ⲛ̄ϤⲔⲀⲀϤ ϨⲀ ⲞⲨϬⲖⲞϬ.

Niemand zündet eine Lampe an und bedeckt sie mit einem Gefäß oder stellt sie unter ein Bett (Lk 8,16).

protatische Satzmuster (z.B. in Konditionalsätzen):

ⲈϢⲰⲠⲈ ⲞⲨⲚⲦⲎⲦⲚ̄ ⲠⲒⲤⲦⲒⲤ Ⲙ̄ⲘⲀⲨ ⲀⲨⲰ Ⲛ̄ⲦⲈⲦⲚ̄ⲦⲘ̄ⲢϨⲎⲦ ⲤⲚⲀⲨ. ⲞⲨ ⲘⲞⲚⲞⲚ ⲈⲦⲈⲦⲚⲀⲈⲒⲢⲈ Ⲙ̄ⲠⲀⲦⲂⲰ (Ⲙ̄-ⲠⲀ-Ⲧ-ⲂⲰ) Ⲛ̄ⲔⲚ̄ⲦⲈ *Wenn ihr Glauben habt und nicht zweifelt, werdet ihr nicht allein das (Wunder) des Feigenbaums tun ...* (Mt 21,21).

ἐὰν ἔχητε πίστιν καὶ μὴ διακριθῆτε, οὐ μόνον τὸ τῆς συκῆς ποιήσετε

ⲚⲀⲒ ⲦⲎⲢⲞⲨ ϯⲚⲀⲦⲀⲀⲨ ⲚⲀⲔ ⲈⲔϢⲀⲚⲠⲀϨⲦⲔ̄ Ⲛ̄ⲄⲞⲨⲰϢⲦ ⲚⲀⲒ̈.

Dies alles werde ich dir geben, wenn du niederfällst und mir huldigst (Mt 4,9).

Infinitiverweiterung:

ⲚⲀⲚⲞⲨⲤ ⲚⲀⲚ ⲈⲐⲂⲂⲒⲞⲚ Ⲛ̄ⲦⲚ̄ⲬⲒ ⲚⲞⲨϨⲘⲞⲦ ⲈⲂⲞⲖ ϨⲒⲦⲘ̄ ⲠⲬⲞⲈⲒⲤ

Es ist gut für uns, uns zu demütigen, auf daß wir Gnade empfangen vom Herrn (Schenute)[52].

ⲚⲈⲨⲞⲨⲰϢ ⲄⲀⲢ ⲈⲦⲢⲈⲨϤⲒ ⲠⲈⲖⲈⲨⲐⲈⲢⲞⲤ Ⲛ̄ⲤⲈⲔⲀⲀϤ ⲚⲀⲨ Ⲛ̄ϨⲘ̄ϨⲀⲖ

Denn sie wollten den Freien nehmen und ihn sich zum Sklaven machen (EvPhil p. 54,29f)[53].

unpersönlicher Ausdruck:

ⲚⲀⲚⲞⲨⲤ ⲄⲀⲢ Ⲛ̄ⲤⲈⲬⲞⲞⲤ ⲬⲈ ⲠⲤⲀ ⲚϨⲞⲨⲚ

Denn es ist gut, daß man sagt: die Innenseite ... (EvPhil p. 68,4).

ⲘⲚ̄ϬⲞⲘ Ⲙ̄ⲘⲞϤ Ⲛ̄ϤϯⲀⲚⲀⲠⲀⲨⲤⲒⲤ Ⲛ̄ⲚⲀⲈⲒ

Unmöglich ist es für ihn, daß er diese erquickt (EvPhil p. 80,14f)

---

[51] Schreibung hier standardisiert.
[52] Unveröffentlicht, zitiert nach Shisha-Halevy, Chrestomathy 145.
[53] Schreibung hier standardisiert.

ⲔⲈⲔⲞⲨⲈⲒ ⲠⲈ Ⲛ̄ⲦⲈⲦⲚ̄ⲖⲞ ⲈⲦⲈⲦⲚ̄ⲚⲀⲨ ⲈⲢⲞⲈⲒ ⲀⲨⲰ ⲞⲚ ⲔⲈⲔⲞⲨÏ ⲠⲈ Ⲛ̄ⲦⲈⲦⲚ̄ⲚⲀⲨ
ⲞⲚ ⲈⲢⲞⲈⲒ. *Noch ein kleines und ihr werdet aufhören, mich zu sehen, und wiederum*
noch ein kleines und ihr werdet mich wiederum sehen (Joh 16,16).
ⲀⲢⲎⲨ Ⲛ̄ⲦⲈⲠⲚⲞⲨⲦⲈ ⲱⲚ̄ⲄⲦⲎϥ ⲈⲪⲰⲚ
... vielleicht erbarmt sich Gott über uns (Besa 130).

nach Konjunktionen griechischen Ursprungs:
ϮⲄⲦⲎⲦⲚ̄ (Ϯ-ⲄⲦⲎϥⲦⲚ̄) ⲘⲎⲠⲰⲤ Ⲛ̄ⲦⲈⲖⲀⲀⲨ ⲠⲖⲀⲚⲀ Ⲙ̄ⲘⲰⲦⲚ̄
Seid achtsam, damit euch nicht jemand verführe! (Mk 13,5)
ⲀϥⲈⲒ ⲈⲂⲞⲖ ⲌⲒⲐⲎ Ⲙ̄ⲘⲞⲞⲨ ⲦⲎⲢⲞⲨ ⲌⲰⲤⲦⲈ Ⲛ̄ⲤⲈⲢϢⲠⲎⲢⲈ ⲦⲎⲢⲞⲨ
Er ging hinaus vor ihnen allen, so daß sie sich alle verwunderten (Mk 2,12).
ⲘⲚ̄ϬⲞⲘ Ⲙ̄ⲠⲢⲰⲘⲈ ⲈϪⲒⲖⲀⲀⲨ ⲌⲀⲢⲞϥ ⲞⲨⲀⲀϥ ⲈⲒⲘⲎⲦⲒ Ⲛ̄ⲤⲈⲦⲀⲀⲤ ⲚⲀϥ ⲈⲂⲞⲖ
ⲌⲚ̄ ⲦⲠⲈ. *Unmöglich ist es für einen Menschen, etwas zu nehmen aus sich selbst heraus,*
außer wenn es ihm vom Himmel gegeben wird (Joh 3,27).

Besonderheiten:
Der Konjunktiv *kann* nach ϪⲈⲔⲀⲀⲤ, das einen Finalsatz einleitet, stehen, wenn
zwischen ϪⲈⲔⲀⲀⲤ und die mit dem Konjunktiv gebildete Fortsetzung des
Finalsatzes ein weiterer Satz, oft ein Konditionalsatz, eingeschoben ist:
..., ϪⲈⲔⲀⲤ ⲈϢⲰⲠⲈ ⲞⲨⲚ̄ ⲌⲞⲒⲚⲈ Ⲟ Ⲛ̄ⲀⲦⲤⲰⲦⲘ̄ ⲈⲠϢⲀϪⲈ. Ⲛ̄ⲤⲈϮⲌⲎⲨ Ⲙ̄ⲘⲞⲞⲨ
ⲀϪⲚ̄ ϢⲀϪⲈ ..., *damit, wenn einige nicht hören auf das Wort, sie ohne Worte*
gewonnen werden (1Pt 3,1).
..., ϪⲈⲔⲀⲀⲤ ⲔⲀⲦⲀ ⲐⲈ ⲈⲚⲈⲒϪⲰ Ⲙ̄ⲘⲞⲤ Ⲛ̄ⲦⲈⲦⲚ̄ϢⲰⲠⲈ ⲈⲦⲈⲦⲚ̄ⲤⲂ̄ⲦⲰⲦ.
Damit ihr, wie ich gesagt habe, bereit seid (2Kor 9,3).
Die unmittelbare Fortsetzung von finalem ⲌⲒⲚⲀ (ἵνα) mit dem Konjunktiv ist in
nördlichen Dialekten (*B/F*) der Normalfall, sie begegnet hie und da auch in nördlich
beeinflußten sahidischen Texten: ⲘⲀϮⲌⲦⲎⲦⲚ̄ ⲈⲢⲞⲈⲒ ⲌⲒⲚⲀ Ⲛ̄ⲦⲈⲦⲚ̄ⲚⲀⲨ ⲈⲢⲞⲈⲒ *Gebt*
acht auf mich, damit ihr mich seht! (2ApcJac p.49,16f)
Der Konjunktiv steht gelegentlich elliptisch (und so scheinbar selbständig) in
futurisch/imperativischem Sinne:
ⲠⲈϪⲈ ⲠⲈⲒⲖⲀⲦⲞⲤ ⲚⲀⲨ. ϪⲈ ⲦⲀⲤϥⲞⲨ Ⲙ̄ⲠⲈⲦⲚ̄Ⲣ̄Ⲣ̄Ⲟ.
Pilatus spricht zu ihnen: Soll ich euren König kreuzigen? (Joh 19,15)
ⲀⲨⲰ Ⲛ̄ⲦⲚ̄ⲈⲒⲘⲈ ϪⲈ ⲈⲚⲀⲦⲞϢⲚ̄ ⲚⲀϢ Ⲛ̄ⲌⲈ
Und wir sollen erfahren, wie wir uns aufteilen werden (EpPt p. 133,4f).

Der Konjunktiv ist nicht transponierbar.

Temporalis

Der Temporalis trifft eine Aussage der Vor- oder Gleichzeitigkeit und geht für
gewöhnlich dem Hauptsatz, von dem er abhängt (meist Perfekt) voran.

Konjugationsbasis	Temporalis
bei nominalem Subjekt	ⲚⲦⲈⲣⲈ-
bei pronominalem Subjekt	ⲚⲦⲈⲣ(ⲉ)⸗

Insbesondere in zahlreichen Nag-Hammadi-Texten lautet die Konjugationsbasis des Temporalis auch ⲚⲦⲀⲣⲈ- bzw. ⲚⲦⲀⲣ(ⲉ)⸗.

ⲀⲨⲰ ⲚⲦⲈⲣⲈϥⲬⲞ ϨⲞⲈⲒⲚⲈ ⲘⲈⲚ ⲀⲨϨⲈ ϨⲀⲦⲚ ⲦⲈϨⲒⲎ
Und während er säte, fiel einiges auf den Weg.
καὶ ἐγένετο ἐν τῷ σπείρειν ὃ μὲν ἔπεσεν παρὰ τὴν ὁδόν (Mk 4,4).

ⲚⲦⲈⲣⲈϥⲔⲰ ⲆⲈ ⲈⲂⲞⲖ ⲘⲠⲘⲎⲎϢⲈ ⲀϥⲀⲖⲈ ⲈϨⲣⲀⲒ ⲈⲬⲘ ⲠⲦⲞⲞⲨ
Nachdem er aber die Menge entlassen hatte, stieg er hinauf auf den Berg.
καὶ ἀπολύσας τοὺς ὄχλους ἀνέβη εἰς τὸ ὄρος (Mt 14,23).

ⲚⲦⲈⲣⲈⲠⲈⲦⲣⲞⲤ ϬⲈ ⲚⲀⲨ ⲈⲠⲀⲒ ⲠⲈⲬⲀϥ ⲚⲒⲤ.
Als Petrus nun diesen sieht, spricht er zu Jesus:
τοῦτον οὖν ἰδὼν ὁ Πέτρος λέγει τῷ Ἰησοῦ (Joh 21,21).

Wie alle Nebensatzkonjugationen ist auch der Temporalis nicht transponierbar. (→ PARADIGMENTAFELN).

Konditionalis

Der Konditionalis dient zur Bildung der Protasis einer Bedingungssatzperiode, die Apodosis wird zumeist mittels Aorist, Instans oder Imperativ gebildet. Der mit dem Konditionalis gebildete Nebensatz kann dem Satz, von dem er syntaktisch abhängt, vorangehen oder folgen.

Konjugationsbasis	Konditionalis
bei nominalem Subjekt	ⲈⲣϢⲀⲚ-
bei pronominalem Subjekt	ⲈϥϢⲀⲚ (ⲉ⸗ϥ-ϢⲀⲚ)
(Bsp. 3.P.sg.m.)	

ⲈⲣϢⲀⲚⲠⲈϨⲘⲞⲨ ⲆⲈ ⲂⲀⲀⲂⲈ *Wenn aber das Salz geschmacklos ist, ...* (Mt 5,13).
ⲚⲀⲒ ⲦⲎⲣⲞⲨ ϮⲚⲀⲦⲀⲀⲨ ⲚⲀⲔ ⲈⲔϢⲀⲚⲠⲀϨⲦⲔ ⲚⲄⲞⲨⲰϢⲦ ⲚⲀⲒ
Dies alles werde ich dir geben, wenn du dich niederwirfst und du mir huldigst (Mt 4,9).

ⲉϥϣⲱⲡⲉ ⲇⲉ ⲉϥϣⲁⲛⲧⲙ̅ⲥⲱⲧⲙ̅ ⲛ̅ⲥⲱⲟⲩ. ⲁϫⲓⲥ ⲛ̅ⲧⲉⲕⲕⲗⲏⲥⲓⲁ.
Wenn er aber nicht auf sie hört, sage es der Gemeinde (Mt 18,17).

Protatisches ⲉϥⲥⲱⲧⲙ̅

Insbesondere bei der Verneinung des Konditionalis (durch ⲧⲙ̅), aber auch in der nicht negierten Form wird das Element ϣⲁⲛ häufig nicht gesschrieben. Die nicht negierte Form gleicht dann äußerlich dem Circumstantialis des Präsens und dem apodotischen ⲉϥⲥⲱⲧⲙ̅ (→ *Energetisches Futur*). Die Unterscheidung jener von diesen kann meist nur auf Grund syntaktischer Kriterien erfolgen, lediglich bei der negierten Form ist die formale Bestimmung - wegen des nur innerhalb der Nebensatzkonjugationen zulässigen Negationselementes ⲧⲙ̅ - eindeutig möglich. Ein weiteres Kriterium ist der Gebrauch von Infinitiven von Verben der Bewegung. Im Adverbialsatz werden dagegen die Stativformen verwendet. Die einfache Form (negiert und nicht negiert) des Konditionalis wird auch als protatisches ⲉϥⲥⲱⲧⲙ̅ bezeichnet.

ⲧⲉⲥϩⲓⲙⲉ ⲉⲥⲉⲓ[54] ⲉⲥⲛⲁⲙⲓⲥⲉ ⲟⲩⲛ̅ⲧⲥ̅ ⲟⲩⲗⲩⲡⲏ ⲙ̅ⲙⲁⲩ *Die Frau, wenn sie im Begriff ist zu gebären* (wörtl. *wenn sie kommt, indem sie gebären wird*), *hat sie Schmerz* (Joh 16,21).
ϥⲛⲁⲥⲙⲓⲛⲉ ⲛⲁϥ ⲛ̅ϩⲉⲛⲧⲛ̅ϩ ⲉϥⲡⲱⲧ *Er wird sich Flügel bereiten, wenn er flieht* (LibThom p. 140,4).
ⲡⲣⲏ ⲅⲁⲣ ⲉϥⲧⲙ̅ⲡ̅ⲣ̅ⲣⲉ ⲉϫⲛ̅ ⲛⲓⲥⲱⲙⲁ ⲥⲉⲛⲁⲗⲟϥⲗⲉϥ
Die Sonne nämlich, wenn sie nicht scheint über jene Leiber, werden sie verfaulen (LibThom p. 144,21f)[55].

Ein Konditionalsatz kann auch in andere (Neben-)Satzkonstruktionen eingeschachtelt werden, so steht er beispielsweise gelegentlich zwischen der einen Finalsatz einleitenden Konjunktion ϫⲉⲕⲁⲥ und der den Finalsatz fortsetzenden Konjugationsform (normalerweise energetisches Futur, bei eingeschobenem Konditionalsatz gelegentlich auch Konjunktiv):

ⲁⲓ̈ϫⲟⲟϥ ⲛⲏⲧⲛ̅ ⲉⲙⲡⲁⲧϥ̅ϣⲱⲡⲉ ϫⲉⲕⲁⲥ ⲉϥϣⲁⲛϣⲱⲡⲉ ⲉⲧⲉⲧⲛⲉⲡⲓⲥⲧⲉⲩⲉ.
Ich habe es euch gesagt, ehe es geschieht, damit, wenn es geschieht, ihr glaubt (Joh 14,29).
..., ϫⲉⲕⲁⲥ ⲁⲛ ⲉⲉⲓϣⲁⲛⲉⲓ ⲧⲟⲧⲉ ⲛⲧⲉⲟⲩⲱϭⲥ̅ ϣⲱⲡⲉ.
..., damit nicht, wenn ich komme, dann (erst) eine Sammlung geschieht (1Kor 16,2).

---

[54] Die Bestimmung von ⲉⲥⲉⲓ als (Kurzform des) Konditionalis ist formal nicht eindeutig, aber wahrscheinlich, da im Adverbialsatz normalerweise der Stativ ⲛⲏⲩ verwendet wird. Entsprechendes gilt für das folgende Beispiel mit ⲡⲱⲧ (Stativ: ⲡⲏⲧ).
[55] Schreibung standardisiert. Die Bestimmung als Konditionalis ist hier wegen des Negationselementes ⲧⲙ̅ eindeutig.

Der Konditionalis kann nicht transponiert werden (→ PARADIGMENTAFELN).

Limitativ

Der Limitativ („bis"/„until") drückt einen (zeitlichen) Vorbehalt aus. In Verbindung mit dem Fragepronomen ΟΥ *was?* dient er auch zur Bildung der Frage *Wie lange?*

Konjugationsbasis	Limitativ
bei nominalem Subjekt	ϢΑΝΤΕ-
bei pronominalem Subjekt	ϢΑΝΤ(Ε)⸗

..., ϢΑΝΤϤ̄ΚⲰ ΕΒΟⲖ Μ̄ΠΜΗΗϢΕ ..., *bis er die Menge entließ.*
Ν̄ΝΕΤΕΪΓΕΝΕⲀ ⲖΟ Μ̄ΜΑΥ ϢΑΝΤΕΝΑΪ ΤΗΡΟΥ ϢⲰΠΕ
neg. energ. Futur
Dieses Geschlecht wird nicht vergehen, bis dies alles geschieht.
ϢΑΝΤΕΟΥ ϢⲰΠΕ ΕΤΕΤΝ̄ΝΟΒϢ̄
                          Circ. + 2.pl. + Stativ
Wie lange noch (wörtl. bis was geschieht?) schlaft ihr? (LibThom p. 143,12)
ϢΑΝΤΕΟΥ ϢⲰΠΕ ΠΧΟΕΙϹ ΠΕΤΟΥΑⲀΒ Μ̄ΜΕ ΕΝΓΚΡΙΝΕ ΑΝ
                                    Circ.neg. + 2.sg.m.
Wie lange, Herr, wahrhaft Heiliger, richtest du nicht? (Apk 6,10)

☞ Die Frage-Wendung ϢΑΝΤΕΟΥ ϢⲰΠΕ *Wie lange?* wird mit Circumstantialis fortgesetzt[56].

Die Negation des Limitativs (mit ΤΜ̄) begegnet sehr selten, ist aber möglich, vgl. z.B. Num 21,35 oder Jos 8,22: ΑΥⲰ ΑΥϨΙΟΥΕ Ν̄ϹⲰΟΥ ϢΑΝΤΟΥΤΜ̄ΚΑ ⲖΑΑΥ ΕΠΑϨΟΥ *Und sie schlugen sie, bis sie niemanden übrigließen.* Transpositionen sind nicht möglich (→ PARADIGMENTAFELN).

3. Kausative Konjugationen

Kausativer Imperativ

Der kausative Imperativ (bei Till: Optativ! Lambdin: Injunctive, → TERMINOLOGISCHE ÜBERSICHT ÜBER DAS KONJUGATIONSSYSTEM) dient zum

---

[56] *Daß* das so ist, lehrt der achmimische Dialekt, vgl. Prov 6,9: ϢΑΤΕϬ ϨⲰΠΕ ΠΡΕϤΧΝΟ ΕΚΝΗΧ. *Warum* das so ist, ist meines Wissens bisher nicht hinreichend geklärt (vgl. Shisha-Halevy, Categories §2.5.0.2).

Ausdruck eines verbindlichen Wunsches (Befehl). Er steht ausschließlich bei den 1. Personen (als Selbstaufforderung = Kohortativ) und bei den dritten Personen (als Fremdaufforderung = Jussiv), bzw. bei nominalem Subjekt. Für die 2. Personen tritt der gewöhnliche Imperativ ein[57]. Es gibt affirmativen (bejahenden) und negativen kausativen Imperativ.

Konjugationsbasis	affirm. kaus. Imperativ	neg. kaus. Imperativ
bei nominalem Subjekt	ⲙⲁⲣⲉ-	Ⲙⲡⲣⲧⲣⲉ-
bei pronominalem Subjekt	ⲙⲁⲣ(ⲉ)⸗	Ⲙⲡⲣⲧⲣⲉ⸗

ⲙⲁⲣⲉⲡⲣⲱⲙⲉ ⲥⲱⲧⲙ̄ *Der Mensch soll hören!*
Ⲙⲡⲣⲧⲣⲉⲡⲣⲱⲙⲉ ⲥⲱⲧⲙ̄ *Der Mensch soll nicht hören!*
ⲙⲁⲣⲉⲛⲥⲱⲧⲙ̄ *Laßt uns hören!*
Ⲙⲡⲣ̄ⲧⲣⲉϥⲥⲱⲧⲙ̄ *Er soll nicht hören!*

Ⲙⲡⲣ̄ⲧⲣⲉⲡⲉⲧⲛ̄ϩⲏⲧ ϣⲧⲟⲣⲧⲣ̄ ⲟⲩⲇⲉ Ⲙⲡⲣ̄ⲧⲣⲉϥⲣ̄ϭ̄ⲃⲃ.
Laßt euer Herz nicht unruhig noch schwach sein! (Joh 14,27)

Der Sache nach ist der kausative Imperativ ein konjugierter Imperativ: ⲙⲁ ist die Imperativform von ⲧ̄ *geben*, verbunden mit dem von ⲉⲓⲣⲉ *tun, machen* abgeleiteten Hilfsverb ⲣⲉ-; der negative kausative Imperativ setzt sich aus dem Präfix des negativen Imperativs Ⲙⲡⲣ̄- und dem kausativen Infinitiv ⲧⲣⲉ- (dem ⲧ-Kausativum von ⲉⲓⲣⲉ, → U. DER KAUSATIVE INFINITIV) *veranlassen* zusammen. Transpositionen des kausativen Imperativs sind nicht möglich (→ PARADIGMENTAFELN).

Kausativer Konjunktiv

Der kausative Konjunktiv bezeichnet ein Geschehen, das gewiß eintreten wird (daher auch Future Conjunctive[58]), in der 1. Person Plural auch eine zweifelnde Frage. Nur in letzterem Fall scheint überhaupt eine Negation (durch ⲧⲙ̄) möglich zu sein[59]. Die 1. Person Singular wird vermieden (selten: ⲧⲁⲣⲓ)[60] und oft durch die 1.P.sg. des

---

[57] Analogiebildungen für die zweiten Personen sind allerdings z.B. im Dialekt *L4* belegt, vgl. z.B.: ⲙⲁⲣⲉⲕ6ⲛ̄ⲡⲓⲧⲟⲩ ⲙ̄ⲙⲉⲓ̈ⲛⲉ *Mögest du diese fünf Zeichen finden!* (1Ke 41,27).
[58] Vgl. aber dazu Polotsky, Grundlagen 163ff. Polotsky erwägt, um den Charakter dieser Konjugationsform begrifflich-exakt zu fassen, den Terminus kausativ-promissiver Konjunktiv, wobei er einen spezifisch futurischen Charakter des kausativen Konjunktivs ausdrücklich bestreitet.
[59] Der einzige hierfür bekannte Beleg, der häufig zitiert wird, ist folgender: ⲧⲁⲣⲛ̄ⲧ̄ ⲭⲛ ⲧⲁⲣⲛ̄ⲧⲙ̄ⲧ̄ *Sollen wir geben oder sollen wir nicht geben?* (Mk 12,14); vgl. aber den Text Mk 12,14 ed. Quecke: ⲧⲁⲣⲛ̄ⲧ̄ ⲭⲛ ⲙ̄ⲡⲱⲣ. Vgl. a. Polotsky, Grundlagen 164.
[60] Belege bei Crum 424b.

Konjunktivs (in der Form ⲧⲁ) oder des Instans vertreten[61]. Der kausative Konjunktiv steht (als Nebensatzkonjugation) meist nach Imperativen oder (rhetorischen) Fragen.

Konjugationsbasis	Kausativer Konjunktiv
bei nominalem Subjekt	(ⲛ̄)ⲧⲁⲣⲉ-
bei pronominalem Subjekt	(ⲛ̄)ⲧⲁⲣ(ⲉ)⸗

ϣⲓⲛⲉ ⲧⲁⲣⲉⲧⲉⲧⲛ̄ϭⲓⲛⲉ *Suchet, und ihr werdet finden!* (Lk 11,9)
ϩⲱⲛ ⲉϩⲟⲩⲛ ⲉⲡⲛⲟⲩⲧⲉ ⲛ̄ⲧⲁⲣⲉϥϩⲱⲛ ⲉϩⲟⲩⲛ ⲉⲣⲱⲧⲛ̄.
Nähert euch Gott, so wird er sich euch nähern! (Jak 4,8)

Der kausative Konjunktiv kann nicht transponiert werden (→ PARADIGMENTAFELN).

[61] Wohl weil sie bereits in der Konjugationsbasis „fossil“ enthalten ist; die ausführlichste Erklärung des Kausativen Konjunktivs bietet Polotsky in Études de syntaxe copte 1-19 (= CP 106-124).

U. DER KAUSATIVE INFINITIV

Als Konjugationselement findet im Koptischen der kausative Infinitiv (das T-Kausativum von ⲉⲓⲣⲉ *tun, machen*) mit der Bedeutung *veranlassen* Verwendung. Er lautet im status nominalis ⲧⲣⲉ- und im status pronominalis ⲧⲣⲉ⸗ (mit 1.P.sg. ⲧⲣⲁ →
PARADIGMENTAFELN). Dem suffigierten bzw. mit einem Nomen versehenen kausativen Infinitiv folgt unmittelbar der Infinitiv des Hauptverbs, dessen Veranlassung ausgedrückt werden soll:

ⲧⲣⲉϥⲥⲱⲧⲙ̄	*ihn veranlassen zu hören (veranlassen, daß er hört)*
ⲧⲣⲉ ⲧⲉⲥϩⲓⲙⲉ ⲥⲱⲧⲙ̄	*veranlassen, daß die Frau hört (die Frau hören lassen)*

Der kausative Infinitiv wird syntaktisch häufig durch die vorgesetzte Präposition ⲉ-
um zu eingebunden:

ⲉⲧⲣⲉϥⲥⲱⲧⲙ̄	*um ihn hören zu lassen (um zu veranlassen, daß er hört)*

Der kausative Infinitiv kann seinerseits im Rahmen des zweiteiligen Schemas (Adverbialsatz)[62] und des dreiteiligen Schemas (Verbalsatz) konjugiert werden (einschließlich der jeweils zulässigen Transpositionen):

Adverbialsatz:
ⲉⲧⲃⲉ ⲡⲁⲓ̈ †ⲧⲣⲉⲕⲉⲓⲣⲉ ⲙ̄ⲡⲙⲉⲉⲩⲉ ⲉⲧⲣⲉⲕ†ⲟⲩⲣⲟⲧ ⲙ̄ⲡⲉϩⲙⲟⲧ ⲙ̄ⲡⲛⲟⲩⲧⲉ
ⲉⲧⲛ̄ϩⲏⲧⲕ̄ (Präsens und ⲉ+kaus.Inf.) *Deshalb erinnere ich dich, daß du die Gabe
Gottes, die in dir ist, gedeihen läßt* (2Tim 1,6).
†ⲛⲁⲧⲣⲉⲧⲛ̄ⲡ̄ⲡⲙⲉⲉⲩⲉ ⲛ̄ⲛⲉϥϩⲃⲏⲩⲉ (Instans) *Ich werde euch erinnern (wörtl.: werde
veranlassen, daß ihr euch erinnert) an seine Werke* (3Joh 10).
ⲁⲓ̈ⲥϩⲁⲓ̈ ⲛⲏⲧⲛ̄ ... ⲉⲓ̈ⲧⲣⲉⲧⲛ̄ⲉⲓⲣⲉ ⲙ̄ⲡⲙⲉⲉⲩⲉ (circ. Präs.) *Ich habe euch geschrieben ...,
indem ich euch erinnerte* (Röm 15,15).

Verbalsatz:
ⲁϥⲧⲣⲉⲩⲙⲟⲩⲧⲉ ⲉⲓ̈ⲁⲕⲱⲃ ⲡⲉϥⲉⲓⲱⲧ. (Perfekt) *Er ließ Jakob, seinen Vater, rufen*
(Apg 7,14).
ϥⲛⲁⲙⲟⲣϥ̄ ⲛϥ̄ⲧⲣⲉⲩⲛⲟϫⲟⲩ (Konjunktiv) *Er wird sich schürzen und sie sich (zu Tisch)
legen lassen* (Lk 12,37).
ⲧⲁⲓ̈ ⲉⲛⲧⲁϥⲧⲣⲉⲥⲣ̄ϩⲟⲩⲟ ⲉϩⲟⲩⲛ ⲉⲣⲟⲛ (rel. Perfekt) *diese (sc. die Gnade), die er uns
überreichlich hat zukommen lassen* (Eph 1,8).

---

[62] Dabei ist der kausative Infinitiv der Stern-Jernstedtschen Regel (→ S.2.) offensichtlich nicht unterworfen, wohl auf Grund seiner nichtselbständigen Verwendung als Konjugationselement (vgl. Polotsky, CP 232b).

Der kausative Infinitiv kann substantiviert werden und so verschiedene syntaktische Funktionen erfüllen:

ⲉⲓⲥ ⲡⲉⲉ‹ⲓ›ⲧⲣⲉⲧⲛ̄ⲗⲩⲡⲓ ⲅⲁⲣ ⲕⲁⲧⲁ ⲡⲛⲟⲩⲧⲉ ⲁϥⲣ̄ϩⲱⲃ ⲛⲏⲧⲛ̄ ⲉⲩⲛⲟϭ ⲛ̄ⲥⲡⲟⲩⲇⲏ *Siehe, daß ihr so gottgemäß betrübt seid, hat euch großen Eifer bewirkt* (2Kor 7,11). ⲁⲩⲱ ⲙⲛ̄ⲛ̄ⲥⲁ ⲧⲣⲉϥϫⲓⲡⲟⲓ̈ⲕ ⲁⲡⲥⲁⲧⲁⲛⲁⲥ ⲃⲱⲕ ⲉϩⲟⲩⲛ ⲉⲣⲟϥ. *Nachdem er das Brot genommen hatte, fuhr der Satan in ihn* (Joh 13,27). ⲉⲩϩⲟⲥⲉ ϩⲙ̄ ⲡⲧⲣⲉⲩⲥϭⲏⲣ* ..., *als sie sich mühten beim Rudern* (Mk 6,48). Letztere Konstruktion ist die weitaus häufigste Verwendungsart des substantivierten kausativen Infinitivs.

Die kausative Bedeutung des kausativen Infinitivs ist häufig stark abgeschwächt, er wird dann gebraucht wie ein gewöhnlicher Infinitiv. Siehe auch unter **T.3.** *Kausativer Imperativ.*

Negation

Der bloße kausative Infinitiv wird - wie jeder bloße Infinitiv - durch vorgesetztes ⲧⲙ̄- negiert:

ϣⲗⲏⲗ ⲉⲧⲙ̄ⲧⲣⲉⲧⲛⲃⲱⲕ ⲉϩⲟⲩⲛ ⲉⲡⲓⲣⲁⲥⲙⲟⲥ.
Betet, auf daß ihr nicht in Versuchung geratet! (Lk 22,40)

Durch vorgesetztes ⲧⲙ̄- kann ebenfalls der auf den kausativen Infinitiv folgende bloße Infinitiv negiert werden:

ⲡⲉⲧⲕⲟⲩ]ⲱϣⲉ ⲉⲧⲣⲉϥ[ⲧⲙ̄ϣⲱⲡⲉ ⲛⲁⲕ ⲟⲩⲇⲉ] ⲛ̄ⲧⲟⲕ ϩⲱⲱⲕ [ⲙ̄ⲡⲣⲁⲁϥ ---]
Das, von dem du willst, daß es dir nicht geschieht, tue auch du selbst nicht! (Sextus p. 16,25ff)[63]

Wird der kausative Infinitiv konjugiert, entspricht die Verneinung der verwendeten Konjugation:

ⲟⲩⲧⲉ ⲙ̄ⲡϥ̄ⲧⲣⲉⲥⲱϩ ⲥⲱⲧⲙ̄ ⲁⲩⲱ ⲙ̄ⲡϥ̄ⲧⲣⲉⲃⲁⲗⲉ ⲙⲟⲟϣⲉ ⲟⲩⲧⲉ ⲙ̄ⲡϥ̄ⲧⲣⲉⲙⲟⲟⲩ ⲣ̄ⲏⲣⲡ̄
Weder ließ er einen Tauben hören und einen Lahmen wandeln, noch ließ er Wasser zu Wein werden [Schenute, ed. Wessely I, 142 (p. 115, col. 1)].

---

[63] Schreibung von mir standardisiert. Rekonstruktion der Zeilen 25f. nach F. Wisse, der Zeile 27 durch mich. Ein weiteres Beispiel (außerhalb des Sahidischen) bietet Rheg p. 46,26-29 (*L6*): ⲉⲁϩⲟⲩⲧⲁϣⲛ̄ ϫⲓⲛ ⲛ̄ϣⲁⲣⲡ̄ ⲁⲧⲣⲛ̄ⲧⲙ̄·ϩⲁⲉⲓⲉ ϩⲛ̄ ⲧⲙⲛ̄ⲧⲁⲑⲏⲧ ..., *weil wir von Anfang bestimmt worden sind, daß wir nicht in die Unwissenheit fallen.*

V. VERBEN MIT NACHGESTELLTEM SUBJEKT

Neben der Mehrzahl der koptischen Verben, deren Infinitiv bzw. Stativ das nominale oder pronominale Subjekt *voran*gestellt wird, existiert im Koptischen eine relativ geringe Anzahl von Verben, denen - bei unterschiedlicher sprachgeschichtlicher Ursache - das nominale oder pronominale Subjekt *nach*gestellt wird, so wie den übrigen (transitiven) Verben das direkte nominale oder pronominale Objekt. Die Verben mit nachgestelltem Subjekt haben keinen status absolutus, sondern nur den status nominalis und/oder pronominalis. Die pronominalen Subjekte der Verben mit nachgestelltem Subjekt folgen der Reihe der Objektsuffixe bzw. der Suffixpronomen der Konjugationsformen des dreiteiligen Schemas.

Die häufigsten Verben dieser Art sind die folgenden:

ⲡⲉⲭⲉ-, ⲡⲉⲭⲁ⸗	*sagen, sprechen,* meist perfektisch zu übersetzen (auch präsentische Übersetzung ist möglich). Dieses Verb kann weder transponiert, noch mit den Konjugationsbasen des Verbalsatzes versehen werden. ⲡⲉⲭⲉ ⲓⲥ *Jesus sprach* bzw. *Jesus spricht* ⲡⲉⲭⲁⲥ *sie sagte*
ϩⲛⲉ-, ϩⲛⲁ⸗	*wollen,* hat (zunächst) präsentische Bedeutung und kann circumstantial und relativisch transponiert werden. Soll das Verb im Rahmen eines Verbalsatzes konjugiert werden, wird ihm der zu ⲉⲓⲣⲉ *tun, machen* gehörende Infinitiv im status nominalis ⲣ̄- vorangestellt, der dann konjugiert wird. Der status nominalis ϩⲛⲉ- begegnet selten. ϩⲛⲁϥ *er will* ⲉϣϫⲉ ⲉϩⲛⲁⲥ (Circ.) *..., wenn sie will* ⲡⲉⲧⲉϩⲛⲁϥ (rel.) *das, was er will* ⲁϥⲣ̄ϩⲛⲁϥ *er wollte* ⲁⲥⲣ̄ϩⲛⲁⲥ *sie wollte* (Perfekt)
ⲙⲉϣⲉ-, ⲙⲉϣⲁ⸗	*nicht wissen,* kann nicht mit Konjugationsbasen versehen werden; die Transposition in den Relativsatz ist belegt. ⲙⲉϣⲉ (2.P.sg.f.) ϫⲉ ⲛⲓⲙ ⲛⲉ *du* (fem.) *weißt nicht, wer sie sind* ⲙⲉϣⲉ ⲛⲓⲙ („*keiner weiß*") als pron. indef.: *irgendwer* ⲙⲉϣⲁⲕ *vielleicht* („*du weißt nicht*")
ⲟⲩⲱⲧ-/ⲟⲩⲉⲧ-	*verschieden, anders sein;* das Verb kann circumstantial und relativisch transponiert werden. ⲟⲩⲉⲧ ⲡⲉⲧϫⲟ ⲟⲩⲉⲧ ⲡⲉⲧⲱϩⲥ *der eine sät, der andere erntet,* wörtl.: *verschieden ist der, der sät, ...* (Joh 4,37). ⲛ̄ⲑⲉ ⲉⲧⲉ ⲟⲩⲱⲧ' ⲟⲩⲉⲓⲱⲧ' ⲟⲩⲉⲧ' ⲟⲩϣⲏⲣⲉ *wie ein Vater verschieden ist und ein Sohn verschieden ist* (Eug p. 7,13ff).

Die Eigenschaftsverben

ⲚⲀⲀ-/ⲚⲀⲈ-,	*groß sein*
ⲚⲀⲀ⸗/ⲚⲈⲀ⸗	in Verbindung mit ⲈⲒⲀⲦ⸗ *Auge:* ⲚⲀⲒ̈ⲀⲦ⸗ *Selig sei...! Gepriesen sei ...!*
ⲚⲀⲚⲞⲨ-, ⲚⲀⲚⲞⲨ⸗	*gut sein*
ⲚⲈⲤⲈ-, ⲚⲈⲤⲰ⸗	*schön sein*
ⲚⲈⲤⲂⲰⲰ⸗	*weise sein*
ⲚⲀϢⲈ-, ⲚⲀϢⲰ⸗	*zahlreich sein*
ⲚⲈϤⲢ̄-	*gut sein, nützlich sein*
ⲚⲈϬⲰ⸗	*häßlich sein*

Die Eigenschaftsverben können circumstantial, relativisch, präterital und substantivisch transponiert werden, doch ist nicht jede Konversion für jedes Eigenschaftsverb belegt. Die Eigenschaftsverben drücken einen Zustand aus. Sie entsprechen einem Stativ.

ⲚⲀⲚⲞⲨϤ *er ist gut*
ⲈⲚⲀⲚⲞⲨϤ (circumst.) ..., *indem er gut ist*
ⲈⲦⲚⲀⲚⲞⲨϤ *welcher gut ist*
ⲠⲈⲦⲚⲀⲚⲞⲨϤ *der Gute (der, welcher gut ist)*
ⲚⲈⲚⲀⲚⲞⲨϤ *er war gut*
ⲈⲚⲀⲚⲞⲨⲤ ϨⲚ̄ ⲦⲠⲈ (subst.) *im Himmel ist es gut*

W. Der Imperativ

1. Der einfache Imperativ

Den einfachen Imperativ vertritt im Koptischen in den allermeisten Fällen der Infinitiv, nur wenige Verben haben eine eigenständige Imperativform bewahrt.
cⲱⲧⲙ̄ kann demzufolge sowohl *hören* heißen, als auch *Höre!* bzw. *Hört!* Ob also der Imperativ singularisch oder pluralisch aufzufassen ist, ist zunächst an seiner Form nicht ersichtlich. Worum es sich jeweils handelt, ergibt sich entweder (nur) aus dem Kontext oder aus der Fortsetzung des Imperativs mit einer konjugierten Verbform. Sehr häufig ist die Fortsetzung des Imperativs mit dem Konjunktiv:

> ⲟⲩⲱⲙ ⲛ̄ⲅ̄cⲱ *Iß und trink!*
> ⲟⲩⲱⲙ ⲛ̄ⲧⲉⲧⲛ̄cⲱ *Eßt und trinkt!*
> ⲃⲱⲕ ⲙⲟⲩⲧⲉ ⲉⲡⲟⲩⲻϩⲁⲉⲓ ⲛ̄ⲧⲉⲉⲓ ⲉⲡⲉⲉⲓⲙⲁ *Geh, ruf deinen (f.) Ehemann und komm (2.P.f.sg.) her!* (Joh 4,16)

Die Zahl ist auch erkennbar, wenn die mit dem Imperativ angeredete(n) Person(en) mit ⲛⲁ⸗ und Suffix betont wird bzw. werden (Dativus ethicus):

> ϫⲓ ⲛⲁⲕ ⲙ̄ⲡⲉⲥⲙⲟⲧ *Nimm das Beispiel an!* (1Tim 1,13)
> ⲙ̄ⲡⲣ̄ⲙⲟⲩⲧⲉ ⲉⲉⲓⲱⲧ <u>ⲛⲏⲧⲛ̄</u> ϩⲓϫⲙ̄ ⲡⲕⲁϩ *Nennt niemanden auf Erden Vater!* (Mt 23,9)

Der Dativus ethicus kann sich auch auf die Person des Sprechers beziehen:

> ⲁⲣⲓⲛⲟⲉⲓ <u>ⲛⲁⲓ̈</u> ⲙ̄ⲡⲛⲟⲩⲧⲉ *Erkenne doch („mir") Gott!* (Silv p. 100,31f)

Vgl. auch unter **T.3.** den Abschnitt *Kausativer Imperativ*.

2. Verben mit eigenständiger Imperativform

Infinitiv	Imperativ
ⲉⲓ	ⲁⲙⲟⲩ (m.), ⲁⲙⲏ (f.), ⲁⲙⲏⲉⲓⲧⲛ̄ (pl.) *Komm(t)!*
ⲉⲓⲛⲉ	ⲁⲛ(ⲉ)ⲓⲛⲉ, ⲁⲛⲓ-, ⲁⲛⲓ⸗ *Bring(t)!*
ⲉⲓⲡⲉ	ⲁⲣⲓⲡⲉ, ⲁⲣⲓ-, ⲁⲣⲓ⸗ *Tu(t)!*
ⲗⲟ	ⲁⲗⲟⲕ (m.), ⲁⲗⲟ (f.), ⲁⲗⲱⲧⲛ̄ (pl.) *Laß(t) ab! Hör(t) auf!*
ⲛⲁⲩ	ⲁⲛⲁⲩ *Siehe! Seht!*
ϯ	ⲙⲁ, ⲙⲁ-, ⲙⲏⲉⲓ⸗ *Gib! Gebt!*

OYⲰN	ⲀOYⲰN *Öffne(t)!*
ⲬⲰ	ⲀⲬⲒ-, ⲀⲬⲒ⸗ *Sag(t)!*
-	ⲀYⲈ(Ⲓ), ⲀY-, ⲀYⲈⲒⲤ(⸗) *Gib/Gebt her! Komm(t) her!*
-	(Ⲙ̄)ⲘⲞ, ⲘⲰ, Ⲙ̄ⲘⲎⲈⲒⲦⲚ̄ (pl.) *Nimm! Nehmt!*

3. Der negative Imperativ (Verbot)

Das Verbot wird ausgedrückt, indem einem Infinitiv das Element Ⲙ̄ⲠⲢ̄- (die enttonte Form der Interjektion Ⲙ̄ⲠⲰⲢ *Nein!*) vorgesetzt wird. Ⲙ̄ⲠⲢ̄ⲤⲰⲦⲘ̄ *Höre(t) nicht!* Mehrere Verbote werden oft durch Reihung von Ⲙ̄ⲠⲢ̄-Sätzen ausgedrückt, die mit ⲞYⲀⲈ verknüpft sein können. Es ist auch möglich, das Verbot durch Ⲙ̄ⲠⲰⲢ und nachfolgenden, mit Ⲉ- angeschlossenen, Infinitiv auszudrücken [selten in *S*, häufiger in *L*: Ⲙ̄ⲠⲰⲢ ⲀⲢ̄ⲚⲔⲀⲖⲈⲒ Ⲛ̄ⲦⲈⲔⲀⲠⲈ (Ⲁ- ⸗ Ⲉ-) *Klage nicht dein Haupt an!* (Inter p. 18,28f)].

> Ⲙ̄ⲠⲢ̄ϨⲰⲦⲂ Ⲙ̄ⲠⲢ̄ⲢⲚⲞⲈⲒⲔ. Ⲙ̄ⲠⲢ̄ⲬⲒⲞYⲈ. *Töte nicht, brich nicht die Ehe, stiehl nicht!* (Mk 10,19)
>
> Ⲙ̄ⲠⲰⲢⲔ Ⲛ̄ⲖⲀⲀY. Ⲙ̄ⲠⲰⲢⲔ Ⲛ̄ⲦⲠⲈ ⲬⲈ ⲠⲈⲐⲢⲞⲚⲞⲤ Ⲙ̄ⲠⲚⲞYⲦⲈ ⲠⲈ. ⲞYⲀⲈ Ⲙ̄ⲠⲰⲢⲔ Ⲙ̄ⲠⲔⲀϨ *Schwört nicht bei irgendetwas! Schwört nicht beim Himmel, denn er ist Gottes Thron, noch schwört bei der Erde!* (Mt 5,34f)

Auch der negative Imperativ kann durch den Dativus ethicus verstärkt werden:

> Ⲙ̄ⲠⲢ̄ⲔⲀⲀY ⲚⲀⲔ Ⲛ̄ⲢⲰⲘⲈ *Halte sie nicht für Menschen!* (LibThom p. 141,26)

Zur Verbindung von Ⲙ̄ⲠⲢ̄- mit dem kausativen Infinitiv vgl. auch unter **T.3.** den Abschnitt *Kausativer Imperativ.*

X. Die Transpositionen des Satzes

1. Der Umstandssatz/Circumstantialis (adverbiale Transposition)

Ein Satz wird in den Umstandssatz (Circumstantialis) transponiert, indem ihm der Konverter є vorangestellt wird. Diese Transposition ist bei folgenden Satzarten möglich: Nominalsatz, Adverbialsatz einschließlich präteritaler Transposition (Imperfekt) und Instans (Futur), Existenzsatz und Possessivsatz, bei den Verbalsatzkonjugationen Perfekt (affirmativ und negativ), Aorist (affirmativ und negativ), Negativer Kompletiv, Energetisches Futur (negativ, affirmativ fraglich), bei Verben mit nachgestelltem Subjekt (mit Ausnahme von πεχε-/ πεχα⸗) sowie bei adjektivischer Cleft Sentence und substantivischer Transposition, sofern diese nicht ebenfalls mit vorangestelltem є gebildet wird[64]. Zumindest theoretisch können auch alle präterital transponierten Sätze circumstantial transponiert werden (Transposition zweiten Grades).
Nicht möglich ist die circumstantiale Transposition bei kausativem Imperativ sowie bei allen Nebensatzkonjugationen.

☞ Zu beachten ist, daß vor N̄-/M̄- das konvertierende є oft nicht geschrieben wird und daß bei der Transposition des nicht negierten Adverbialsatzes zum einen bei pronominalem Subjekt das Präfixpronomen durch das entsprechende Suffixpronomen ersetzt wird (vgl. z.B. cєcωτM̄ mit єYcωτM̄, → PARADIGMENTAFELN) und daß zum anderen unmittelbar vor nominalem Subjekt der Konverter des Umstandssatzes in der Regel die Langform єpє- erhält.
Zur Funktion: Ein Umstandssatz beschreibt einen begleitenden Nebenumstand (daher von Polotsky adverbiale Transposition genannt), er ist demzufolge abhängig von einem übergeordneten Satz oder Satzteil, auf den er sich bezieht. Oft folgt der Umstandssatz dem übergeordneten Satz oder Satzteil, kann jedoch auch die Spitzenstellung eines Satzgefüges einnehmen. Der jeweilige Charakter der Beziehung des Umstandssatzes zum übergeordneten Satz oder Satzteil kann folgendermaßen bestimmt werden[65]:

1. Disjunkter Umstandssatz: Der Umstandssatz hat keine spezifische Beziehung zu einem Glied des übergeordneten Satzes.

---

[64] Vgl. dazu Polotsky, CP 232b.
[65] Hierzu ausführlich: Polotsky, Grundlagen 225-260: VII Grundzüge der adverbialen Transposition; außerdem Shisha-Halevy, Chrestomathy 113-119. Weiterführend: Shisha-Halevy, The Circumstantial Present.

Mk 16,2   ⲁⲩⲉⲓ ⲉ·ⲣⲁⲉⲓ ⲉⲡⲉⲙϩⲁⲟⲩ ⲉⲁⲡⲣⲏ ϣⲁ

Perf. circ. + nom.Subj. + Inf.

Sie gingen zum Grab, als die Sonne aufgegangen war.

☞ Der Umstandssatz des Perfekts drückt Vorzeitigkeit aus.

2. Konjunkter Umstandssatz: Der Umstandssatz nimmt Bezug auf ein (determiniertes) Glied des übergeordneten Satzes (der jeweilige Bezugspunkt ist unterstrichen).

Mk 2,14   ⲁⲩⲱ ⲉϥⲡⲁⲣⲁⲅⲉ ⲁϥⲛⲁⲩ ⲉⲗⲉⲟⲩⲉⲓ ⲉϥϩⲙⲟⲟⲥ ϩⲓ ⲡⲉϥⲧⲉⲗⲱⲛⲓⲟⲛ
          Und als er vorüberging, sah er Levi, während er (Levi) in seinem Zollhaus saß.

☞ Der Umstandssatz des Präsens drückt Gleichzeitigkeit aus.

Der konjunkte Umstandsatz ergänzt ein unvollständiges Prädikat (z.B. ⲗⲟ *aufhören*, ⲟⲩⲱ *aufhören, fertig sein*, ϣⲱⲡⲉ *werden, geschehen*).

Mk 1,4   ⲁϥϣⲱⲡⲉ ⲛ̄ϭⲓ ⲓⲱϩⲁⲛⲛⲏⲥ ⲉϥϯⲃⲁⲡⲧⲓⲥⲙⲁ ϩⲙ̄ ⲡϫⲁⲓⲉ
          Johannes taufte in der Wüste. (Wörtl. *Er, Johannes, war, indem er taufte in der Wüste.*)

3. Attributiver Umstandssatz: Der Umstandssatz erläutert ein indeterminiertes Nomen.

Joh 20,22 ⲡⲉϫⲁϥ ⲛⲁⲩ ϫⲉ ϫⲓⲡ̄ⲛ̄ⲁ̄ (= ⲡⲛⲉⲩⲙⲁ) ⲉϥⲟⲩⲁⲁⲃ
          Er sprach zu ihnen: Empfangt heiligen Geist!
Mt 3,11   ⲛ̄ⲧⲟϥ ⲡⲉⲧⲛⲁⲃⲁⲡⲧⲓⲍⲉ ⲙ̄ⲙⲱⲧⲛ̄ ϩⲛ ⲟⲩⲡ̄ⲛ̄ⲁ̄ ⲉϥⲟⲩⲁⲁⲃ
          adj. Cleft Sentence
          Er ist es, der euch taufen wird mit heiligem Geist.

4. Koordinierender Umstandssatz: Der Umstandssatz trifft eine Aussage, die der Sache nach der des syntaktisch übergeordneten Satzes gleichgeordnet ist.

Lk 7,44   ⲛ̄ⲧⲟⲥ ⲇⲉ ⲁⲥϩⲣ̄ⲡ ⲛⲁⲟⲩⲉⲣⲏⲧⲉ ⲛ̄ⲛⲉⲥⲣ̄ⲙⲉⲓⲟⲟⲩⲉ ⲉⲁⲥϥⲟⲧⲟⲩ
          ⲙ̄ⲡⲉⲥϥⲱ
          αὕτη δὲ τοῖς δάκρυσιν ἔβρεξέν μου τοὺς πόδας καὶ ταῖς
          θριξὶν αὐτῆς ἐξέμαξεν.
          *Sie aber hat benetzt meine Füße mit ihren Tränen **und** sie hat sie abgewischt mit ihrem Haar.*

Lk 8,52   ⲚⲈⲨⲢⲒⲘⲈ ⲆⲈ ⲦⲎⲢⲞⲨ ⲠⲈ ⲀⲨⲰ ⲈⲨⲚⲈϨⲠⲈ ⲈⲢⲞⲤ
Imperfekt
ἔκλαιον δὲ πάντες καὶ ἐκόπτοντο αὐτήν.
Sie weinten aber alle und trauerten um sie.

5. Besonderheiten: Zur Fortsetzung der Frage ϢⲀⲚⲦⲈⲞⲨ ϢⲰⲠⲈ *Wie lange?* mit dem Umstandssatz vgl. unter **T.2.** den Abschnitt *Limitativ*.
Zur adjektivischen Cleft Sentence mit circumstantialer *glose* vgl. **X.3.** Die adjektivische Cleft Sentence.

2. Der Relativsatz (adjektivische Transposition)

Ein Satz wird in einen Relativsatz transponiert, indem ihm ein Relativkonverter vorangestellt wird.[66] Diese Transposition ist bei folgenden Satzarten möglich:

Satzart	Konverter	Beispiel
Nominalsatz	ⲈⲦⲈ/Ⲉ[67]	ⲈⲦⲈ ⲠⲀÏ ⲠⲈ ⲠⲈⲬⲤ ⲠⲬⲞⲈⲒⲤ
Adverbialsatz	ⲈⲦ/ⲈⲦⲈ(ⲢⲈ)	ⲈⲦⲤⲰⲦⲘ̄ / ⲈⲦⲈⲢⲈⲠⲢⲰⲘⲈ ⲤⲰⲦⲘ̄
Existenzsatz	ⲈⲦⲈ	ⲈⲦⲈⲨⲚ̄ ⲞⲨⲢⲰⲘⲈ/ⲈⲦⲈ ⲞⲨⲚ ⲞⲨⲢⲰⲘⲈ
Possessivsatz	ⲈⲦⲈ	ⲈⲦⲈ ⲞⲨⲚ̄ⲦⲀⲨϤ
Verbalsatz		
Perfekt (affirm.)	(Ⲉ)ⲚⲦ	Ⲛ̄ⲦⲀϤⲤⲰⲦⲘ̄
Perfekt (neg.)	ⲈⲦⲈ	ⲈⲦⲈ Ⲙ̄ⲠⲈϤⲤⲰⲦⲘ̄
Aorist (affirm.)[68]	Ⲉ/ⲈⲦⲈ	ⲈϢⲀϤⲤⲰⲦⲘ̄ / ⲈⲦⲈ ϢⲀϤⲤⲰⲦⲘ̄
Aorist (neg.)	Ⲉ/ⲈⲦⲈ	ⲈⲘⲈϤⲤⲰⲦⲘ̄ / ⲈⲦⲈ ⲘⲈϤⲤⲰⲦⲘ̄
neg. Kompletiv	Ⲉ/ⲈⲦⲈ	ⲈⲘⲠⲀⲦϤ̄ⲤⲰⲦⲘ̄ / ⲈⲦⲈ Ⲙ̄ⲠⲀⲦϤ̄ⲤⲰⲦⲘ̄
energ. Fut. (affirm.)	ⲈⲦ	ⲈⲦⲈⲢⲈⲠⲢⲰⲘⲈ ⲤⲰⲦⲘ̄
energ. Fut. (neg.)	ⲈⲦⲈ	ⲈⲦⲈ (Ⲛ̄)ⲚⲈϤⲤⲰⲦⲘ̄
Eigenschaftsverben (sowie bei ϨⲚⲈ-/ϨⲚⲀ⸗; ⲘⲈϢⲈ/ⲘⲈϢⲀ⸗; ⲞⲨⲰⲦ-/ⲞⲨⲈⲦ-)	ⲈⲦ/ⲈⲦⲈ	ⲈⲦⲚⲀⲚⲞⲨϤ ⲠⲈⲦⲈϨⲚⲀϤ
vor Präteritum	Ⲉ/∅	ⲈⲚⲈϤⲤⲰⲦⲘ̄
vor Imperfekt auch	ⲈⲦⲈ	ⲈⲦⲈ ⲚⲈⲢⲈⲠⲢⲰⲘⲈ ⲤⲰⲦⲘ̄

---

[66] Polotsky, Grundlagen 48, bezeichnet Relativsätze als Adjektivsätze und versteht darunter einen „Satz, der in das Satzglied ‚Adjektiv' transponiert ist, d.h. Form und Funktion eines Nomens, speziell Adjektivs, angenommen hat".
[67] Ⲉ steht vor allem nach appositionellem ⲠⲀÏ, ⲦⲀÏ, ⲚⲀÏ.
[68] Vgl. auch **N.10.**

Ein Relativsatz steht in Relation zu einem Beziehungswort (Antecedens), dem er (attributiv) beigeordnet ist. Dieses Beziehungswort ist in der Regel determiniert[69]. Ist das Antecedens indeterminiert, tritt an die Stelle des Relativsatzes ein Umstandssatz (Circumstantialis).

☞ Zu beachten ist folgende Besonderheit der relativischen Transposition des nicht negierten Adverbialsatzes: Ist das Subjekt des Relativsatzes identisch mit dem Beziehungswort, wird es (das Beziehungswort) in der Regel innerhalb des Relativsatzes nicht noch einmal (pronominal) aufgenommen, d.h. auf den Relativkonverter folgt unmittelbar das adverbiale Prädikat[70]:

ⲡⲁⲓ ⲡⲉ ⲡⲣⲱⲙⲉ ⲉⲧⲥⲱⲧⲙ̄   *Dieser ist der Mensch, der hört. (Dieser ist der Mensch, von dem gilt: er hört.)*

Ist das Subjekt des Relativsatzes nicht mit dem Beziehungswort identisch, folgt es (das Subjekt) auch im Adverbialsatz selbstverständlich dem Relativkonverter:

ⲡⲁⲓ ⲡⲉ ⲡⲣⲱⲙⲉ ⲉⲧⲟⲩⲥⲱⲧⲙ̄ ⲉⲣⲟϥ   *Dieser ist der Mensch, den sie hören. (Dieser ist der Mensch, von dem gilt: sie hören ihn.)*

Vgl. z.B. die Verhältnisse im Verbalsatz: ⲡⲁⲓ ⲡⲉ ⲡⲣⲱⲙⲉ ⲛ̄ⲧⲁϥⲥⲱⲧⲙ̄ *Dieser ist der Mensch, der hörte,* bzw. ⲡⲁⲓ ⲡⲉ ⲡⲣⲱⲙⲉ ⲛ̄ⲧⲁⲩⲥⲱⲧⲙ̄ ⲉⲣⲟϥ *Dieser ist der Mensch, den sie hörten.*

☞ Ein Relativkonverter kann für mehrere aufeinanderfolgende Sätze gelten: ⲡⲁⲓ ⲡⲉ ⲡⲣⲱⲙⲉ ⲛ̄ⲧⲁϥⲥⲱⲧⲙ̄ (ⲁⲩⲱ) ⲁϥϣⲁϫⲉ *Dieser ist der Mensch, der hörte und sprach.*

Beispiele für den attributiven Relativsatz:

Nominalsatz (Lk 2,11)	ϫⲉ ⲁⲩϫⲡⲟ ⲛⲏⲧⲛ̄ ⲙ̄ⲡⲟⲟⲩ ⲙ̄ⲡⲥⲱⲧⲏⲣ ⲉⲧⲉ ⲡⲁⲓ ⲡⲉ ⲡⲉⲭ̄ⲥ̄ ⲡϫⲟⲉⲓⲥ *Denn euch wurde heute der Erlöser geboren, welcher ist Christus der Herr.*
Adverbialsatz (Joh 3,29)	ⲡⲉϣⲃⲏⲣ ⲇⲉ ⲙ̄ⲡⲁⲧϣⲉⲗⲉⲉⲧ ⲉⲧⲁϩⲉⲣⲁⲧ̄ϥ ⲁⲩⲱ ⲉⲧⲥⲱⲧⲙ̄ ⲉⲣⲟϥ … ϥⲣⲁϣⲉ *Der Freund aber des Bräutigams, der dabeisteht und ihm zuhört, freut sich.*

---

[69] Ausnahmen sind möglich, siehe Till § 464.

[70] Zu den konkreten morphologischen Verhältnissen vgl. W.-P. Funk, Synchronic Morphology 112-114 und Polotsky, Grundlagen 52. Das Phänomen (keine pronominale Wiederaufnahme des Antecedens bei Identität zwischen Handlungsträger des Relativsatzes und Antecedens) begegnet in der Dialektgruppe *L* (und in sahidischen Texten, die von ihr beeinflußt sind) auch im perfektischen Verbalsatz; der Konverter lautet dann ⲛ̄ⲧⲁϩ- bzw. ⲉⲧⲁϩ-; vgl. EvThom p. 33,30f ⲡⲁⲉⲓ ⲛ̄ⲧⲁϩⲛⲟⲩϫⲉ ⲛ̄ⲧⲉϥⲁⲃⲱ ⲉⲑⲁⲗⲁⲥⲥⲁ …, *dieser, der sein Netz ins Meer warf.* Dieselbe Funktion wie ⲛ̄ⲧⲁϩ- erfüllt in einigen Dialekten (*L, M,* sehr selten *S*) ⲉⲣ-. Vgl. AJ (BG) p. 25,4f: ϩⲛ̄ⲕⲟⲟⲩⲉ ⲛⲉⲣⲥⲟⲃⲧⲉ ϩⲁⲣⲟϥ *Andere sind es, die an ihm geformt haben* (adjektivische Cleft Sentence).

Existenzsatz	ⲚⲈⲚⲀϢⲈⲚϬⲞⲞⲘ (pl. v. ϬⲰⲘ) ⲅⲀⲢ <u>ⲈⲦⲈⲨⲚⲦⲀϤⲤⲞⲨ</u>
(Mk 10,22)	*Denn zahlreich waren die Güter, die er hatte.*
Verbalsatz	
Perf. (affirm.)	ⲞⲨⲞⲚ ⲚⲒⲘ <u>ⲈⲚⲦⲀϤⲤⲰⲦⲘ̄ ⲈⲂⲞⲖ ϨⲒⲦⲘ̄ ⲠⲀⲒ̈ⲰⲦ</u> ⲀⲨⲰ
(Joh 6,45)	<u>ⲀϤϪⲒⲤⲂⲰ</u> ϤⲚⲎⲨ ϢⲀⲢⲞⲈⲒ̈. *Jeder, der von meinem Vater*
	gehört und der gelernt hat, kommt zu mir.
Perf. (neg.)	ⲘⲀⲢⲒⲀ ⲦⲈ ⲦⲠⲀⲢⲐⲈⲚⲞⲤ <u>ⲈⲦⲈ Ⲙ̄ⲠⲈⲆⲨⲚⲀⲘⲒⲤ ϪⲀϨⲘⲈⲤ</u>
(EvPhil p. 55,27f)	*Maria ist die Jungfrau, die keine Macht besudelt hat.*
Eigenschaftsverb	ⲠⲢⲰⲘⲈ <u>ⲈⲦⲚⲀⲚⲞⲨϤ</u>
(Mt 12,35)	*der gute Mensch*
Präteritum	ⲦⲞⲦⲈ ⲀⲨⲤⲘⲎ ⲀⲤⲰϢ ⲈⲂⲞⲖ ϢⲀⲢⲞⲞⲨ ⲈⲂⲞⲖ ϨⲘ̄ ⲠⲎ
(hier: Imperfekt)	<u>ⲈⲦⲈ ⲚⲈϤⲞⲨⲞⲚϨ̄ ⲈⲂⲞⲖ</u> *Da rief eine Stimme nach ihnen von*
(EpPt p. 137,17ff)	*jenem (her), der sichtbar war.*

Häufig steht ein Relativsatz nach Ⲛ̄ⲐⲈ *wie* (wörtl. *in der Weise*):
Ⲛ̄ⲐⲈ Ⲛ̄ⲦⲀⲒ̄Ⲥ̄ ϪⲞⲞⲤ ⲚⲀϤ (Mk 14,72).
..., *wie Jesus ihm sagte* (wörtl. *in der Weise, von der gilt: Jesus sagte es ihm*).
Ⲛ̄ⲐⲈ ⲈⲦⲤⲎϨ ϨⲘ̄ ⲠϪⲰⲘⲈ Ⲛ̄Ⲛ̄ϢⲀϪⲈ Ⲛ̄ⲎⲤⲀⲒ̈ⲀⲤ ⲠⲈⲠⲢⲞⲪⲎⲦⲎⲤ
..., *wie geschrieben ist in dem Buch der Reden Jesajas, des Propheten* (Lk 3,4).
Ⲛ̄ⲐⲈ ⲈⲦϢⲈ ⲈⲢⲞⲒ̈ ⲈϢⲀϪⲈ ..., *wie es mir nötig ist zu sagen* (Kol 4,4).

Ein Relativsatz heißt frei, wenn er seinem Antecedens - und zwar einem Determinativpronomen der Reihe Ⲡ-, Ⲧ-, Ⲛ- - unmittelbar folgt:

ⲠⲈⲦⲤⲰⲦⲘ̄ *der, welcher hört* ⲦⲈⲦⲤⲰⲦⲘ̄ *die, welche hört* ⲚⲈⲦⲤⲰⲦⲘ̄ *die, welche hören* ⲠⲈⲚⲦⲀϤⲤⲰⲦⲘ̄ *der, welcher hörte*

Ein freier Relativsatz mit unveränderlichem (quasi neutrischem) ⲠⲈⲦ- kann als allgemein, d.h. als Äquivalent eines artikellosen Substantivs aufgefaßt werden. Es ist dann möglich, den freien Relativsatz durch einen bestimmten Artikel, Possessivartikel oder durch nachgestelltes ⲚⲒⲘ zu determinieren, bzw. durch Vorsatz eines unbestimmten Artikels ihn eindeutig als indeterminiert zu kennzeichnen, sofern das Prädikat des Relativsatzes mit einem Stativ oder Stativäquivalent (Eigenschaftsverb) gebildet wird.

ⲠⲠⲈⲦⲚⲀⲚⲞⲨϤ *der Gute* ⲠⲈⲦⲚⲀⲚⲞⲨϤ ⲚⲒⲘ *jeder Gute* ⲞⲨⲠⲈⲦⲚⲀⲚⲞⲨϤ *ein Guter* ϨⲈⲚⲠⲈⲦⲚⲀⲚⲞⲨⲞⲨ *oder* ϨⲈⲚⲠⲈⲦⲚⲀⲚⲞⲨϤ *Gute*

Ein freier Relativsatz kann verschiedene syntaktische Funktionen erfüllen, z.B.:

Subjekt (eines Existenzsatzes)	ΜΝ ΠΕΤϨΟΒϹ ΓΑΡ ΕΝϹΕΝΑϬΟΛΠϤ ΑΝ ΕΒΟΛ (Mk 4,22). *Denn es gibt nichts Verborgenes, das nicht offenbart werden wird.*
Subjekt (eines Verbalsatzes)	ΑΠΕΤΜΟΟΥΤ ΔΕ ϨΜΟΟϹ ΑϤΑΡΧΙ ΝϢΑΧΕ *Der Tote aber setzte sich auf und fing an zu reden* (Lk 7,15).
Prädikat (eines Nominalsatzes)	ΠΕΤΕϹϢΕ ΑΝ ΠΕ *etwas Unziemliches ist es* ... (LibThom p. 138,11).
Objekt	ΠΡΩΜΕ ΝΑΓΑΘΟϹ ΕΒΟΛ ϨΜ ΠΕϤΑϨΟ ΕΤΝΑΝΟΥϤ ΕϢΑϤΤΑΥΟ ΕΒΟΛ ΝϨΕΝΠΕΤΝΑΝΟΥϤ *Der gute Mensch bringt aus seinem guten Schatz Gutes* (kopt. pl.) *hervor* (Mt 12,35).
in verba composita	ϤΠΕΤΝΑΝΟΥϤ *Gutes tun*
nach Präposition	ΜΠΡΝΤΩΝϤ ΕΠΠΕΘΟΟΥ ΑΛΛΑ ΕΠΠΕΤΝΑΝΟΥϤ. *Mache dich nicht dem Bösen gleich, sondern dem Guten!* (3Joh 11).
	ϨΝ ΟΥΠΕΤϨΗΠ *im Verborgenen* (Protennoia p. 37,29).
Genetivkonstruktion	ΤϹΜΗ ΜΠΕΤΩϢ (φωνὴ βοῶντος) *die Stimme eines Rufers* (Mt 3,3).
Identitätsaussage (vgl. N.4.)	ΤΑΪ ΕϢΑϹΟΥΧΑΪ ΕΒΟΛ ϨΙΤΟΟΤϤ ΜΠΕΤΜΜΑΥ *Diese wird durch jenen gerettet*[71] [AJ (NHC II) p. 27,19f].

Zwischen dem attributiven und dem freien Relativsatz steht der appositionelle Relativsatz. Die Beziehung auf das Antecedens ist gelockert, indem entweder dem Relativsatz ein eingeschobenes Demonstrativpronomen (ΠΑΪ, ΤΑΪ, ΝΑΪ) vorangeht, oder der sich auf ein Antecedens beziehende Relativsatz die Form eines freien Relativsatzes hat, ihm also ein Determinativpronomen (Π-, Τ-, Ν-) vorangestellt ist:

ϨΜ ΠΕΝΧΟΪϹ ΙϹ ΠΕΧϹ ΠΑΪ ΕΝΤΑΝΧΙ ΤΕΝΟΥ ΜΠϨΩΤΠ ΕΒΟΛ ϨΙΤΟΟΤϤ
durch unseren Herrn Jesus Christus, durch den wir jetzt die Versöhnung empfangen haben (Röm 5,11).
ϹΙΜΩΝ ΠΕΝΤΑΥϯΡΙΝϤ ΕΠΕΤΡΟϹ
Simon, der (auch) Petrus genannt wird (Lk 6,14).
ϹΕΝΑϢΩΠΕ ΓΑΡ ΝϬΙ ΝΕϨΟΟΥ ΕΤΜΜΑΥ ΝΟΥΘΛΙΨΙϹ (Ν-ident.) ΤΑΪ ΕΤΕ
ΜΠΕΟΥΟΝ ΝΤΕϹϬΟΤ ϢΩΠΕ
Denn jene Tage werden eine Bedrängnis sein, wie es eine solche (so noch) nicht gab.
ἔσονται γὰρ αἱ ἡμέραι ἐκεῖναι θλῖψις οἵα οὐ γέγονεν τοιαύτη (Mk 13,19)

---

[71] Der Satz gibt nicht ohne weiteres zu erkennen, ob es sich bei ΕϢΑϹ- um den Bestandteil einer verkürzten adjektivischen Cleft Sentence handelt, der Satz also zu übersetzen wäre: *Diese ist es, die durch jenen gerettet wird*, oder ob es sich um substantivische Transposition handelt; dann wäre zu übersetzen: *Durch jenen ist es, daß sie gerettet wird.* Letzteres ist wahrscheinlicher.

3. Die (adjektivische) Cleft Sentence[72]

Die Cleft Sentence (oder Spaltsatz) heißt auch adjektivische Cleft Sentence, weil konstituierender Bestandteil ihres zweiten Teils (der *glose*) ein Relativsatz (= Adjektivsatz) ist. Das Wesen einer adjektivischen Cleft Sentence besteht in der Vertauschung der Rangordnung der Satzglieder eines (tatsächlichen oder zu denkenden) einfachen Satzes. Ein nicht-prädikatives Glied des einfachen Satzes wird in den Rang des Prädikats erhoben und damit zum Kern der Satzaussage gemacht. Die adjektivische Cleft Sentence dient also zur Hervorhebung eines bestimmten Satzgliedes. Das ursprüngliche Prädikat wird zu einem Teil des Subjektes „erniedrigt". Die adjektivische Cleft Sentence besteht aus zwei Teilen: Das Prädikat, die *vedette*, befindet sich stets in Spitzenstellung, darauf folgt die *glose*, die von einem Relativsatz gebildet wird, der einem Morphem der Reihe ⲡ⁻, ⲧ⁻, ⲛ⁻ unmittelbar folgt. Bei diesen Morphemen handelt es sich um die auch im Nominalsatz verwendeten Demonstrativpronomen (ⲡⲉ, ⲧⲉ, ⲛⲉ), die in der Cleft Sentence zumeist mit dem nachfolgenden Relativsatz verschmelzen.[73] Die *vedette* bildet stets ein Nomen (bzw. eine Nominalphrase) oder ein selbständiges Pronomen. Beide Glieder der adjektivischen Cleft Sentence sind erweiterbar. Die *vedette*, das Prädikat, hat im Hinblick auf ihr Subjekt stets identifizierenden Charakter, niemals qualifizierenden (letzteres ist häufiger im Nominalsatz, besonders bei indeterminiertem Prädikat, der Fall).

einfacher Satz	ⲁⲡⲣⲱⲙⲉ ⲥⲱⲧⲙ̄	*Der Mensch hörte.*
adj. Cleft Sentence	ⲡⲣⲱⲙⲉ ⲡⲉⲛⲧⲁϥⲥⲱⲧⲙ̄	*Der Mensch ist es, der hörte.*
	vedette *glose*	

erweiterte Formen:
ⲁⲡⲣⲱⲙⲉ ⲉⲧⲛⲁⲛⲟⲩϥ ⲥⲱⲧⲙ̄ ⲉⲡϣⲁϫⲉ *Der gute Mensch hörte das Wort.*
ⲡⲣⲱⲙⲉ ⲉⲧⲛⲁⲛⲟⲩϥ ⲡⲉⲛⲧⲁϥⲥⲱⲧⲙ̄ ⲉⲡϣⲁϫⲉ *Der gute Mensch ist es, der das Wort hörte.* Oder:
ⲡϣⲁϫⲉ ⲡⲉⲛⲧⲁⲡⲣⲱⲙⲉ ⲥⲱⲧⲙ̄ ⲉⲣⲟϥ *Das Wort ist es, das der Mensch hörte.* Bzw.:
ⲡϣⲁϫⲉ ⲡⲉⲛⲧⲁϥⲥⲱⲧⲙ̄ ⲉⲣⲟϥ *Das Wort ist es, das er hörte.*
Nominales Subjekt im Relativsatz der *glose* begegnet eher selten, ist aber belegt:
ⲛⲁⲓ ⲛⲉⲧⲉⲣⲉⲡϫⲟⲉⲓⲥ ϫⲱ ⲙ̄ⲙⲟⲟⲩ ϫⲉ *So spricht der Herr:* [wörtl.: *Diese (Worte) sind es, die der Herr spricht:*] [2Kön (2Sam) 12,11].

---

[72] H.-J. Polotsky unterscheidet in seinem letzten Werk, *Grundlagen des koptischen Satzbaus*, zwischen adjektivischer Cleft Sentence und substantivischer Cleft Sentence. Wo Polotsky (in früheren Werken) und andere diese Unterscheidung nicht treffen und nur von Cleft Sentence reden, ist die adjektivische Cleft Sentence gemeint.
[73] Vgl. dazu Polotsky, Grundlagen 109 und 112.

Zumeist besteht Genus- und Numeruskongruenz zwischen der *vedette* und dem die *glose* einleitenden Demonstrativpronomen:

ⲡⲗⲟⲅⲟⲥ ⲡⲉⲧⲛⲁⲧⲱϩ ⲛⲙⲙⲁⲕ

Der Logos ist es, der mit dir verkehren wird (EvPhil p. 78,35 - 79,1).

ⲧⲥⲁⲧⲉ ⲇⲉ ⲧⲉⲧⲛⲁⲣⲱⲕϩ ⲙⲙⲟⲟⲩ

Das Feuer ist es, das sie verzehren wird (LibThom 142,2).

ⲡⲛⲁⲍⲁⲣⲏⲛⲟⲥ ⲙⲛ ⲓⲥ ⲛⲉⲛⲧⲁⲩϣⲓⲧⲟⲩ

Der Nazarener und Jesus sind es, die gemessen wurden (EvPhil p. 62,16f).

ⲛⲅⲉⲛⲟⲥ ⲛⲉϣⲁⲩⲧⲱϩ ⲙⲛ ⲛⲟⲩϣⲃⲣⲅⲉⲛⲟⲥ

Die Arten sind es, die mit ihren Artgenossen verkehren (EvPhil p. 78,27f).

Adjektivische Cleft Sentences sind häufig Fragesätze, die *vedette* bildet dann ein Interrogativpronomen:

ⲟⲩ ⲡⲉⲧⲟⲩⲭⲱ ⲙⲙⲟϥ

Was ist es, das sie sagen? (EvPhil p.54,24f)

ⲛⲓⲙ ⲡⲉⲛⲧⲁⲧⲉⲧⲛⲡⲓⲥⲧⲉⲩⲉ ⲉⲣⲟϥ

Wer ist es, dem ihr geglaubt habt? (LibThom p. 143,39f)

Die *vedette* kann auch von einem freien Relativsatz gebildet werden:

ⲡⲉⲧⲛⲥⲟⲟⲩⲛ ⲙⲙⲟϥ ⲡⲉⲧⲛⲭⲱ ⲙⲙⲟϥ ⲁⲩⲱ ⲡⲉⲧⲛⲛⲁⲩ ⲉⲣⲟϥ ⲡⲉⲧⲛⲣⲙⲛⲧⲣⲉ ⲙⲙⲟϥ

Was wir wissen ist es, was wir sagen, und was wir sehen ist es, was wir bezeugen (Joh 3,11).

Genus- und Numerusinkongruenz sind belegt, die *glose* beginnt dann stets mit ⲡ[74]:

ⲧⲫⲩⲥⲓⲥ ⲛⲧⲃⲛⲏ ⲉⲧⲛϩⲏⲧⲕ ⲡⲉⲧⲉⲓⲣⲉ ⲛⲛⲁⲓ

Die tierische Natur in dir ist es, die das tut (Silv p. 89,3f).

ⲁⲛⲟⲛ ⲁⲛ ⲡⲉⲛⲧⲁⲛⲙⲉⲣⲉ ⲡⲛⲟⲩⲧⲉ

Nicht wir sind es, die Gott geliebt haben (1Joh 4,10).

☞ Die mit relativischem Imperfekt gebildete *glose* beginnt stets mit ⲡ:

ⲡⲁⲓ ⲡⲉⲛⲉϥϩⲙⲟⲟⲥ

Dieser ist es, der saß (Apg 3,10).

ⲛⲧⲟⲥ ⲟⲩⲁⲁⲥ ⲡⲉⲛⲉⲥϣⲟⲟⲡ

Sie allein ist es, die existierte [AJ (BG) p.46,5].

Daß es sich bei den Morphemen der Reihe ⲡ-, ⲧ-, ⲛ-, die dem Relativsatz der *glose* vorangehen, tatsächlich um das Demonstrativpronomen (und nicht - wie beim freien

---

[74] Im Bohairischen ist diese Konstruktion die Regel. Vgl. Polotsky, Grundlagen 117.

Relativsatz - um das Determinativpronomen)[75] handelt, verdeutlichen folgende
Beispiele, in denen das Demonstrativpronomen in voller Länge erscheint:

ⲧⲁϣⲉⲉⲣⲉ ⲧⲟⲩⲡⲓⲥⲧⲓⲥ ⲧⲉ ⲛ̄ⲧⲁⲥⲛⲁϩⲙⲉ

Meine Tochter, dein Glaube ist es, der dich gerettet hat (Mk 5,34).

ⲓ̄ⲥ̄ ⲡⲉ ⲛ̄ⲧⲁϥⲧⲁⲗϭⲟⲓ̈.

Jesus ist es, der mich geheilt hat (Joh 5,15).

Von einem Nominalsatz unterscheidet sich das Satzmuster der adjektivischen Cleft
Sentence durch ein fehlendes Morphem der Reihe ⲡⲁ⁻, ⲧ⁻, ⲛ⁻. Ein Nominalsatz
würde lauten:

ⲓ̄ⲥ̄ ⲡⲉ ⲡⲉⲛⲧⲁϥⲧⲁⲗϭⲟⲓ̈. *Jesus ist der, der mich geheilt hat.*

Daneben gibt es Formen, die ganz ohne Demonstrativpronomen auskommen, d.h.
die *glose* beginnt nicht mit einem Morphem der Reihe ⲡ⁻, ⲧ⁻, ⲛ⁻ (verkürzte Cleft
Sentence):

ⲛ̄ⲧⲱⲧⲛ̄ ⲟⲩⲁⲧⲧⲏⲩⲧⲛ̄ ⲉⲧⲣ̄ⲙⲛ̄ⲧⲣⲉ

Ihr selbst seid es, die Zeugnis ablegen (EpPt p.135,5).

ⲉⲓⲥϩⲏⲏⲧⲉ ⲁⲛⲟⲕ ⲉⲧⲟⲩⲉϩⲥⲁϩⲛⲉ

Siehe, ich bin es, der befiehlt (Jer 41,22).

Die *vedette* kann determiniert oder indeterminiert sein (die folgenden Beispiele mit
indeterminierter *vedette*, determinierte s.o.):

ⲟⲩⲙⲉ ⲧⲉϯϫⲱ ⲙ̄ⲙⲟⲥ

Wahr(heit) ist es, was ich sage.

ἀλήθειαν λέγω (Röm 9,1).

ϩⲁϩ ⲅⲁⲣ ⲛⲉⲧⲧⲁϩⲙ̄ ϩⲉⲛⲕⲟⲩⲓ̈ ⲇⲉ ⲛⲉⲧⲥⲟⲧⲡ̄.

Denn viele sind es, die berufen sind, wenige aber sind es, die auserwählt sind (Mt 22,14).

ⲟⲩϩⲩⲡⲟⲥⲧⲁⲥⲓⲥ ⲛ̄ⲟⲩⲱⲧ ⲧⲉⲧⲉ ⲟⲩⲛ̄ⲧⲁϥⲥ̄

Ein einziges Wesen ist es, das er hat (Silv p.99,13f).

Negation

Die *vedette* wird durch (ⲛ̄⁻) ... ⲁⲛ negiert, die *glose* mit der für die Konjugationsform,
mit der ihr Relativsatz gebildet ist, zulässigen Negation:

ⲛ̄ⲣⲱⲙⲉ ⲅⲁⲣ ⲟⲩⲁⲁⲩ ⲁⲛ ⲛⲉⲧⲥⲙⲟⲕϩ̄ ⲛⲁⲩ ⲉⲧⲁϩⲉ ⲡⲛⲟⲩⲧⲉ

|‾‾‾‾‾‾ *vedette* ‾‾‾‾‾‾|

Denn nicht allein die Menschen sind es, für die es schwierig ist, Gott zu erfassen (Silv p.
100,16ff).

---

[75] Wird die *vedette* durch einen freien Relativsatz gebildet, beginnt dieser selbstverständlich mit dem
Determinativpronomen.

ⲚⲈⲦⲢ̄ⲆⲰⲂ ⲄⲀⲢ ⲀⲚ ⲈⲦⲀⲚⲞⲘⲒⲀ ⲚⲈⲚⲦⲀⲨⲂⲰⲔ ⲌⲚ̄ ⲚⲈϤⲌⲒⲞⲞⲨ⳶Ⲉ

| _____*vedette*_____ |

Denn nicht die, die das Unrechte wirken, sind es, die in seinen Wegen gewandelt sind (Ps 118,3 LXX).

glose mit neg. energetischem Futur:
ⲚⲒⲘ ⲠⲈⲦⲈ ⲚⲈϤⲢ̄ⳂⲞⲦⲈ ⳘⲎⲦⲔ̄

Wer ist es, der dich nicht fürchten sollte? (Apk 15,4)
glose mit neg. Adverbialsatz:
ⲚⲒⲘ ⲠⲈⲦⲈ ⲚϤⲚⲀⲢ̄ⳂⲞⲦⲈ ⲀⲚ

Wer ist es, der sich nicht fürchten wird? (Am 3,8)

Die (adjektivische) Cleft Sentence mit circumstantialer glose

Neben der oben belegten häufigen Bildung der *glose* mit einem Relativsatz, existiert das verhältnismäßig seltene Phänomen einer Cleft Sentence, deren *glose* durch einen substantivischen[76] Umstandssatz gebildet wird. Das Demonstrativpronomen entfällt in diesem Satztyp.

Ⲛ̄ⲦⲰⲦⲚ̄ ⲈⲦⲈⲦⲚ̄ϪⲰ ⳘⳘⲞⲤ ϪⲈ ⲀⲚⲞⲔ ⲠⲈ.

Ihr seid es, die gesagt haben, ich sei's Lk 22,70 (ed. Quecke).
Ⲛ̄ⲦⲞⲔ ⲆⲈ ⲠⲚ̄ⲞⲨⲞⲈⲒⲚ ⲈⲔⲢ̄ⲞⲨⲞⲈⲒⲚ ⲠϪⲞⲈⲒⲤ

Du aber, unser Licht, bist es, der leuchtet, o Herr! (LibThom p. 139,20)

Transpositionen der (adjektivischen) Cleft Sentence

Eine adjektivische Cleft Sentence kann circumstantial und/oder präterital transponiert werden. Eine präterital transponierte Cleft Sentence kann ihrerseits circumstantial transponiert werden (Transposition zweiten Grades) und dient dann zur Bildung der Protasis eines Irrealis.

Umstandssatz:	ⲀⲨⲂⲰⲔ ⲞⲚ ⲈⲦⲈϤⲬⲀⲢⲒⲤ ⲦⲈⲦⲢ̄ⳘⳘⲈ ⳘⳘⲞⲞⲨ
	Sie sind wieder gegangen, indem seine Gnade es ist, die sie führt (Schenute, ed. Leipoldt III 87,4f).
circ. Präteritum:	ⲈⲚⲈⲞⲨⲮⲨⲬⲎ ⲀⲚ Ⲛ̄ⳀⲰⲞⲚ ⲦⲈⲦⲚ̄Ⳃ̄ⲎⲦⲞⲨ ⲚⲈⲨⲚⲀⲰϢ ⲈⲂⲞⲖ ⲀⲚ ⲠⲈ ϪⲈ
	Wäre es nicht eine lebendige Seele, die in ihnen ist, würden sie nicht sagen: (Schenute, ed. Leipoldt III 220,7f).

---

[76] Vgl. dazu A. Shisha-Halevy, The Circumstantial Present; zum hier besprochenen Satztyp besonders S. 137.

4. Die substantivische Transposition (die substantivische Cleft Sentence bzw. die sogenannten Zweiten Tempora)

Wesen und Funktion: Ein (Verbal-)Satz wird substantivisch transponiert, indem seinem Kern ein Konverter vorangestellt wird. Dieser Vorgang bewirkt eine Veränderung der Rangordnung der Satzglieder: das ursprüngliche Prädikat (Träger des Verbalinhaltes) wird zu einem Teil des Subjektes erniedrigt (insofern substantiviert[77]), das Prädikat des transponierten Satzes wird von einem (im weitesten Sinne) Adverb gebildet. Mit der Begrifflichkeit der Cleft Sentence ausgedrückt, heißt das: Das ursprüngliche Prädikat wird zum Bestandteil der *glose*, ein Adverb wird zur *vedette*. Die substantivische Transposition dient also der Hervorhebung eines Satzgliedes, und zwar des Adverbs.

einfacher Satz (affirmatives Perfekt): ⲁϥⲃⲱⲕ ⲉϨⲟⲩⲛ ⲉⲡⲏⲓ̈
Er ging hinein in das Haus.

substantivisch transponiertes Perfekt: ⲚⲦⲀϥⲃⲱⲕ ⲉϨⲟⲩⲛ ⲉⲡⲏⲓ̈
In das Haus ging er hinein. Bzw.:
In das Haus ist es, daß er hineinging.
|⎽⎽ *vedette* ⎽⎽|

Die Hervorhebung des Adverbs kann zusätzlich durch seine Spitzenstellung im Satz ausgedrückt werden: ⲉⲃⲟⲗ ϨⲓⲦⲟⲟⲦ ⲚⲦⲀⲡⲀⲓ̈ Ϣⲱⲡⲉ *Durch mich ist dies geschehen.*

Die substantivische Transposition des Verbalsatzes

Die substantivische Transposition von Verbalsätzen ist möglich (bzw. belegt) beim Perfekt (affirmativ und negativ) und beim Aorist (affirmativ und negativ).[78]

---

[77] Zur näheren Erläuterung des Begriffes der substantivischen Transposition vgl. Polotsky, Grundlagen 129f und 140. „Der Verbalvorgang wird als geschehen vorausgesetzt; die Satzaussage gibt an, unter welchen Umständen er stattgefunden hat" (130).
[78] Zur Negation s.u.

Tempus	Konverter	Nebenform
Perfekt		
affirmativ	N̄T-/ENT-	E-[79]
negativ	ETE-	
Aorist		
affirmativ	E-	N̄-[80]
negativ	E-[81]	

Beispielsätze:

(a) affirmatives Perfekt

N̄TAΠAÏ ϢⲰΠE EBOⲖ ϨⲓⲦⲘ̄ ΠΧOEⲓⲤ

παρὰ κυρίου ἐγένετο αὕτη

Durch den Herrn ist dies geschehen (Ps 117,23 LXX).

N̄TANEI EBOⲖ ϨⲘ̄ ΠOYOEⲓⲚ

Aus dem Licht sind wir gekommen (EvThom p. 41,33).

(b) affirmativer Aorist

EBOⲖ ϨⲓⲦOOⲦ· EϢAⲤEⲓ EBOⲖ N̄ϬⲒ ⲦⲄⲚⲰⲤⲒⲤ

Durch mich kommt die Gnosis hervor. Bzw.:

Durch mich ist es, daß sie, die Gnosis, hervorkommt (Protennoia p. 36,9f).

EϢAⲢEΠⲢⲰⲘE N̄AⲄAⲐOⲤ ⲦAYE AⲄAⲐOⲚ EBOⲖ ϨⲘ̄ ΠAϨO Ⲙ̄ΠEϥϨⲎⲦ·
EⲦNAⲚOYϥ.

Der gute Mensch bringt Gutes hervor aus dem guten Schatz seines Herzens (Lk 6,45).

Die substantivische Transposition des Adverbialsatzes

Obwohl das Prädikat des Adverbialsatzes bereits ein Adverb ist, ist die substantivische Transposition auch beim Adverbialsatz möglich. Enthält ein Adverbialsatz neben seinem adverbiellen Prädikat ein weiteres Adverb (eine adverbielle Bestimmung), wird dieses - nach demselben Muster wie beim Verbalsatz - durch die substantivische Transposition in den Rang des Prädikates erhoben. Enthält ein Adverbialsatz neben seinem adverbiellen Prädikat kein weiteres Adverb, wird das vorhandene adverbielle Prädikat durch die substantivische Transposition lediglich

---

[79] Vgl. Allog p. 50,11ff: AYⲰ EⲦBE ϮⲤBⲰ EⲦN̄ϨⲎⲦOY EAΠⲓⲘEEYE EⲦN̄ϨⲎⲦ AϥΠⲰⲢⲨ̄
N̄NH *Und es ist wegen der Lehre in ihnen, daß der Gedanke in mir jene trennte.* Vgl. auch Allog p. 66,31ff.
Weitere Beispiele: Polotsky, CP 152f. Das substantivisch transponierte Perfekt gleicht dann also äußerlich ganz dem Circumstantialis des affirmativen Perfekts und kann nur aufgrund syntaktischer Kriterien als substantivische Transposition identifiziert werden.

[80] Vgl. N.10. Ein Beispiel (Mt 12,35 ed. Aranda): ΠⲢⲰⲘE N̄AⲄAⲐOⲤ EBOⲖ ϨⲘ̄ ΠEϥAϨO
EⲦNAⲚOYϥ N̄ϢAϥⲦAYO EBOⲖ Ⲙ̄ΠΠEⲦNAⲚOYϥ. *Der gute Mensch, aus seinem guten Schatz bringt er das Gute hervor.*

[81] Vgl. unter **T.1.** den Abschnitt *Aorist*.

verstärkt. Die substantivische Transposition ist sowohl auf das Präsens wie auf das Instans anwendbar. Der Konverter lautet vor Nomen ⲉ(ⲣⲉ)⁻, vor Pronomen ⲉ⸗, es folgt ein Suffixpronomen (→ PARADIGMENTAFELN).

Beispielsätze:
(a) affirmatives Präsens bzw. einfacher Adverbialsatz
ⲉⲣⲉⲡⲥⲟⲟⲩⲛ ϣⲟⲟⲡ` ⲛ̄ϩⲣⲁⲓ̈ ⲛ̄ϩⲏⲧ`
In mir existiert die Erkenntnis (Protennoia p. 42,11f).
ϩⲓⲧⲛ̄ ⲟⲩⲙⲟⲟⲩ ⲙⲛ̄ ⲟⲩⲕⲱϩⲧ ⲉⲧⲟⲩⲃⲟ ⲙ̄ⲡⲙⲁ ⲧⲏⲣϥ
Durch Wasser und Feuer wird der ganze Ort gereinigt (EvPhil p. 57,22ff).
bloße Verstärkung: ⲁⲛⲟⲛ ⲇⲉ ⲉⲣⲉⲡⲉⲛⲡⲟⲗⲓⲧⲉⲩⲙⲁ ϩⲛ̄ ⲙ̄ⲡⲏⲩⲉ
Wir aber: in den Himmeln ist unser Bürgerrecht (Phil 3,20).
(b) affirmatives Instans
ⲛ̄ⲧⲟϥ ⲇⲉ ⲉϥⲛⲁⲃⲁⲡⲧⲓⲍⲉ ⲙ̄ⲙⲱⲧⲛ̄ ϩⲛ̄ ⲟⲩⲡ̄ⲛ̄ⲁ ⲉϥⲟⲩⲁⲁⲃ
Er aber, mit heiligem Geist wird er euch taufen (Mk 1,8).

Substantivisch transponiertes affirmatives Instans steht häufig in Finalsätzen[82], die mit ⲭⲉ, ⲭⲉⲕⲁⲁⲥ oder ϩⲓⲛⲁ eingeleitet werden:
... ⲭⲉⲕⲁⲁⲥ ⲁⲛ ⲉⲧⲉⲧⲛⲁϭⲱ ⲙ̄ⲡⲙⲁ ⲁⲗⲗⲁ ⲭⲉ ⲉⲧⲉⲧⲛⲁⲉⲓ ⲉⲃⲟⲗ ⲛ̄ϩⲏⲧϥ
...., nicht damit ihr an diesem Ort bleibt, sondern damit ihr aus ihm herauskommt (LibThom p. 139,26ff).
... ϣⲓⲛⲁ ⲉⲣⲉⲡⲣⲱⲙⲉ ⲛⲁⲣ̄ⲧⲣⲉϥⲉⲥⲑⲁⲓ ϩⲛ̄ ⲧⲧⲣⲟⲫⲏ ⲙ̄ⲡⲣⲱⲙⲉ
..., damit der Mensch sich ernähre mit der Nahrung des Menschen (EvPhil p. 55,13f).

Weitere transponierbare Satzarten

Die substantivische Transposition ist weiterhin anwendbar auf die semantisch einem Stativ gleichkommenden Eigenschaftsverben (→ V. VERBEN MIT NACHGESTELLTEM SUBJEKT), auf den Existenz- sowie den Possessivsatz (→ Abschnitte Q. und R.). Zur fraglichen Transponierbarkeit bereits präterital transponierter Sätze (Transposition zweiten Grades) vgl. X.5. Das Präteritum.[83]

---

[82] Das weitgehend standardisierte Sahidisch des Neuen Testaments setzt hier in aller Regel affirmatives energetisches Futur. In negativen Finalsätzen ist das negative energetische Futur obligat.
[83] Eine Frage für sich ist, ob auch Nominalsätze - unter ganz bestimmten Bedingungen - substantivisch transponiert werden können. Vgl. den problematischen Satz in Silv p. 101,35 - 102,1: ⲁⲩⲱ ⲉϣⲭⲉ ⲛ̄ⲧⲁ[ⲩⲭ]ⲡ[ⲟϥ] ⲉⲩⲁⲧ`ⲭⲡⲟϥ ⲡⲉ· *Und wenn er (auch) gezeugt wurde, ist er (doch) ein Ungezeugter.* Sofern der Text hier nicht korrupt ist, erklärt sich der Gebrauch des Konverters ⲉ⁻ vor dem Nominalsatz vielleicht am ehesten durch den unten dargestellten Gebrauch der substantivischen Transposition zur Hervorhebung von Gegensätzen.

Beispielsätze:
(a) Eigenschaftsverben
ⲘⲎ Ⲛ̄ⲦⲞⲔ ⲈⲚⲀⲀⲔ ⲈⲠⲈⲚⲈ͡ⲒⲰⲦ ⲒⲀⲔⲰⲂ
Bist du etwa größer als unser Vater Jakob? (Joh 4,12)
(b) Existenzsatz
ⲈⲦⲈ ⲘⲚ̄ ϢⲈⲈⲢⲈ ϢⲞⲞⲠ ⲈⲂⲞⲖ ϨⲚ̄ ⲚⲈⲔⲤⲚⲎⲨ...
Gibt es denn keine Tochter (, die) aus deinen Brüdern (stammt) ...? (Ri 14,3)
(c) Possessivsatz
ⲈⲨⲚ̄ⲦⲀⲔ ϬⲈ Ⲙ̄ⲘⲀⲨ ⲈⲂⲞⲖ ⲦⲰⲚ Ⲙ̄ⲠⲘⲞⲞⲨ ⲈⲦⲞⲚϨ̄.
Woher hast du denn das lebendige Wasser? (Joh 4,11)

Negation

Die weitaus häufigste Negation eines substantivisch transponierten Verbalsatzes ist die durch (Ⲛ̄-) ... ⲀⲚ.[84] Sie bezieht sich auf das (adverbiale) Prädikat, bzw. den Nexus zwischen Prädikat und Subjekt; der zum Bestandteil des Subjektes erniedrigte Verbalvorgang wird als geschehen vorausgesetzt, d.h. er hat stattgefunden, aber nicht unter den im Prädikat angegebenen Umständen. Negiert wird der substantivisch transponierte Satz.
Ⲛ̄ⲦⲀⲠⲢⲰⲘⲈ ϢⲰⲠⲈ ⲀⲚ ⲈⲦⲂⲈ ⲠⲤⲀⲂⲂⲀⲦⲞⲚ.
Der Mensch ist nicht um des Sabbates willen entstanden (Mk 2,27).
(D.h. er ist entstanden, aber aus anderen Gründen.)
Möglich, aber selten, ist auch die Negation des im Subjekt enthaltenen Verbalvorgangs, d.h. des Nexus innerhalb des Subjektes; der Vorgang wird dann als nicht geschehen vorausgesetzt, das Prädikat gibt an, unter welchen Umständen er nicht stattgefunden hat. Der negierte Satz wird substantivisch transponiert.
ⲞⲨⲔⲞⲨⲚ ⲈⲦⲘ̄ⲠⲈϤⲈⲒ ⲈⲠⲈⲤⲎⲦ ⲈⲦⲂⲎⲎⲦⲔ *Um deinetwillen also ist er nicht herabgekommen* (Zoega 323,8).
ⲈⲦⲈⲘ̄ⲠⲞⲨⲤⲰⲦⲘ̄ *Haben sie nicht gehört?* (Röm 10,18)
(hier rhetorische Frage, implizite Antwort: Doch, sie haben gehört).

Substantivisch transponierte Adverbialsätze werden stets mit (Ⲛ̄-) ... ⲀⲚ verneint. Beim Existenz- und Possessivsatz können auch die negativen Formen substantivisch transponiert werden (s.o.).

[84] Die Negation mit (Ⲛ̄-) ... ⲀⲚ macht deutlich, daß es sich bei einem substantivisch transponierten Satz nicht (mehr) um einen Verbalsatz handelt.

Fragesätze

Mit Interrogativadverbien und -pronomen (→ **H.2.**) gebildete Fragesätze sind sehr oft substantivisch transponiert, da der Akzent des Satzes natürlicherweise auf dem Fragewort liegt. Folgt das Fragewort dem Verb, ist die Verwendung der substantivischen Transposition obligatorisch:

ⲚⲦⲀⲠⲀⲒ ϬⲚ ⲚⲀⲒ ⲦⲰⲚ. *Wo hat dieser das gefunden?* (Mk 6,2)

ⲚⲦⲀⲚⲚⲀⲨ ⲆⲈ ⲈⲢⲞⲔ ⲦⲚⲀⲨ ⲈⲔϢⲰⲚⲈ *Wann haben wir dich krank gesehen?* (Mt 25,39)

ⲈⲢⲈⲚⲀⲒ ⲚⲀϢⲰⲠⲈ ⲦⲚⲀⲨ *Wann wird das geschehen?* (Mk 13,4)

Häufig substantivisch transponiert sind rhetorische Fragen (mit und ohne **ⲘⲎ**):

ⲈⲦⲈⲘⲠⲈⲠⲒⲤⲢⲀⲎⲖ ⲈⲒⲘⲈ *Hat Israel nicht erkannt?* (Röm 10,19)

ⲘⲎ ⲈϤⲚⲀϮ ⲚⲀϤ Ⲛ̄ⲞⲨⲰⲚⲈ *Wird er ihm etwa einen Stein geben?* (Mt 7,9)

Vgl. auch die oben aufgeführten Beispielsätze zu Eigenschaftsverb, Existenz- und Possessivsatz.

Hervorhebung von Gegensätzen

Gelegentlich dienen substantivisch transponierte Sätze der Hervorhebung gegensätzlicher Aussagen, indem zwei mit ⲀⲖⲖⲀ verbundene Sätze einander gegenübergestellt werden:

ⲚⲦⲀⲠϪⲞⲈⲒⲤ ⲤⲘⲒⲚⲈ ⲀⲚ Ⲛ̄ⲦⲈⲒⲆⲒⲀⲐⲎⲔⲎ ⲘⲚ̄ ⲚⲈⲦⲚ̄ⲈⲒⲞⲦⲈ ⲀⲖⲖⲀ Ⲛ̄ⲦⲀϤⲤⲘⲚ̄ⲦⲤ ⲚⲘ̄ⲘⲎⲦⲚ̄ *Der Herr hat diesen Bund nicht mit euren Vätern geschlossen, sondern er hat ihn mit euch geschlossen* (Deut 5,3).

ⲈϤⲚⲀⲰϨⲤ ⲀⲚ ⲀⲖⲖⲀ ⲈϤⲚⲀϨⲰⲖⲈ *Er wird nicht ernten, sondern er wird ausreißen* (EvPhil p. 52,31f).

Zum komplementären Charakter von adjektivischer Cleft Sentence und substantivischer Transposition

Den Charakter der (adjektivischen) Cleft Sentence und der substantivischen Transposition als komplementäre Arten der Hervorhebung verdeutlichen die folgenden Beispiele:

Silv p.89,2-4

ϨⲘ̄ ⲠⲈⲔⲞⲨⲰϢ ⲀⲚ ⲈⲔⲈⲒⲢⲈ Ⲛ̄ⲚⲀⲒ· ⲀⲖⲖⲀ *Ⲧ*ⲪⲨⲤⲒⲤ Ⲛ̄ⲦⲂⲚⲎ ⲈⲦⲚ̄ϨⲎⲦⲔ̄ ⲠⲈⲦ'ⲈⲒⲢⲈ Ⲛ̄ⲚⲀⲒ·

---------- Adverb -----------   ----------------- *vedette* -----------------

subst. transponierter Adverbialsatz   (adjektivische) Cleft Sentence

Nicht aus deinem Willen tust du das, sondern *die tierische Natur in dir ist es*, die das tut.

Vergleiche auch die alternativen Möglichkeiten, ein und denselben griechischen Satz
koptisch wiederzugeben:
Mt 25,40: ἐμοὶ ἐποιήσατε.
ed. Horner (Cleft Sentence): ⲀⲚⲞⲔ ⲠⲈⲚⲦⲀⲦⲈⲦⲚ̄ⲀⲀⲤ ⲚⲀⲓ̈ *Ich bin es*, *dem ihr das*
                                            getan habt.
ed. Aranda (subst. Perfekt): Ⲛ̄ⲦⲀⲦⲈⲦⲚ̄ⲀⲀⲤ ⲚⲀⲓ̈. *Mir habt ihr es getan.*

5. Das Präteritum

Die präteritale Transposition verschiebt Sätze in eine relative (im Verhältnis zur
Zeitstufe des zu transponierenden Satzes) Vergangenheit (= Vorzeitigkeit). Sie erfolgt,
indem dem zu transponierenden Satz ein ⲚⲈ- vorangestellt wird. Oft folgt dem
transponierten Satz die Partikel ⲠⲈ[85]. Die präteritale Transposition ist zunächst bei
folgenden Satzarten möglich:
          — Nominalsatz
          — Verbalsatz bei:
                    Perfekt
                       (affirmativ und negativ)
                    Aorist
                       (affirmativ und negativ)
                    neg. Kompletiv
          — Existenzsatz
          — Possessivsatz
          — Eigenschaftsverben
Sodann auch beim
          — Adverbialsatz,
jedoch mit den Modifikationen, daß der Konverter vor nominalem Subjekt häufig die
Langform ⲚⲈⲢⲈ- erhält und daß bei pronominalem Subjekt dieses durch ein
Suffixpronomen (und nicht wie im nichttransponierten Adverbialsatz durch ein
Präfixpronomen) ausgedrückt wird. (Die präteritale Transposition des einfachen
Adverbialsatzes bzw. des Präsens heißt auch Imperfekt, die des Instans Futurum
imperfectum.)

Selten belegt ist die präteritale Transposition der adjektivischen Cleft Sentence (vgl.
X.3.).

---

[85] Eine hinreichende Erklärung für dieses Phänomen gibt es m.W. bisher nicht. A. Shisha-Halevy
(Chrestomathy 136) schreibt dazu lediglich: „The morph ⲠⲈ following the preterite form seems to
mark its backgrounding role." Neuerdings (vorgetragen auf dem 6. Internationalen
Koptologenkongreß in Münster 1996) hat A. Shisha-Halevy die Funktion des ⲠⲈ an Hand des
Bohairischen näher untersucht. Die Funktion als „backgrounding particle" kann ⲠⲈ auch nach
anderen Transpositionen einnehmen (selten belegt). Vgl. Shisha-Halevy, Categories § 1.2.1.2.

Beispielsätze:

Nominalsatz	ⲚⲈⲦⲀⲒ̈ ⲦⲈ ⲦⲀⲤϨⲒⲘⲈ	*Sie war meine Frau.*
Perfekt	ⲚⲈⲀϤⲤⲰⲦⲘ̅ (ⲠⲈ)	*Er hatte gehört.*
Existenzsatz	ⲚⲈⲨⲚ̅ ⲞⲨⲢⲰⲘⲈ (ⲠⲈ)	*Es gab einen Menschen.*
Eigenschaftsverb	ⲚⲈⲚⲀⲚⲞⲨϤ (ⲠⲈ)	*Er war gut.*
Adverbialsatz	ⲚⲈϤⲤⲰⲦⲘ̅ (ⲠⲈ)	*Er hörte.*
	ⲚⲈⲢⲈⲠⲢⲰⲘⲈ ⲤⲰⲦⲘ̅	*Der Mensch hörte.*
	ⲚⲈⲨϨⲘ̅ ⲠⲎⲒ̈	*Sie waren im Haus.*
	(vgl. ⲤⲈϨⲘ̅ ⲠⲎⲒ̈	*Sie sind im Haus.*)

Transposition zweiten Grades

Die präterital transponierten Sätze können ihrerseits circumstantial[86] (Konverter Ⲉ-, selten Ø-) und relativisch (Konverter Ⲉ- oder Ø-, Imperfekt auch ⲈⲦⲈ-) transponiert werden. Ein Umstandssatz (Circumstantialis) des Präteritums dient oft zur Bildung der Protasis eines Irrealis, meist fortgesetzt durch präterital transponiertes Instans (Futurum imperfectum).

Bsp. Joh 8,42 ⲈⲚⲈⲠⲈⲦⲚ̅ⲈⲒⲰⲦ ⲠⲈ ⲠⲚⲞⲨⲦⲈ ⲚⲈⲦⲈⲦⲚⲀⲘⲈⲢⲒⲦ ⲠⲈ.
circ. prät. Nominalsatz   Futurum imperf.
Wäre Gott euer Vater, würdet ihr mich lieben.

Bsp. Joh 11,21 ⲠⲬⲞⲈⲒⲤ. ⲈⲚⲈⲔⲘ̅ⲠⲈⲒ̈ⲘⲀ. ⲚⲈⲢⲈⲠⲀⲤⲞⲚ ⲚⲀⲘⲞⲨ ⲀⲚ ⲠⲈ
            circ. Imperf.   Futurum imperf.
Herr, wärest du hier gewesen, mein Bruder wäre nicht gestorben.

Bsp. Joh 4,10 ⲈⲚⲈⲢⲈⲤⲞⲞⲨⲚ̅ ⲈⲦⲀⲰⲢⲈⲀ Ⲛ̅ⲦⲈ ⲠⲚⲞⲨⲦⲈ ⲀⲨⲰ ⲬⲈ ⲚⲒⲘ
circ. Imperf. 2.sg.f.
ⲠⲈⲦⲬⲰ Ⲙ̅ⲘⲞⲤ ⲚⲈ ⲬⲈ ⲀⲨⲈⲒⲤ ⲦⲀⲤⲰ. Ⲛ̅ⲦⲞ ⲚⲈⲢⲈⲚⲀⲀⲒⲦⲈⲒ
                    2.sg.f. (Dativ)   kaus.Konj.   Fut. imperf. 2.sg.f.
Ⲙ̅ⲘⲞϤ ⲠⲈ Ⲛ̅ϤϮ ⲚⲈ Ⲛ̅ⲞⲨⲘⲞⲞⲨ ⲈϤⲞⲚϨ̅.
                    2.sg.f. (Dativ)
Kenntest du (f.) das Geschenk Gottes und wer es ist, der dir (f.) sagt: Gib mir zu trinken! - du (f.) bätest ihn und er gäbe dir (f.) lebendiges Wasser.

---

[86] Einen interessanten Beleg für eine circumstantial-präteritale Transposition (als Irrealis) vor substantivisch transponiertem Perfekt bietet EpJac p. 10,15-20 (Dialekt *L6*): ⲈⲚⲈⲚⲦⲀϨⲞⲨⲦⲚ̅ⲚⲀⲞⲨⲦ· ... ⲀⲨⲰ ⲈⲚⲈⲚⲦⲀⲈⲒϢⲈⲬⲈ *wäre ich gesandt worden ... und hätte ich geredet* (fortgesetzt mit Futurum imperfectum).

Bsp. EvPhil p. 70,9ff	ⲚⲈⲘⲠⲈⲦⲤϩⲒⲘⲈ ⲠⲰⲢⲬ ⲈϤⲞⲞⲨⲦ ⲚⲈⲤⲚⲀⲘⲞⲨ ⲀⲚ ⲠⲈ
	circ.praet.neg.Perf. Fut. imperf.
	Hätte die Frau sich nicht vom Manne getrennt, wäre sie nicht gestorben.

Bsp. EvPhil p. 57,29f	Ⲙ̄ⲠⲈϤⲞⲨⲰⲚϩ ⲄⲀⲢ ⲈⲂⲞⲖ Ⲛ̄ⲐⲈ ⲈⲚⲈϤϢⲞⲞⲠ Ⲛ̄ϩⲎⲦⲤ
	rel. Imperf.
	Denn er erschien nicht in der Weise, in der er existierte.

Bsp. EvPhil p. 52,21f	Ⲛ̄ϩⲞⲞⲨ ⲚⲈⲚϢⲞⲞⲠ Ⲛ̄ϩⲈⲂⲢⲀⲒⲞⲤ ⲚⲈⲚⲞ Ⲛ̄ⲞⲢⲫⲀⲚⲞⲤ
	rel. Imperf.
	In den Tagen, da wir Hebräer waren, waren wir Waisen.

Theoretisch nicht auszuschließen ist auch eine substantivische Transposition wenigstens des Imperfektes, doch sind entsprechende Formen wegen der Eigenart der substantivischen Transposition sehr selten.[87]

---

[87] Vgl. Polotsky CP 246f und Shisha-Halevy, Chrestomathy 138ff. Polotsky verweist (mit Fragezeichen) auf Apg 22,24 als möglichen Beleg: ⲬⲈⲔⲀⲤ ⲈϤⲈⲈⲒⲘⲈ ⲬⲈ ⲈⲦⲂⲈ ⲀϢ Ⲛ̄ⲖⲞⲒ̈ϭⲈ ⲈⲚⲈⲨϢϭ ⲈⲂⲞⲖ ⲈⲢⲞϤ Ⲛ̄ⲦⲈⲒ̈ϩⲈ *(der Hauptmann befahl ...,) damit er erkenne, aus welchem Grund sie so wider ihn schrien.*

Y. Formen der Verneinung (Negation)

Zum Ausdruck der Verneinung gibt es im Koptischen grundsätzlich drei
Möglichkeiten, deren Verwendung genau definiert ist:

1. Spezielle negative (Konjugations-)Formen:
— im Rahmen des Verbalsatzes:

negatives Perfekt: ⲘⲠⲈϥⲤⲰⲦⲘ̄ *er hörte nicht*

negativer Aorist: ⲘⲈϥⲤⲰⲦⲘ̄ *er kann nicht hören*

negatives energetisches Futur: Ⲛ̄ⲚⲈϥⲤⲰⲦⲘ̄ *er wird nicht hören*

negativer Kompletiv: ⲘⲠⲀⲧ̄ϥⲤⲰⲦⲘ *er hat noch nicht gehört*

negativer kausativer Imperativ: ⲘⲠⲢ̄ⲦⲢⲈϥⲤⲰⲦⲘ̄ *er soll nicht hören*

— negativer Imperativ: ⲘⲠⲢ̄ⲤⲰⲦⲘ̄ *höre(t) nicht*

— negativer Existenzsatz: ⲘⲚ̄ⲢⲰⲘⲈ *es gibt keinen Menschen*

— negativer Possessivsatz: ⲘⲚ̄ⲦⲀϥⲤⲟⲩ *er hat sie (pl.) nicht*

2. In Nebensatzkonjugationen und vor nicht konjugiertem Infinitiv: Verneinung
durch ein dem Infinitiv vorgesetztes ⲦⲘ̄-. In Nebensätzen mit nominalem Subjekt
steht ⲦⲘ̄- unmittelbar nach der Konjugationsbasis.

— Nebensatzkonjugation: Ⲛ̄ϥⲦⲘ̄Ⲣ̄ϨⲎⲦ ⲤⲚⲀⲩ ϨⲘ̄ ⲠⲈϥϨⲎⲦ
(Bsp.e Konjunktiv)   *und er zweifelt nicht in seinem Herzen ... (Mk 11,23).*

    ⲀⲨⲰ Ⲛ̄ⲦⲈⲦⲘ̄ⲠϨⲈⲐⲚⲟⲤ ⲦⲎⲢϥ̄ ϨⲈ ⲈⲂⲟⲗ.

    und das ganze Volk geht nicht zugrunde (Joh 11,50).

— Infinitiv: ⲀⲨⲰ ϨⲈⲚⲘⲀⲀϪⲈ ⲈⲦⲘ̄ⲤⲰⲦⲘ̄

    und Ohren, um nicht zu hören (Röm 11,8).

— (bloßer) kausativer Infinitiv: ⲰⲗⲎⲗ ⲈⲦⲘ̄ⲦⲢⲈⲦⲚ̄ⲂⲰⲔ ⲈϨⲟⲩⲚ ⲈⲠⲓⲢⲀⲤⲙⲟⲤ.

    Betet, damit ihr nicht in Versuchung geratet! (Lk 22,40)

Wird der kausative Infinitiv konjugiert, entspricht die Negation der jeweils
verwendeten Konjugation: ⲘⲠⲈϥⲦⲢⲈⲘⲟⲟⲩⲢ̄ⲎⲢⲠ̄ *Er ließ Wasser nicht zu Wein werden*
[Schenute, ed. Wessely I, 142 (p. 115, col. 1)].

Auch ein substantivierter Infinitiv wird durch ⲦⲘ̄- verneint.

3. Für alles Übrige: Verneinung durch Ⲛ̄- ... ⲀⲚ. Das Ⲛ̄- wird jedoch häufig nicht
geschrieben:

— Adverbialsatz: Ⲛ̄ϥⲚⲀⲘⲟⲩ ⲀⲚ

    Er wird nicht sterben (Joh 21,23).

— Nominalsatz: ⲚⲈⲠⲈⲦⲘ̄ⲘⲀⲩ ⲀⲚ ⲠⲈ Ⲡⲟⲩⲟⲉⲓⲛ.

    Jener war nicht das Licht (Joh 1,8).

— Wortverneinung: ..., ⲭⲉⲕⲁⲁⲥ ⲁⲛ ⲉⲉⲓϣⲁⲛⲉⲓ ⲧⲟⲧⲉ
               ⲛⲧⲉⲟⲩⲱ͞ϭ ϣⲱⲡⲉ.
               ..., nicht damit, wenn ich komme, dann
               (erst) eine Sammlung geschieht (1Kor 16,2).

— Eigenschaftsverb: ⲛⲉⲧⲛⲁⲛⲟⲩⲟⲩ ⲁⲛ
               die, welche nicht gut sind

— adjektivische Cleft Sentence: ⲛ͞ⲧⲟⲕ ⲁⲛ ⲡⲉⲧⲛⲁⲛⲟⲭ͞ϥ ⲉⲃⲟⲗ ⲙ͞ⲙⲟⲕ·
 (Verneinung der *vedette*)[88]   *Nicht du bist es, der ihn aus dir hinauswerfen*
               wird (Silv p. 110,2).

— substantivisch transponierte Verbalsätze: ⲛ͞ⲧⲁϥⲭⲟⲟⲥ ⲇⲉ ⲛⲁϥ ⲁⲛ ⲛ͞ϭⲓ ⲓ͞ⲥ
               Jesus aber hatte nicht zu ihm gesagt (Joh
               21,23).

Die Verneinung durch ⲛ̄- ... ⲁⲛ ist die weitaus häufigste Art, einen substantivisch transponierten Verbalsatz zu negieren, es ist aber - unter ganz bestimmten Bedingungen - auch möglich, einen negativen Verbalsatz (s.o.1.) substantivisch zu transponieren (selten belegt): ⲁⲗⲗⲁ ⲧⲁⲭⲟⲟⲥ ⲭⲉ ⲉⲧⲉⲙ͞ⲡⲟⲩⲥⲱⲧⲙ̄. *Ich frage aber: Haben sie nicht gehört?* (Röm 10,18). Vgl. unter **X.4.** Die substantivische Transposition den Abschnitt *Negation*.

Die in Frage kommenden Formen der Verneinung werden bei den einzelnen Satzarten jeweils ausführlicher besprochen.

---

[88] Die *glose* wird mit der für die Konjugationsform, mit der ihr Relativsatz gebildet ist, zulässigen Negation verneint.

ANHANG

I. Paradigmentafeln

Adverbialsatz (Zweiteiliges Schema/Bipartite Pattern)

1. Einfacher Adverbialsatz (auch sogenanntes Präsens)

	Präsens	Circumst.	Relativsatz[1]	substantivisch („Präsens II")	Imperfekt
Nomen		ⲉⲣⲉ/ⲉ +Nomen	ⲉⲧⲉⲣⲉ/ⲉⲧⲉ +Nomen	ⲉⲣⲉ +Nomen	ⲛⲉ(ⲣⲉ) +Nomen
1.P.sg.	ϯ	ⲉ(ⲉ)ⲓ	ⲉϯ	ⲉ(ⲉ)ⲓ	ⲛⲉ(ⲉ)ⲓ
2.P.sg.m.	ⲕ	ⲉⲕ	ⲉⲧⲕ̄	ⲉⲕ	ⲛⲉⲕ
2.P.sg.f.	ⲧⲉ (ⲧⲉⲣ/ⲧⲣ̄)	ⲉⲣⲉ	ⲉⲧⲉ	ⲉⲣⲉ	ⲛⲉⲣⲉ
3.P.sg.m.	ϥ	ⲉϥ	ⲉⲧϥ̄	ⲉϥ	ⲛⲉϥ
3.P.sg.f.	ⲥ	ⲉⲥ	ⲉⲧⲥ̄	ⲉⲥ	ⲛⲉⲥ
1.P.pl.	ⲧⲛ̄	ⲉⲛ	ⲉⲧⲛ̄	ⲉⲛ	ⲛⲉⲛ
2.P.pl.	ⲧⲉⲧⲛ̄	ⲉⲧⲉⲧⲛ̄	ⲉⲧⲉⲧⲛ̄	ⲉⲧⲉⲧⲛ̄	ⲛⲉⲧⲉⲧⲛ̄
3.P.pl.	ⲥⲉ	ⲉⲩ	ⲉⲧⲟⲩ	ⲉⲩ	ⲛⲉⲩ

[1] Nebenformen: ⲉⲧⲉⲉⲓ, ⲉⲧⲉⲕ, ⲉⲧⲉϥ, ⲉⲧⲉⲥ, *ⲉⲧⲉⲛ (nicht belegt), ⲉⲧⲉⲩ

Wird ein (mit ⲛ̄- ... ⲁⲛ) negierter Adverbialsatz, z.B. ⲛ̄ⲥⲉⲥⲱⲧⲙ̄ ⲁⲛ *sie hören nicht* in den Umstandssatz (Circumstantialis) transponiert, wird ihm ein ⲉ- vorangestellt:

... ⲉⲩⲥⲱⲧⲙ̄ ..., *indem sie hören,* aber: ... ⲉⲛⲥⲉⲥⲱⲧⲙ̄ ⲁⲛ ..., *indem sie nicht hören*
bzw.: ... ⲉⲥⲉⲥⲱⲧⲙ̄ ⲁⲛ ..., *indem sie nicht hören*

Das Imperfekt (ebenso wie das Futurum imperfectum und - zumindest theoretisch - jeder andere präterital transponierte Satz) kann wiederum circumstantial und relativisch transponiert werden:

Imperfekt	Circumstantialis	Relativsatz
ⲛⲉϥ	ⲉⲛⲉϥ	ⲉⲛⲉϥ/∅ⲛⲉϥ bzw. ⲉⲧⲉ ⲛⲉϥ

2. Erweiterter Adverbialsatz (Instans oder sogenanntes Futur)

	Instans	Circumst.	Relativsatz	substant. („Futur II")	Präteritum (F. imperf.)
Nomen	Nomen+ⲛⲁ	ⲉⲣⲉ+N. +ⲛⲁ	ⲉⲧⲉ(ⲣⲉ)+ N.+ⲛⲁ	ⲉⲣⲉ+N. +ⲛⲁ	ⲛⲉ(ⲣⲉ) +N.+ⲛⲁ
1.P.sg.	ϯⲛⲁ	ⲉ(ⲉ)ⲓⲛⲁ	ⲉϯⲛⲁ	ⲉ(ⲉ)ⲓⲛⲁ	ⲛⲉ(ⲉ)ⲓⲛⲁ
2.P.sg.m.	ⲕⲛⲁ	ⲉⲕⲛⲁ	ⲉⲧⲕ̄ⲛⲁ	ⲉⲕⲛⲁ	ⲛⲉⲕⲛⲁ
2.P.sg.f.	ⲧⲉⲛⲁ (ⲧⲉⲣⲁ)	ⲉⲣⲉⲛⲁ	ⲉⲧⲉⲛⲁ	ⲉⲣⲉⲛⲁ	ⲛⲉⲣⲉⲛⲁ
3.P.sg.m.	ϥⲛⲁ	ⲉϥⲛⲁ	ⲉⲧϥ̄ⲛⲁ	ⲉϥⲛⲁ	ⲛⲉϥⲛⲁ
3.P.sg.f.	ⲥⲛⲁ	ⲉⲥⲛⲁ	ⲉⲧⲥ̄ⲛⲁ	ⲉⲥⲛⲁ	ⲛⲉⲥⲛⲁ
1.P.pl.	ⲧⲛ̄(ⲛ)ⲁ	ⲉⲛⲛⲁ	ⲉⲧⲛ̄ⲛⲁ	ⲉⲛⲛⲁ	ⲛⲉⲛⲛⲁ
2.P.pl.	ⲧⲉⲧⲛ̄(ⲛ)ⲁ	ⲉⲧⲉⲧⲛ̄(ⲛ)ⲁ	ⲉⲧⲉⲧⲛ̄(ⲛ)ⲁ	ⲉⲧⲉⲧⲛ̄(ⲛ)ⲁ	ⲛⲉⲧⲉⲧⲛ̄(ⲛ)ⲁ
3.P.pl.	ⲥⲉⲛⲁ	ⲉⲩⲛⲁ	ⲉⲧⲟⲩⲛⲁ	ⲉⲩⲛⲁ	ⲛⲉⲩⲛⲁ

Verbalsatz (Dreiteiliges Schema/Tripartite Pattern)

1. Perfekt

	affirmatives Perfekt	Circumst.	Relativsatz	substant. („Perfekt II")	Präteritum
Nomen	ⲁ+Nomen	ⲉⲁ+ Nomen	ⲉⲛⲧⲁ/ⲛ̄ⲧⲁ +Nomen	ⲉⲛⲧⲁ/ⲛ̄ⲧⲁ +Nomen	ⲛⲉⲁ +Nomen
1.P.sg.	ⲁ(ⲉ)ⲓ	ⲉⲁ(ⲉ)ⲓ	(ⲉ)ⲛⲧⲁ(ⲉ)ⲓ	(ⲉ)ⲛⲧⲁ(ⲉ)ⲓ	ⲛⲉⲁ(ⲉ)ⲓ
2.P.sg.m.	ⲁⲕ	ⲉⲁⲕ	(ⲉ)ⲛⲧⲁⲕ	(ⲉ)ⲛⲧⲁⲕ	ⲛⲉⲁⲕ
2.P.sg.f.	ⲁⲣ(ⲉ)/ⲁ∅	ⲉⲁ(ⲣⲉ)	(ⲉ)ⲛⲧⲁ(ⲣⲉ)	(ⲉ)ⲛⲧⲁ(ⲣⲉ)	ⲛⲉⲁ(ⲣⲉ)
3.P.sg.m.	ⲁϥ	ⲉⲁϥ	(ⲉ)ⲛⲧⲁϥ	(ⲉ)ⲛⲧⲁϥ	ⲛⲉⲁϥ
3.P.sg.f.	ⲁⲥ	ⲉⲁⲥ	(ⲉ)ⲛⲧⲁⲥ	(ⲉ)ⲛⲧⲁⲥ	ⲛⲉⲁⲥ
1.P.pl.	ⲁⲛ	ⲉⲁⲛ	(ⲉ)ⲛⲧⲁⲛ	(ⲉ)ⲛⲧⲁⲛ	ⲛⲉⲁⲛ
2.P.pl.	ⲁⲧⲉⲧⲛ̄	ⲉⲁⲧⲉⲧⲛ̄	(ⲉ)ⲛⲧⲁⲧⲉⲧⲛ̄	(ⲉ)ⲛⲧⲁⲧⲉⲧⲛ̄	ⲛⲉⲁⲧⲉⲧⲛ̄
3.P.pl.	ⲁⲩ	ⲉⲁⲩ	(ⲉ)ⲛⲧⲁⲩ	(ⲉ)ⲛⲧⲁⲩ	ⲛⲉⲁⲩ

	negatives Perfekt	Circumst.	Relativsatz	substantivisch („neg. P.II")	Präteritum
Nomen	ⲘⲠⲈ +Nomen	ⲈⲘⲠⲈ +Nomen	ⲈⲦⲈ ⲘⲠⲈ +Nomen	ⲈⲦⲈⲘⲠⲈ +Nomen	ⲚⲈⲘⲠⲈ +Nomen
1.P.sg.	ⲘⲠⲒ	ⲈⲘⲠⲒ	ⲈⲦⲈ ⲘⲠⲒ	ⲈⲦⲈⲘⲠⲒ	ⲚⲈⲘⲠⲒ
2.P.sg.m.	ⲘⲠⲕ̄	ⲈⲘⲠⲕ̄	ⲈⲦⲈ ⲘⲠⲕ̄	ⲈⲦⲈⲘⲠⲕ̄	ⲚⲈⲘⲠⲕ̄
2.P.sg.f.	ⲘⲠⲈ(ⲣ)/ ⲘⲠⲞⲨ	ⲈⲘⲠⲈ(ⲣ)/ ⲈⲘⲠⲞⲨ	ⲈⲦⲈ ⲘⲠⲈ(ⲣ)/ ⲈⲦⲈ ⲘⲠⲞⲨ	ⲈⲦⲈⲘⲠⲈ(ⲣ)/ ⲈⲦⲈⲘⲠⲞⲨ	ⲚⲈⲘⲠⲈ(ⲣ)/ ⲚⲈⲘⲠⲞⲨ
3.P.sg.m.	ⲘⲠϥ̄	ⲈⲘⲠϥ̄	ⲈⲦⲈ ⲘⲠϥ̄	ⲈⲦⲈⲘⲠϥ̄	ⲚⲈⲘⲠϥ̄
3.P.sg.f.	ⲘⲠⲥ̄	ⲈⲘⲠⲥ̄	ⲈⲦⲈ ⲘⲠⲥ̄	ⲈⲦⲈⲘⲠⲥ̄	ⲚⲈⲘⲠⲥ̄
1.P.pl.	ⲘⲠⲛ̄	ⲈⲘⲠⲛ̄	ⲈⲦⲈ ⲘⲠⲛ̄	ⲈⲦⲈⲘⲠⲛ̄	ⲚⲈⲘⲠⲛ̄
2.P.pl.	ⲘⲠⲈⲦⲛ̄	ⲈⲘⲠⲈⲦⲛ̄	ⲈⲦⲈ ⲘⲠⲈⲦⲛ̄	ⲈⲦⲈⲘⲠⲈⲦⲛ̄	ⲚⲈⲘⲠⲈⲦⲛ̄
3.P.pl.	ⲘⲠⲞⲨ	ⲈⲘⲠⲞⲨ	ⲈⲦⲈ ⲘⲠⲞⲨ	ⲈⲦⲈⲘⲠⲞⲨ	ⲚⲈⲘⲠⲞⲨ

Nebenformen: ⲘⲠⲈⲕ, ⲘⲠⲈϥ, ⲘⲠⲈⲥ, ⲘⲠⲈⲚ usw.

2. Aorist

	affirm. Aorist	Circumst.	Relativsatz	substant. („Aorist II")	Präteritum
Nomen	ϢⲀⲣⲈ +Nomen	ⲈϢⲀⲣⲈ +Nomen	Ⲉ(ⲦⲈ)ϢⲀⲣⲈ +Nomen	ⲈϢⲀⲣⲈ +Nomen	ⲚⲈϢⲀⲣⲈ +Nomen
1.P.sg.	ϢⲀⲒ	ⲈϢⲀⲒ	Ⲉ(ⲦⲈ)ϢⲀⲒ	ⲈϢⲀⲒ	ⲚⲈϢⲀⲒ
2.P.sg.m.	ϢⲀⲕ	ⲈϢⲀⲕ	Ⲉ(ⲦⲈ)ϢⲀⲕ	ⲈϢⲀⲕ	ⲚⲈϢⲀⲕ
2.P.sg.f.	ϢⲀⲣ(Ⲉ)	ⲈϢⲀⲣ(Ⲉ)	Ⲉ(ⲦⲈ)ϢⲀⲣ(Ⲉ)	ⲈϢⲀⲣ(Ⲉ)	ⲚⲈϢⲀⲣ(Ⲉ)
3.P.sg.m.	ϢⲀϥ	ⲈϢⲀϥ	Ⲉ(ⲦⲈ)ϢⲀϥ	ⲈϢⲀϥ	ⲚⲈϢⲀϥ
3.P.sg.f.	ϢⲀⲥ	ⲈϢⲀⲥ	Ⲉ(ⲦⲈ)ϢⲀⲥ	ⲈϢⲀⲥ	ⲚⲈϢⲀⲥ
1.P.pl.	ϢⲀⲚ	ⲈϢⲀⲚ	Ⲉ(ⲦⲈ)ϢⲀⲚ	ⲈϢⲀⲚ	ⲚⲈϢⲀⲚ
2.P.pl.	ϢⲀⲦⲈⲦⲛ̄	ⲈϢⲀⲦⲈⲦⲛ̄	Ⲉ(ⲦⲈ)ϢⲀⲦⲈⲦⲛ̄	ⲈϢⲀⲦⲈⲦⲛ̄	ⲚⲈϢⲀⲦⲈⲦⲛ̄
3.P.pl.	ϢⲀⲨ	ⲈϢⲀⲨ	Ⲉ(ⲦⲈ)ϢⲀⲨ	ⲈϢⲀⲨ	ⲚⲈϢⲀⲨ

	negativer Aorist	Circumst.	Relativsatz	substant.[89] („neg. A. II")	Präteritum
Nomen	ⲙⲉⲣⲉ +Nomen	ⲉⲙⲉⲣⲉ +Nomen	ⲉ(ⲧⲉ)ⲙⲉⲣⲉ +Nomen	ⲉⲙⲉⲣⲉ +Nomen	ⲛⲉⲙⲉⲣⲉ +Nomen
1.P.sg.	ⲙⲉⲓ̈	ⲉⲙⲉⲓ̈	ⲉ(ⲧⲉ)ⲙⲉⲓ̈	ⲉⲙⲉⲓ̈	ⲛⲉⲙⲉⲓ̈
2.P.sg.m.	ⲙⲉⲕ	ⲉⲙⲉⲕ	ⲉ(ⲧⲉ)ⲙⲉⲕ	ⲉⲙⲉⲕ	ⲛⲉⲙⲉⲕ
2.P.sg.f.	ⲙⲉⲣⲉ	ⲉⲙⲉⲣⲉ	ⲉ(ⲧⲉ)ⲙⲉⲣⲉ	ⲉⲙⲉⲣⲉ	ⲛⲉⲙⲉⲣⲉ
3.P.sg.m.	ⲙⲉϥ	ⲉⲙⲉϥ	ⲉ(ⲧⲉ)ⲙⲉϥ	ⲉⲙⲉϥ	ⲛⲉⲙⲉϥ
3.P.sg.f.	ⲙⲉⲥ	ⲉⲙⲉⲥ	ⲉ(ⲧⲉ)ⲙⲉⲥ	ⲉⲙⲉⲥ	ⲛⲉⲙⲉⲥ
1.P.pl.	ⲙⲉⲛ	ⲉⲙⲉⲛ	ⲉ(ⲧⲉ)ⲙⲉⲛ	ⲉⲙⲉⲛ	ⲛⲉⲙⲉⲛ
2.P.pl.	ⲙⲉⲧⲉⲧⲛ̄	ⲉⲙⲉⲧⲉⲧⲛ̄	ⲉ(ⲧⲉ)ⲙⲉⲧⲉⲧⲛ̄	ⲉⲙⲉⲧⲉⲧⲛ̄	ⲛⲉⲙⲉⲧⲉⲧⲛ̄
3.P.pl.	ⲙⲉⲩ	ⲉⲙⲉⲩ	ⲉ(ⲧⲉ)ⲙⲉⲩ	ⲉⲙⲉⲩ	ⲛⲉⲙⲉⲩ

3. Energetisches Futur

	affirm. energ. Futur	Circumst.	Relativ.	subst.	Präteritum	apodotisches ⲉϥⲥⲱⲧⲙ̄
Nomen	ⲉⲣⲉ +Nomen	?[90]	selten[90]	nicht belegt	nicht möglich	ⲉ +Nomen
1.P.sg.	ⲉⲓ̈ⲉ					ⲉⲓ̈
2.P.sg.m.	ⲉⲕⲉ					ⲉⲕ
2.P.sg.f.	ⲉⲣⲉ					ⲉ∅ (?[91])
3.P.sg.m.	ⲉϥⲉ					ⲉϥ
3.P.sg.f.	ⲉⲥⲉ					ⲉⲥ
1.P.pl.	ⲉⲛⲉ					ⲉⲛ
2.P.pl.	ⲉⲧⲉⲧⲛⲉ					ⲉⲧⲉⲧⲛ̄
3.P.pl.	ⲉⲩⲉ					ⲉⲩ

---

[89] Substantivische Transpositionen eines negativen Verbalsatzes sind generell selten (vgl. Y. FORMEN DER VERNEINUNG). Die subst. Transposition eines negativen Aorists ist aber zumindest theoretisch möglich.

[90] Zum Circumstantialis und Relativsatz vgl. unter T.1. den Abschnitt *Energetisches Futur*.

[91] Die 2.P.sg.f. ist meines Wissens nicht belegt, denkbar wäre auch ⲉⲣⲉ.

	neg. energ. Futur	Circumst.	Relativsatz	subst.	Präteritum
Nomen	N̄NE + Nomen	ENNE +Nomen	ETE (N̄)NE +Nomen	nicht belegt	nicht möglich
1.P.sg.	N̄NⲀ/NI	ENNⲀ/NI	ETE (N̄)NⲀ/NI		
2.P.sg.m.	N̄NEK	ENNEK	ETE (N̄)NEK		
2.P.sg.f.	N̄NEØ	ENNEØ	ETE (N̄)NEØ		
3.P.sg.m.	N̄NEϤ	ENNEϤ	ETE (N̄)NEϤ		
3.P.sg.f.	N̄NEC	ENNEC	ETE (N̄)NEC		
1.P.pl.	N̄NEN	ENNEN	ETE (N̄)NEN		
2.P.pl.	N̄NETN̄	ENNETN̄	ETE (N̄)NETN̄		
3.P.pl.	N̄NEⲨ	ENNEⲨ	ETE (N̄)NEⲨ		

4. Negativer Kompletiv („noch nicht"/„not yet")

	negativer Kompletiv	Circumst.	Relativsatz	subst.	Präteritum
Nomen	M̄ⲠⲀTE +Nomen	(E)M̄ⲠⲀTE +Nomen	E(TE)M̄ⲠⲀTE +Nomen	nicht belegt	NEM̄ⲠⲀTE +Nomen
1.P.sg.	M̄ⲠⲀ†	(E)M̄ⲠⲀ†	E(TE)M̄ⲠⲀ†		NEM̄ⲠⲀ†
2.P.sg.m.	M̄ⲠⲀTK̄	(E)M̄ⲠⲀTK̄	E(TE)M̄ⲠⲀTK̄		NEM̄ⲠⲀTK̄
2.P.sg.f.	M̄ⲠⲀTEØ	(E)M̄ⲠⲀTEØ	E(TE)M̄ⲠⲀTEØ		NEM̄ⲠⲀTEØ
3.P.sg.m.	M̄ⲠⲀTϤ̄	(E)M̄ⲠⲀTϤ̄	E(TE)M̄ⲠⲀTϤ̄		NEM̄ⲠⲀTϤ̄
3.P.sg.f.	M̄ⲠⲀTC̄	(E)M̄ⲠⲀTC̄	E(TE)M̄ⲠⲀTC̄		NEM̄ⲠⲀTC̄
1.P.pl.	M̄ⲠⲀTN̄	(E)M̄ⲠⲀTN̄	E(TE)M̄ⲠⲀTN̄		NEM̄ⲠⲀTN̄
2.P.pl.	M̄ⲠⲀTETN̄	(E)M̄ⲠⲀTETN̄	E(TE)M̄ⲠⲀTETN̄		NEM̄ⲠⲀTETN̄
3.P.pl.	M̄ⲠⲀTOⲨ	(E)M̄ⲠⲀTOⲨ	E(TE)M̄ⲠⲀTOⲨ		NEM̄ⲠⲀTOⲨ

Nebensatzkonjugationen

5. Konjunktiv

	Konjunktiv
Nomen	N̄ⲦⲈ + Nomen
1.P.sg.	N̄ⲦⲀ/ⲦⲀ
2.P.sg.m.	N̄Ⲅ/N̄Ⲅ̄
2.P.sg.f.	N̄ⲦⲈ
3.P.sg.m.	N̄ϥ/N̄ϥ̄
3.P.sg.f.	N̄Ⲥ/N̄Ⲥ̄
1.P.pl.	N̄Ⲧ̄N̄
2.P.pl.	N̄ⲦⲈⲦN̄
3.P.pl.	N̄ⲤⲈ

6. Temporalis

	Temporalis
Nomen	N̄ⲦⲈⲢⲈ + Nomen
1.P.sg.	N̄ⲦⲈⲢ(Ⲉ)I
2.P.sg.m.	N̄ⲦⲈⲢⲈⲔ
2.P.sg.f.	N̄ⲦⲈⲢⲈ
3.P.sg.m.	N̄ⲦⲈⲢⲈϥ
3.P.sg.f.	N̄ⲦⲈⲢⲈⲤ
1.P.pl.	N̄ⲦⲈⲢⲈN
2.P.pl.	N̄ⲦⲈⲢⲈⲦN̄
3.P.pl.	N̄ⲦⲈⲢOY

7. Konditionalis

	Konditionalis	protatisches ⲉϥⲥⲱⲧⲙ̄
Nomen	ⲉⲣϣⲁⲛ+Nomen	ⲉ+Nomen
1.P.sg.	ⲉⲓϣⲁⲛ	ⲉⲓ
2.P.sg.m.	ⲉⲕϣⲁⲛ	ⲉⲕ
2.P.sg.f.	ⲉⲣ(ⲉ)ϣⲁⲛ[(1)]	ⲉⲟ̸ (?[92])
3.P.sg.m.	ⲉϥϣⲁⲛ	ⲉϥ
3.P.sg.f.	ⲉⲥϣⲁⲛ	ⲉⲥ
1.P.pl.	ⲉⲛϣⲁⲛ	ⲉⲛ
2.P.pl.	ⲉⲧⲉⲧⲛ̄ϣⲁⲛ	ⲉⲧⲉⲧⲛ̄
3.P.pl.	ⲉⲩϣⲁⲛ	ⲉⲩ

[(1)] ⲉⲣϣⲁⲛ ist die Normalform im klassischen (Bibel-)Sahidisch

8. Limitativ („bis"/„until")

	Limitativ
Nomen	ϣⲁⲛⲧⲉ+Nomen
1.P.sg.	ϣⲁⲛⲧⲁ/ϣⲁⲛϯ
2.P.sg.m.	ϣⲁⲛⲧⲕ̄
2.P.sg.f.	ϣⲁⲛⲧⲉ⊘
3.P.sg.m.	ϣⲁⲛⲧⲅ̄
3.P.sg.f.	ϣⲁⲛⲧⲥ̄
1.P.pl.	ϣⲁⲛⲧⲛ̄
2.P.pl.	ϣⲁⲛⲧⲉⲧⲛ̄
3.P.pl.	ϣⲁⲛⲧⲟⲩ

---

[92] Die 2.P.sg.f. ist meines Wissens nicht belegt, denkbar wäre auch ⲉⲣ(ⲉ). Vgl. auch apodotisches ⲉϥⲥⲱⲧⲙ̄ (Energetisches Futur).

Kausative Konjugationen

9. Kausativer Imperativ

	affirm. kausativer Imperativ	negativer kausativer Imperativ
Nomen	ⲙⲁⲣⲉ + Nomen	ⲘⲠⲢⲦⲢⲈ + Nomen
1.P.sg.	ⲙⲁⲣⲓ	ⲘⲠⲢⲦⲢⲀ
2.P.sg.m.	–	–
2.P.sg.f.	–	–
3.P.sg.m.	ⲙⲁⲣⲉϥ	ⲘⲠⲢⲦⲢⲈϥ
3.P.sg.f.	ⲙⲁⲣⲉⲥ	ⲘⲠⲢⲦⲈⲤ
1.P.pl.	ⲙⲁⲣⲉⲛ	ⲘⲠⲢⲦⲢⲈⲚ
2.P.pl.	–	–
3.P.pl.	ⲙⲁⲣⲟⲩ/ⲙⲁⲣⲉⲩ	ⲘⲠⲢⲦⲢⲈⲨ

10. Kausativer Konjunktiv

	Kausativer Konjunktiv
Nomen	(Ⲛ̄)ⲦⲀⲣⲈ + Nomen
1.P.sg.	–[1]
2.P.sg.m.	(Ⲛ̄)ⲦⲀⲣⲈⲔ
2.P.sg.f.	(Ⲛ̄)ⲦⲀⲣⲈⲞ
3.P.sg.m.	(Ⲛ̄)ⲦⲀⲣⲈϥ
3.P.sg.f.	(Ⲛ̄)ⲦⲀⲣⲈⲤ
1.P.pl.	(Ⲛ̄)ⲦⲀⲣⲚ̄
2.P.pl.	(Ⲛ̄)ⲦⲀⲣⲈ(ⲦⲈ)ⲦⲚ̄
3.P.pl.	(Ⲛ̄)ⲦⲀⲣⲞⲨ

[1] meist durch ⲦⲀ (Konjunktiv) ersetzt, selten belegt: (Ⲛ̄)ⲦⲀⲣⲓ

Kausativer Infinitiv

	Kausativer Infinitiv
Nomen	ⲧⲣⲉ + Nomen
1.P.sg.	ⲧⲣⲁ
2.P.sg.m.	ⲧⲣⲉⲕ
2.P.sg.f.	ⲧⲣⲉ∅
3.P.sg.m.	ⲧⲣⲉϥ
3.P.sg.f.	ⲧⲣⲉⲥ
1.P.pl.	ⲧⲣⲉⲛ
2.P.pl.	ⲧⲣⲉⲧⲉⲧⲛ̄
3.P.pl.	ⲧⲣⲉⲩ

☞ Grundsätzlich gilt: nicht immer ist jedes Glied eines Paradigmas tatsächlich belegt, da, insbesondere in der Überlieferung schriftlicher Texte, bestimmte pronominale Handlungsträger häufiger auftreten als andere, genauso wie bestimmte Konjugations-formen sehr viel häufiger vorkommen als andere.

II. Die Konverter

Satzart	circumstantial (Umstandssatz)	relativisch (Adjektivsatz)	substantivisch ("2. Tempus")	Präteritum
Nominalsatz	ⲉ-	ⲉⲧⲉ-/ⲉ-[93]	-[94]	ⲛⲉ-
Adverbialsatz	ⲉ(ⲣⲉ)-	ⲉⲧ-/ ⲉⲧⲉ(ⲣⲉ)-	ⲉ(ⲣⲉ)-	ⲛⲉ(ⲣⲉ)-
Existenzsatz	(ⲉ-)	ⲉⲧⲉ-	ⲉ-/ⲉⲧⲉ-	ⲛⲉ-
Verbalsätze				
Perfekt (affirm.)	ⲉ-	(ⲉ)ⲛⲧ-	(ⲉ)ⲛⲧ-	ⲛⲉ-
Perfekt (neg.)	(ⲉ-)	ⲉⲧⲉ-	ⲉⲧⲉ-	ⲛⲉ-
Aorist (affirm.)	ⲉ-	ⲉ(ⲧⲉ)-	ⲉ-	ⲛⲉ-
Aorist (neg.)	ⲉ-	ⲉ(ⲧⲉ)-	ⲉ- (?[95])	ⲛⲉ-
neg. Kompletiv	(ⲉ-)	ⲉ(ⲧⲉ)-	-	ⲛⲉ-
energ. Futur (affirm.)	?[96]	ⲉⲧ-[97]	-	-
energ. Futur (neg.)	ⲉ-	ⲉⲧⲉ-	-	-
Eigenschaftsverben	ⲉ-	ⲉⲧ-/ⲉⲧⲉ-	ⲉ-	ⲛⲉ-

Präterital transponierte Sätze können ihrerseits circumstantial und relativisch transponiert werden (Transposition zweiten Grades):

Präteritum	ⲉ-	ⲉ-/Ø/ⲉⲧⲉ-[98]	?[99]	-

☞ Merke: *Ein* Konverter kann *mehrere* aufeinanderfolgende Sätze transponieren, er muß also nicht wiederholt werden.

Umstandssatz:

ⲁϥⲉⲓ ⲅⲁⲣ ⲛ̄ϭⲓ ⲓ̈ⲱ̅ϩⲁⲛⲛⲏⲥ ⲉⲛϥⲟⲩⲱⲙ ⲁⲛ ⲟⲩⲇⲉ ⲛ̄ϥⲥⲱ ⲁⲛ.
Denn Johannes kam, nicht essend noch trinkend (Mt 11,18).
ἦλθεν γὰρ ᾿Ιωάννης μήτε ἐσθίων μήτε πίνων

---

[93] ⲉ- steht hauptsächlich nach appositionellem ⲡⲁⲓ̈, ⲧⲁⲓ̈, ⲛⲁⲓ̈.
[94] Vgl. **P.4.**
[95] Vgl. unter **T.1.** den Abschnitt *Aorist.*
[96] Vgl. unter **T.1.** den Abschnitt *Energetisches Futur.*
[97] Vgl. unter **T.1.** den Abschnitt *Energetisches Futur.*
[98] ⲉⲧⲉ- nur vor Imperfekt.
[99] Zur Frage der substantivischen Transposition des Präteritums vgl. **X.5.** Das Präteritum.

Vgl.:

PPalau Rib.182, ed. Quecke

ⲛ̄ⲑⲉ ⲛ̄ⲟⲩⲣⲱⲙⲉ ⲉϥⲛⲁⲁⲡⲟⲇⲏⲙⲉⲓ ⲉⲁϥⲕⲁ ⲡⲉϥⲏⲉⲓ ⲁⲩⲱ ⲁϥϯ ⲛ̄ⲧⲉⲝⲟⲩⲥⲓⲁ ⲛ̄ⲛⲉϥϩⲙ̄ϩⲁⲗ ⲡⲟⲩⲁ ⲡⲟⲩⲁ ⲉⲁϥϯ ⲛⲁϥ ⲙ̄ⲡⲉϥϩⲱⲃ.

M 569, ed. Aranda Pérez

ⲛ̄ⲑⲉ ⲅⲁⲣ ⲛ̄ⲟⲩⲣⲱⲙⲉ ⲉϥⲛⲁⲁⲡⲟⲇⲏⲙⲉⲓ ⲉⲁϥⲕⲁ ⲡⲉϥⲏ̈ⲓ ⲛ̄ⲥⲱϥ ⲁⲩⲱ ⲁϥϯ ⲧⲉⲝⲟⲩⲥⲓⲁ ⲛ̄ⲛⲉϥϩⲙ̄ϩⲁⲗ ⲡⲟⲩⲁ ⲡⲟⲩⲁ ⲁϥϯ ⲛⲁϥ ⲙ̄ⲡⲉϥϩⲱⲃ.

(Denn) wie ein Mensch, der ausreisen wird, nachdem er sein Haus verlassen und die Vollmacht seinen Knechten gegeben hat, einem jeden, nachdem er ihm seine Arbeit gegeben hat (Mk 13,34).

ὡς ἄνθρωπος ἀπόδημος ἀφεὶς τὴν οἰκίαν αὐτοῦ καὶ δοὺς τοῖς δούλοις αὐτοῦ τὴν ἐξουσίαν ἑκάστῳ τὸ ἔργον αὐτοῦ

Relativsatz:

ⲟⲩⲟⲛ ⲛⲓⲙ ⲉⲛⲧⲁϥⲥⲱⲧⲙ̄ ⲉⲃⲟⲗ ϩⲓⲧⲙ̄ ⲡⲁï̈ⲱⲧ ⲁⲩⲱ ⲁϥϫⲓⲥⲃⲱ ϥⲛⲏⲩ ϣⲁⲣⲟⲉ͡ⲓ.

Jeder, der von meinem Vater gehört und gelernt hat, kommt zu mir (Joh 6,45).

πᾶς ὁ ἀκούσας παρὰ τοῦ πατρὸς καὶ μαθὼν ἔρχεται πρὸς ἐμέ

III. TERMINOLOGISCHE ÜBERSICHT ÜBER DAS KONJUGATIONSSYSTEM

Till	Shisha-Halevy	Berliner Arbeitskreis	hier
Adverbialsatz (Zweiteiliges Schema/Bipartite Pattern)			
Präsens I	Present	Präsens I	Präsens
Präsens I mit Relativpronomen	Relative	Relativform	relativische Transposition
Umstandssatz des Präsens	Circumstantial	Circumstantialis	circumstantiale Transposition
Präsens II	Second Tense	Präsens II (substantivische Transposition)	substantivische Transposition
Imperfekt (vgl. Till §§ 317f, 327)	Preterite (Imperfect)	Imperfekt	Präteritum (Imperfekt)
Futur I	Presentbased Future	Futur I	Instans
Imperfektum futuri	Preterite (of the Future)	Futurum Imperfectum	Präteritum
Verbalsatz (Dreiteiliges Schema/Tripartite Pattern)			
Perfektum I	Perfect	(affirmatives) Perfekt I	Perfekt
Praesens consuetudinis	Aorist	(affirmativer) Aorist	Aorist
Optativ (!)	Causative Imperative	(affirmativer) kausativer Imperativ	kausativer Imperativ
„noch nicht"	„not yet"	negativer Kompletiv	negativer Kompletiv
Futur III	**Optative (!)**	(affirmatives) energetisches Futur	energetisches Futur
Nebensatzkonjugationen			
Konjunktiv	Conjunctive	Konjunktiv	Konjunktiv
Temporalis	Temporal	Temporalis	Temporalis
Konditionalis	Conditional	Konditionalis	Konditionalis
„bis"	„until"	Limitativ	Limitativ
Finalis	Future Conjunctive	Kausativer Konjunktiv	Kausativer Konjunktiv

Bemerkungen: Die Unterteilung in Zweiteiliges und Dreiteiliges Schema gibt es bei Till nicht. Die Darstellung der Transpositionen (relativische, circumstantiale, substantivische, präteritale) ist hier nur beispielhaft innerhalb des Adverbialsatzes durchgeführt. Das Gegenteil von affirmativ (bejahend) ist negativ, das Perfekt beispielsweise besteht also insgesamt aus affirmativem und negativem Perfekt. Der Aorist (ϣⲁϥⲥⲱⲧⲙ) heißt bei Lambdin (Introduction) Habitual, der kausative Imperativ (ⲙⲁⲣⲉϥⲥⲱⲧⲙ) heißt dort Injunctive. Das Futur heißt bei Polotsky, Grundlagen Instans.

IV. Dialektübersicht

Die Nomenklatur der koptischen Dialektologie ist in den letzten Jahren durch Wolf-Peter Funk und Rodolphe Kasser[100] umfassend neu bestimmt worden; daneben ist jedoch weithin die bis dahin übliche (etwa bei Crum, Till u.a.) in Gebrauch. Die folgende Übersicht versucht deshalb beide gegenwärtig gebräuchlichen Nomenklaturen - mit ihren jeweiligen Entsprechungen - darzustellen (die Sigelliste nach Kasser/Funk in Auswahl, für die vollständige Liste vgl. die angegebene Literatur).

Kasser/Funk (Auswahl)		Crum, Till u.a.	
Sigel	Dialekt	Sigel	Dialekt
A	Achmimisch	A	Achmimisch
B	Bohairisch, nördlichster Dialekt	B	Bohairisch
B4	repräsentiert durch einige wenige Manuskripte (z.B. P. Bodmer III)		
B5	die Mehrzahl der bohairischen Texte		
F	Fajjumisch, gekennzeichnet u.a. durch Lambdazismus (ⲗ für ⲣ)	F	Fajjumisch
F5	die Mehrzahl der fajjumischen Texte		
L	Lykopolitanisch	A₂	Subachmimisch (entspricht L)
L4	das manichäische Schrifttum		
L5	u.a. ein Manuskript des Joh		
L6	Dialekt der nichtsahidischen Nag-Hammadi-Texte und der Acta Pauli		
M	Mittelägyptisch (Mesokemisch/ Oxyrhynchitisch), bezeugt u.a. durch je ein Ps-, Mt- und Apg-Manuskript	-	
S	Sahidisch, wichtigster Literaturdialekt des frühen Koptisch	S	Sahidisch

---

[100] Funk, Dialects wanting homes. Kasser, Standard System.

Beispielsätze

Joh 12,1

S: ⲓ̅ⲥ̅ ϭⲉ ϩⲁⲑⲏ ⲛ̅ⲥⲟⲟⲩ ⲛ̅ϩⲟⲟⲩ ⲉⲡⲡⲁⲥⲭⲁ ⲁϥⲉ͂ⲓ ⲉⲃⲏⲑⲁⲛⲓⲁ ⲡⲙⲁ ⲉⲛⲉⲣⲉ ⲗⲁⲍⲁⲣⲟⲥ ⲙ̅ⲙⲟϥ ⲡⲉⲛⲧⲁⲓ̅ⲥ̅ ⲧⲟⲩⲛⲟⲥϥ̅ ⲉⲃⲟⲗ ϩⲛ̅ⲛⲉⲧⲙⲟⲟⲩⲧ.

LS: ⲓ̅ⲥ̅ ϭⲉ ϩⲁⲑⲏ ⲛⲥⲁⲩ ⲛϩⲟⲟⲩ ⲁⲧⲡⲁⲥⲭⲁ ⲁϥⲓ ⲁⲃⲏⲑⲁⲛⲓⲁ ⲁⲡⲙⲁ ⲉⲧⲉ ⲗⲁⲍⲁⲣⲟⲥ ⲛϩⲏⲧϥ ⲡⲉⲉⲓ ⲛⲧⲁϥⲙⲟⲩ ⲁⲅⲱ ⲁⲓ̅ⲥ̅ ⲧⲟⲩⲛⲁⲥϥ ⲁⲃⲁⲗ ϩⲛ ⲛⲉⲧⲙⲁⲅⲟⲩⲉⲧ.

A: ⲓ̅ⲏ̅ⲥ̅ ϭⲉ ϩⲁⲧϩⲓ ⲛ̅ⲥⲁⲩ ⲛ̅ϩⲟⲟⲩⲉ ⲙ̅ⲡⲡⲁⲥⲭⲁ ⲁϥⲉⲓ ⲁⲃⲏⲑⲁⲛⲓⲁ ⲁⲡⲙⲁ ⲉⲛⲁⲗⲁⲍⲁⲣⲟⲥ ⲙ̅ⲙⲟ͂ ⲉⲧⲁϩⲙⲟⲩ͂ ⲡⲉⲧⲁⲓ̅ⲏ̅ⲥ̅ ⲧⲟⲩⲛⲁⲥϥ ⲁⲃⲁⲗ ϩⲛ̅ⲛⲉⲧ'ⲙⲁⲩⲧ'

B: ⲓ̅ⲏ̅ⲥ̅ ⲟⲩⲛ ϣⲁϫⲉⲛ ⲋ̅ ⲛ̅ⲉϩⲟⲟⲩ ⲛ̅ⲧⲉ ⲡⲓⲡⲁⲥⲭⲁ ⲁϥⲓ ⲉⲃⲏⲑⲁⲛⲓⲁ ⲡⲓⲙⲁ ⲉⲛⲁⲣⲉ ⲗⲁⲍⲁⲣⲟⲥ ⲙ̅ⲙⲟϥ ⲫⲏ ⲉⲧⲁϥⲙⲟⲩ ⲫⲏ ⲉⲧⲁⲓ̅ⲏ̅ⲥ̅ ⲧⲟⲩⲛⲟⲥϥ ⲉⲃⲟⲗ ϧⲉⲛ ⲛⲏ ⲉⲑⲙⲱⲟⲩⲧ.

Ὁ οὖν Ἰησοῦς πρὸ ἐξ ἡμερῶν τοῦ πάσχα ἦλθεν εἰς Βηθανίαν, ὅπου ἦν Λάζαρος (ὁ τεθνηκώς), ὃν ἤγειρεν ἐκ νεκρῶν Ἰησοῦς.

Mt 6,9f

S ⲡⲉⲛⲉⲓⲱⲧ ⲉⲧϩⲛ̅ ⲙ̅ⲡⲏⲩⲉ ⲙⲁⲣⲉⲡⲉⲕⲣⲁⲛ ⲟⲩⲟⲡ ⲧⲉⲕⲙⲛ̅ⲧⲣ̅ⲣⲟ ⲙⲁⲣⲉⲥⲉⲓ

F ⲡⲉⲛⲓ̈ⲱⲧ ⲉⲧϩⲛ̅ ⲛ̅ⲙ̅ⲡⲏⲟⲩⲓ ⲡⲉⲕⲗⲉⲛ ⲙⲁⲗⲉϥⲧⲩⲃⲃⲁ ⲧⲉⲕⲙⲉⲧⲉⲣⲣⲁ ⲙⲁⲗⲉⲥⲓ

M ⲡⲉⲛⲉⲓⲟⲧ ⲉⲧϩⲛ ⲙⲡⲏ ⲡⲉⲕⲣⲉⲛ ⲙⲁⲣⲉϥⲧⲟⲩⲃⲁ ⲧⲉⲕⲙⲛⲧⲉⲣⲁ ⲙⲁⲣⲉⲥⲉⲓ

Πάτερ ἡμῶν ὁ ἐν τοῖς οὐρανοῖς, ἁγιασθήτω τὸ ὄνομά σου· ἐλθέτω ἡ βασιλεία σου

Einen schönen ersten Überblick über die Eigentümlichkeiten der koptischen Dialekte (alter Nomenklatur) bietet Steindorff, Lehrbuch, 7-10.

V. ÜBUNGSTEXTE

Die folgenden Übungsbeispiele bieten ausschließlich (im weitesten Sinne) literarische Texte und zwar aus den Bereichen Bibel, originalkoptische Literatur und Nag Hammadi - bei ersterem und letzterem handelt es sich jeweils um Übersetzungsliteratur aus dem Griechischen. Biblische Texte sind als Einstiegslektüre besonders geeignet, da sich an Hand relativ bekannter Texte, die zudem ein in hohem Maße standardisiertes Sahidisch aufweisen, verhältnismäßig schnell nachprüfbare Ergebnisse erzielen lassen. Die Übungstexte sind so angeordnet, daß sie tendenziell vom Leichteren zum Schwereren führen. Die Texte aus dem Fund von Nag Hammadi zeigen hie und da den Einfluß anderer koptischer Dialekte, ihr Sahidisch ist am wenigsten standardisiert. Den möglichen Schwierigkeiten bei der Übersetzung habe ich versucht, durch die Beigaben am Rand zu begegnen. Bei der Darbietung der Texte habe ich, da sie ausschließlich Übungszwecken dienen sollen, weitgehend auf die in kritischen Textausgaben üblichen Zeichen (zur Bezeichnung unsicherer Lesungen, durch Rekonstruktion gefüllter Textlücken[101] usw.) verzichtet, um so eine möglichst hohe Lesbarkeit zu gewährleisten; lediglich Konjekturen im vorhandenen Textes sind durch spitze Klammern gekennzeichnet.

1. Bibel

a) Mk 1,1-13: Das Wirken Johannes des Täufers bis zu Jesu Taufe

1. ΜΑΡΚΟC ΤΑΡΧΗ ΜΠΕΥΑΓΓΕΛΙΟΝ ΝΙC ΠΕΧC 2.

ΚΑΤΑ ΠΕΤCΗ2 2Ν ΗCΑΪΑC ΠΕΠΡΟΦΗΤΗC. ΧΕ   †CH2 von
                                                       C2ΑΙ

ΕΙC 2ΗΗΤΕ †ΝΑΧΕΥΠΑΑΓΓΕΛΟC 2Ι2Η ΜΜΟΚ

ΝΨCΒΤΕΤΕΚ2ΙΗ. 3. ΠΕ2ΡΟΟΥ ΜΠΕΤΩΩ ΕΒΟΛ

2Ν ΤΕΡΗΜΟC ΧΕ COΥΤΝΤΕ2ΙΗ ΜΠΧΟΕΙC

ΝΤΕΤΝCOΥΤΝΝΕΨΜΟΪΤ. 4. ΑΨΩΠΕ ΔΕ Ν6Ι

ΙΩ2ΑΝΝΗC ΕΨ†ΒΑΠΤΙCΜΑ ΜΠΧΑΪΕ ΕΨΚΗΡΥCCΕ

ΝΟΥΒΑΠΤΙCΜΑ ΜΜΕΤΑΝΟΙΑ ΕΠΚΩ ΕΒΟΛ

ΝΝΝΟΒΕ. 5. ΑΥΩ ΑCΒΩΚ ΝΑΨ Ν6Ι ΤΕΧΩΡΑ

---

[101] Dies betrifft vor allem die Texte aus HA und EvThom.

ΤΗΡϹ Ⲛ̄ⲦⲞⲨⲆⲀⲒⲀ ⲚⲘ̄ ⲚⲀⲐⲒⲈⲢⲞⲤⲞⲖⲨⲘⲀ ⲦΗⲢⲞⲨ
ⲀⲨⲬⲒⲂⲀⲠⲦⲒⲤⲘⲀ Ⲛ̄ⲦⲞⲞⲦϤ̄ Ⲥ̄Ⲙ ⲠⲒⲞⲢⲆⲀⲚΗⲤ ⲠⲒⲈⲢⲞ
ⲈⲨⲈⳅⲞⲘⲞⲖⲞⲄⲒ Ⲛ̄ⲚⲈⲨⲚⲞⲂⲈ. 6. ⲀⲨⲱ Ⲓ̈ⲰⳅⲀⲚⲚΗⲤ
ⲚⲈⲢⲈⳅⲈⲚϤϢ Ⲛ̄ⲂⲀⲘⲞⲨⲖ ⲦⲞ ⳅⲒⲰⲰϤ ⲈⲢⲈⲞⲨⲘⲞⳉ
Ⲛ̄ϢⲀⲀⲢ ⲘΗⲢ ⲈⲦⲈϤϮⲠⲈ. ⲈϤⲞⲨⲈⲘϢⳉⲈ ⳅⲒ ⲈⲂⲒⲰ
Ⲛ̄ⳅⲞⲞⲨⲦ. 7. ⲀⲨⲱ ⲚⲈϤⲦⲀϢⲈⲞⲒ̈Ϣ ⲈϤϪⲰ Ⲙ̄ⲘⲞⳉ
ϪⲈ ϤⲚΗⲨ ⲘⲚ̄̄ⲚⲤⲰⲈⲒ Ⲛ̄ϬⲒ ⲠⲈⲦϪⲞⲞⲢ ⲈⲢⲞⲈⲒ̈ ⲈⲀⲚⳢ
ⲞⲨⳅⲒⲔⲀⲚⲞⲤ ⲀⲚ ⲈⲠⲀⳅⲦ ⲈⲂⲰⲖ ⲈⲂⲞⲖ Ⲙ̄ⲠⲘⲞⲨⲤ
Ⲙ̄ⲠⲈϤⲦⲞⲞⲨⲈ. 8. ⲀⲚⲞⳣ ⲀⲈⲒ̈ϮⲂⲀⲠⲦⲒⲤⲘⲀ ⲚΗⲦⲚ̄ ⳅⲚ̄
ⲞⲨⲘⲞⲞⲨ. Ⲛ̄ⲦⲞϤ ⲆⲈ ⲈϤⲚⲀⲂⲀⲠⲦⲒⲌⲈ Ⲙ̄ⲘⲰⲦⲚ̄ ⳅⲚ̄
ⲞⲨⲠⲚ̄Ⲁ ⲈϤⲞⲨⲀⲀⲂ. 9. ⲀⲨⲱ ⲀⲤϢⲰⲠⲈ ⳅⲚ̄
ⲚⲈⳅⲞⲞⲨ ⲈⲦⲘ̄ⲘⲀⲨ ⲀϤⲈⲒ̈ Ⲛ̄ϬⲒ Ⲓ̄Ϲ ⲈⲂⲞⲖ ⳅⲚ̄
ⲚⲀⲌⲀⲢⲈⲦ Ⲛ̄ⲦⲈ ⲦⲄⲀⲖⲒⲖⲀⲒⲀ ⲀⲨⲱ
ⲀϤⲬⲒⲂⲀⲠⲦⲒⲤⲘⲀ Ⲥ̄Ⲙ ⲠⲒⲞⲢⲆⲀⲚΗⲤ Ⲛ̄ⲦⲚ̄ Ⲓ̈ⲰⳅⲀⲚⲚΗⲤ
10. Ⲛ̄ⲦⲈⲨⲚⲞⲨ ⲆⲈ ⲈϤⲚΗⲨ ⲈⳅⲢⲀⲒ̈ Ⲙ̄ⲠⲘⲞⲞⲨ ⲀϤⲚⲀⲨ
ⲈⲘⲠΗⲨⲈ ⲈⲀⲨⲞⲨⲰⲚ ⲀⲨⲱ ⲠⲈⲠⲚ̄̄Ⲁ ⲈϤⲚΗⲨ
ⲈⲠⲈⲤΗⲦ ⲈϪⲰϤ Ⲛ̄ⲐⲈ Ⲛ̄ⲞⲨϬⲢⲞⲞⲘⲠⲈ 11. ⲀⲨⲱ
ⲞⲨⲤⲘΗ ⲀⲤϢⲰⲠⲈ ⲈⲂⲞⲖ ⳅⲚ̄ Ⲙ̄ⲠΗⲨⲈ ϪⲈ Ⲛ̄ⲦⲞⲔ
ⲠⲈ ⲠⲀϢΗⲢⲈ ⲠⲀⲘⲈⲢⲒⲦ ⲈⲚⲦⲀⲠⲀⲞⲨⲰϢ ϢⲰⲠⲈ
Ⲛ̄ⳅΗⲦⲔ̄ 12. ⲀⲨⲱ ⲦⲈⲨⲚⲞⲨ ⲠⲈⲠⲚ̄̄Ⲁ ⲀϤϪⲒⲦϤ̄ ⲈⲂⲞⲖ
ⲈⲦⲈⲢΗⲘⲞⲤ 13. ⲀⲨⲱ ⲚⲈϤⳅⲚ̄ ⲦⲈⲢΗⲘⲞⲤ Ⲛ̄ⳅⲘⲈ
Ⲛ̄ⳅⲞⲞⲨ ⲈⲢⲈⲠⲤⲀⲦⲀⲚⲀⲤ ⲠⲒⲢⲀⲌⲈ Ⲙ̄ⲘⲞϤ ⲈϤϢⲞⲞⲠ

ϮⲞⲨⲆⲀⲒⲀ
= Ⲧ-
Ⲓ̈ⲞⲨⲆⲀⲒⲀ
ⲚⲘ̄ = ⲘⲚ̄
ⲚⲀ- (poss.)
ⲒⲈⲢⲞ =
ⲈⲒⲈⲢⲞ
ϮⲦⲞ von Ϯ
ⲘⲞⳉ =
ⲘⲞϪⳅ

ⲀⲚⳢ-, s.
ⲀⲚⲞⲔ

ⲠΗⲨⲈ pl.
von ⲠⲈ
Himmel

ⲈⲚⲦⲀ-, hier
wohl Perf.
subst. circ.
(oder Perf.
rel.)
ⲦⲈⲨⲚⲞⲨ=
Ⲛ̄ⲦⲈⲨⲚⲞⲨ
ⲠⲒⲢⲀⲌⲈ =
πειράζειν

ⲚⲘ̄ ⲚⲈⲐⲎⲢⲒⲞⲚ. ⲀⲨⲰ Ⲛ̄ⲀⲄⲄⲈⲖⲞⲤ ⲚⲈⲨⲆⲒⲀⲔⲞⲚⲒ   ⲚⲘ̄ = ⲘⲚ̄

ⲚⲀϥ.

b) Mk 2,13-17: Die Berufung des Levi

13.   ⲀϥⲈⲒ̂ ⲞⲚ ⲈⲂⲞⲖ ϨⲀⲦⲚ̄ ⲐⲀⲖⲀⲤⲤⲀ ⲀⲨⲰ
ⲠⲘⲎⲎϢⲈ ⲦⲎⲢϥ̄ ⲀⲨⲤⲰⲞⲨϨ ⲈⲢⲞϥ Ⲁϥ†ⲤⲂⲰ ⲚⲀⲨ
14. ⲀⲨⲰ ⲈϥⲠⲀⲢⲀⲄⲈ ⲀϥⲚⲀⲨ ⲈⲖⲈⲞⲨⲈⲒ ⲠϢⲎⲢⲈ   ⲗⲉⲟⲩⲉⲓ
Ⲛ̄ⲀⲖⲪⲀⲒⲞⲤ   ⲈϥϨⲘⲞⲞⲤ   ϨⲒ   ⲠⲈϥⲦⲈⲖⲰⲚⲒⲞⲚ   *Levi*
ⲠⲈⲬⲀϥ ⲚⲀϥ ⲬⲈ ⲞⲨⲀϨⲔ̄ Ⲛ̄ⲤⲰⲈⲒ̂ ⲀⲨⲰ
ⲀϥⲦⲰⲞⲨⲚ ⲀϥⲞⲨⲀϨϥ̄ Ⲛ̄ⲤⲰϥ. 15. ⲀⲤϢⲰⲠⲈ ⲆⲈ
ⲈϥⲚⲎⲬ ϨⲘ̄ ⲠⲈϥⲎⲈⲒ ⲀϨⲀϨ Ⲛ̄ⲦⲈⲖⲰⲚⲎⲤ ϨⲒ
ⲢⲈϥⲢ̄ⲚⲞⲂⲈ ⲚⲞⲬⲞⲨ ⲚⲘ̄ ⲒⲤ̄ ⲚⲘ̄ ⲚⲈϥⲘⲀⲐⲎⲦⲎⲤ   ⲚⲘ̄ = ⲘⲚ̄
ⲚⲈⲨⲞϢ ⲄⲀⲢ. ⲀⲨⲰ ⲀⲨⲀϨⲞⲨ Ⲛ̄ⲤⲰϥ 16.   †ⲟϣ von   ⲁϣⲁⲓ
ⲚⲈⲄⲢⲀⲘⲘⲀⲦⲈⲨⲤ ⲚⲘ̄ ⲚⲈⲪⲀⲢⲒⲤⲀⲒⲞⲤ Ⲛ̄ⲦⲈⲢⲞⲨⲚⲀⲨ   ⲁⲩⲁϨⲟⲩ, s.
ⲬⲈ ϥⲞⲨⲰⲘ ⲚⲘ̄ Ⲛ̄ⲢⲈϥⲢ̄ⲚⲞⲂⲈ ⲀⲨⲰ Ⲛ̄ⲦⲈⲖⲰⲚⲎⲤ   ⲟⲩⲱϨ   (Haplogra-
ⲠⲈⲬⲀⲨ Ⲛ̄ⲚⲈϥⲘⲀⲐⲎⲦⲎⲤ ⲬⲈ ⲈⲦⲂⲈⲞⲨ ϥⲞⲨⲰⲘ   phie des Ⲩ)
ⲀⲨⲰ ϥⲤⲰ ⲚⲘ̄ Ⲛ̄ⲢⲈϥⲢ̄ⲚⲞⲂⲈ ⲀⲨⲰ Ⲛ̄ⲦⲈⲖⲰⲚⲎⲤ 17.
ⲀⲨⲰ ⲒⲤ̄ Ⲛ̄ⲦⲈⲢⲈϥⲤⲰⲦⲘ̄ ⲠⲈⲬⲀϥ ⲚⲀⲨ ⲬⲈ
Ⲛ̄ⲤⲈⲢ̄ⲬⲢⲒⲀ ⲀⲚ Ⲛ̄Ϭ̄Ⲓ ⲚⲈⲦⲦⲎⲔ Ⲙ̄ⲠⲤⲀⲒ̈Ⲛ ⲀⲖⲖⲀ
ⲚⲈⲦϢⲞⲞⲠ ⲔⲀⲔⲰⲤ Ⲛ̄ⲦⲀⲈⲒ̂ ⲀⲚ ⲈⲦⲈϨⲘ̄ⲚⲆⲒⲔⲀⲒⲞⲤ   Ⲛ̄ⲦⲀⲈⲒ =
ⲀⲖⲖⲀ Ⲣ̄ⲢⲈϥⲢ̄ⲚⲞⲂⲈ.   Ⲛ̄ⲦⲀⲈⲒⲈⲒ
    (vgl. A.4.)
    Ⲣ̄Ⲣⲉϥ- =
    Ⲛ̄Ⲣⲉϥ- (A.4.)

c) Joh 2,1-12: Die Hochzeit zu Kana

1. ⲀⲨⲰ ϨⲘ ⲠⲘⲈϨϢⲞⲘⲚⲦ ⲚϨⲞⲞⲨ ⲀⲨϢⲈⲖⲈⲈⲦ ϢⲰⲠⲈ ϨⲚ ⲔⲀⲚⲀ ⲚⲦⲄⲀⲖⲒⲖⲀⲒⲀ ⲀⲨⲰ ⲚⲈⲢⲈⲦⲘⲀⲀⲨ ⲚⲒⲤ ⲘⲘⲀⲨ. 2. ⲀⲨⲦⲰϨⲘ ⲆⲈ ϨⲰⲰϤ ⲚⲒⲤ ⲚⲘ ⲚⲈϤⲘⲀⲐⲎⲦⲎⲤ ⲈⲦϢⲈⲖⲈⲈⲦ. 3. ⲀⲨⲰ ⲚⲦⲈⲢⲞⲨϢⲰⲰⲦ ⲚⲎⲢⲠ. ⲠⲈⲬⲈ ⲦⲘⲀⲀⲨ ⲚⲒⲤ ⲚⲀϤ. ⲬⲈ ⲘⲘⲚⲦⲞⲨⲎⲢⲠ ⲘⲘⲀⲨ. 4. ⲠⲈⲬⲈ ⲒⲤ ⲚⲀⲤ. ⲬⲈ ⲦⲈⲤϨⲒⲘⲈ ⲈⲢⲈⲞⲨⲈϢⲞⲨ ⲚⲘⲘⲀⲒ ⲘⲠⲀⲦⲈⲦⲀⲞⲨⲚⲞⲨ ⲈⲒ. 5. ⲠⲈⲬⲈ ⲦⲈϤⲘⲀⲀⲨ ⲚⲚⲈⲦⲞⲨⲰⲦϨ. ⲬⲈ ⲠⲈⲦϤⲚⲀⲬⲞⲞⲨ ⲚⲎⲦⲚ ⲀⲢⲒϤ. 6. ⲚⲈⲨⲚⲤⲞ ⲆⲈ ⲚϨⲨⲆⲢⲒⲀ ⲚⲰⲚⲈ ⲈⲨⲔⲎ ⲈϨⲢⲀⲈⲒ ⲘⲘⲀⲨ ⲔⲀⲦⲀ ⲠⲦⲂⲂⲞ ⲚⲒⲞⲨⲆⲀⲒ ⲈⲢⲈⲦⲞⲨⲈⲒ ⲦⲞⲨⲈⲒ ϢⲰⲠ ⲘⲘⲈⲦⲢⲎⲦⲎⲤ ⲤⲚⲀⲨ Ⲏ ϢⲞⲘⲚⲦ. 7. ⲠⲈⲬⲈ ⲒⲤ ⲚⲀⲨ. ⲬⲈ ⲘⲈϨⲚϨⲨⲆⲢⲒⲀ ⲘⲘⲞⲞⲨ. ⲀⲨⲰ ⲀⲨⲘⲀϨⲞⲨ ⲈⲂⲞⲖ ⲈⲢⲰⲞⲨ. 8. ⲠⲈⲬⲀϤ ⲚⲀⲨ. ⲬⲈ ⲞⲨⲰⲦϨ ⲦⲈⲚⲞⲨ ⲚⲦⲈⲦⲚⲈⲒⲚⲈ ⲘⲠⲀⲢⲬⲒⲦⲢⲒⲔⲖⲒⲚⲞⲤ. ⲚⲦⲞⲞⲨ ⲆⲈ ⲀⲨⲈⲒⲚⲈ. 9. ⲚⲦⲈⲢⲈⲠⲀⲢⲬⲒⲦⲢⲒⲔⲖⲒⲚⲞⲤ ⲆⲈ ⲦⲰⲠⲈ ⲘⲠⲘⲞⲞⲨ ⲈⲀϤⲢⲎⲢⲠ ⲀⲨⲰ ⲚⲈϤⲤⲞⲞⲨⲚ ⲀⲚ ⲠⲈ ⲬⲈ ⲞⲨⲈⲂⲞⲖ ⲦⲰⲚ ⲠⲈ. ⲚⲢⲈϤⲞⲨⲰⲦϨ ⲆⲈ ⲚⲦⲞⲞⲨ ⲈⲚⲦⲀⲨⲘⲈϨⲘⲘⲞⲞⲨ ⲚⲈⲨⲤⲞⲞⲨⲚ ⲠⲈ. ⲀⲠⲀⲢⲬⲒⲦⲢⲒⲔⲖⲒⲚⲞⲤ ⲘⲞⲨⲦⲈ ⲈⲠⲀⲦϢⲈⲖⲈⲈⲦ 10. ⲠⲈⲬⲀϤ ⲚⲀϤ. ⲬⲈ ⲢⲰⲘⲈ ⲚⲒⲘ ⲈϢⲀⲨⲔⲀⲠⲎⲢⲠ

ϢⲈⲖⲈⲈⲦ, hier: *Hochzeit*

ⲈⲢⲈ-ⲞⲨⲈϢ-ⲞⲨ, vgl. a. H.1.

ⲀⲢⲒ⳨, s. ⲈⲒⲢⲈ

Ⲉ-ⲢⲰ⳨ⲞⲨ

ⲠⲈ nach Imperfekt

ⲠⲀ-(poss.)Ⲧ-ϢⲈⲖⲈⲈⲦ *Bräutigam*

ⲉϩⲣⲁⲓ ⲉⲧⲛⲁⲛⲟⲩϥ ⲛ̅ϣⲟⲣⲡ̅ ⲁⲩⲱ ⲉⲩϣⲁⲛϯϩⲉ
ϣⲁⲩⲕⲁⲡⲉⲧϭⲟϫⲃ̅. ⲛ̅ⲧⲟⲕ ⲇⲉ ⲁⲕⲁⲣⲉϩ ⲉⲡⲏⲣⲡ   ⲁⲣⲉϩ =
ⲉⲧⲛⲁⲛⲟⲩϥ ϣⲁϩⲣⲁⲓ ⲉⲧⲉⲛⲟⲩ. 11. ⲡⲁⲓ ⲡⲉ   ϩⲁⲣⲉϩ
ⲡϣⲟⲣⲡ̅ ⲙ̅ⲙⲁⲓⲛ ⲉⲛⲧⲁⲓ̅ⲥ̅ ⲁⲁϥ ϩ̅ⲛ ⲕⲁⲛⲁ
ⲛ̅ⲧⲅⲁⲗⲓⲗⲁⲓⲁ ⲁⲩⲱ ⲁϥⲟⲩⲱⲛϩ̅ ⲉⲃⲟⲗ ⲙ̅ⲡⲉϥⲉⲟⲟⲩ
ⲁⲩⲡⲓⲥⲧⲉⲩⲉ ⲉⲣⲟϥ ⲛ̅ϭⲓ ⲛⲉϥⲙⲁⲑⲏⲧⲏⲥ· 12. ⲙⲛ̅ⲛ̅ⲥⲁ
ⲡⲁⲓ ⲁϥⲉ̂ⲓ ⲉϩⲣⲁⲓ ⲉⲕⲁⲫⲁⲣⲛⲁⲟⲩⲙ ⲛ̅ⲧⲟϥ ⲛⲙ̅
ⲧⲉϥⲙⲁⲁⲩ ⲁⲩⲱ ⲛⲉϥⲥⲛⲏⲩ ⲛⲙ̅ ⲛⲉϥⲙⲁⲑⲏⲧⲏⲥ
ⲁⲩⲱ ⲁⲩϭⲱ ⲙ̅ⲙⲁⲩ ⲛ̅ϩⲉⲛⲕⲟⲩⲉ̂ⲓ ⲛ̅ϩⲟⲟⲩ.

d) Joh 20,1-18: Der Ostermorgen

1. ⲛ̅ⲧⲕⲩⲣⲓⲁⲕⲏ ⲇⲉ ⲙⲁⲣⲓⲁ ⲧⲙⲁⲅⲇⲁⲗⲏⲛⲏ ⲁⲥⲉ̂ⲓ
ⲉⲃⲟⲗ ⲉⲡⲧⲁⲫⲟⲥ ⲉϩⲧⲟⲟⲩⲉ ⲉⲧⲓ ⲉⲣⲉⲡⲕⲁⲕⲉ
ⲃ̅ⲃⲟⲗ ⲁⲩⲱ ⲁⲥⲛⲁⲩ ⲉⲡⲱⲛⲉ ⲉⲁⲩϥⲓⲧϥ̅ ⲉⲃⲟⲗ   ⲃ̅ⲃⲟⲗ =
ϩⲓⲣⲙ̅ ⲡⲧⲁⲫⲟⲥ. 2. ⲁⲥⲡⲱⲧ ⲇⲉ ⲁⲥⲉ̂ⲓ ϣⲁ ⲥⲓⲙⲱⲛ   ⲛ̅ⲃⲟⲗ
ⲡⲉⲧⲣⲟⲥ ⲛⲙ̅ ⲡⲕⲉⲙⲁⲑⲏⲧⲏⲥ ⲉⲛⲉⲣⲉⲓ̅ⲥ̅ ⲙⲉ ⲙ̅ⲙⲟϥ   vgl. A.4.
ⲁⲩⲱ ⲡⲉϫⲁⲥ ⲛⲁⲩ. ϫⲉ ⲁⲩϥⲓ ⲡϫⲟⲉⲓⲥ ⲉⲃⲟⲗ ϩ̅ⲙ̅   ⲛⲙ̅ = ⲙⲛ̅
ⲡⲧⲁⲫⲟⲥ ⲁⲩⲱ ⲛ̅ϯⲥⲟⲟⲩⲛ ⲁⲛ ϫⲉ ⲛ̅ⲧⲁⲩⲕⲁⲁϥ
ⲧⲱⲛ. 3. ⲁϥⲉ̂ⲓ ⲇⲉ ⲉⲃⲟⲗ ⲛ̅ϭⲓ ⲡⲉⲧⲣⲟⲥ ⲛⲙ̅
ⲡⲕⲉⲙⲁⲑⲏⲧⲏⲥ ⲁⲩⲱ ⲛⲉⲩⲛⲏⲩ ⲉⲃⲟⲗ ⲉⲡⲧⲁⲫⲟⲥ.
4. ⲛⲉⲩⲡⲏⲧ ⲇⲉ ⲡⲉ ϩⲓⲟⲩⲥⲟⲡ. ⲡⲕⲉⲙⲁⲑⲏⲧⲏⲥ   ⲡⲉ nach
ⲁϥⲃⲉⲡⲏ ⲉⲡⲱⲧ ⲉϩⲟⲩⲉ ⲡⲉⲧⲣⲟⲥ ⲁⲩⲱ ⲁϥⲉ̂ⲓ   Imperfekt

ⲚϢⲞⲢⲠ̄ ⲈⲂⲞⲖ ⲈⲠⲦⲀⲪⲞⲤ. 5. ⲀϤϬⲰϢⲦ ⲆⲈ

ⲈϨⲞⲨⲚ ⲀϤⲚⲀⲨ ⲈⲚⲈϨⲂⲰⲰⲤ ⲈⲨⲔⲎ ⲈϨⲢⲀ̈ⲓ   †ⲔⲎ von ⲔⲰ

Ⲙ̄ⲠϤ̄ⲂⲰⲔ ⲆⲈ ⲈϨⲞⲨⲚ. 6. ⲀϤⲈ̂ⲓ ⲆⲈ ϨⲰⲰϤ ⲞⲚ Ⲛ̄ϬⲒ

ⲤⲒⲘⲰⲚ ⲠⲈⲦⲢⲞⲤ ⲈϤⲞⲨⲎϨ Ⲛ̄ⲤⲰϤ ⲀⲨⲰ ⲀϤⲂⲰⲔ

ⲈϨⲞⲨⲚ ⲈⲠⲦⲀⲪⲞⲤ ⲀϤⲚⲀⲨ ⲈⲚⲈϨⲂⲰⲰⲤ ⲈⲨⲔⲎ

ⲈϨⲢⲀ̈ⲓ   7.   ⲀⲨⲰ   ⲠⲤⲞⲨⲆⲀⲢⲒⲞⲚ   ⲈⲚⲈϤⲘⲎⲢ

ⲈⲦⲈϤⲀⲠⲈ ⲈϤⲔⲎ ⲀⲚ ⲈϨⲢⲀ̈ⲓ ⲚⲘ̄ ⲚⲈϨⲂⲰⲰⲤ ⲀⲖⲖⲀ

ⲈϤϬⲖⲘ̄ⲖⲰⲘ Ⲛ̄ⲤⲀⲞⲨⲤⲀ ⲘⲀⲨⲀⲀϤ.   8.   ⲦⲞⲦⲈ

ⲠⲔⲈⲘⲀⲐⲎⲦⲎⲤ Ⲛ̄ⲦⲀϤⲈ̂ⲓ Ⲛ̄ϢⲞⲢⲠ̄ ⲀϤⲂⲰⲔ ϨⲰⲰϤ

ⲞⲚ ⲈϨⲞⲨⲚ ⲈⲠⲦⲀⲪⲞⲤ ⲀϤⲚⲀⲨ ⲀⲨⲰ ⲀϤⲠⲒⲤⲦⲈⲨⲈ

9. ⲚⲈⲘⲠⲀⲦⲞⲨⲤⲞⲨⲚ̄ⲦⲈⲄⲢⲀⲪⲎ ⲄⲀⲢ ⲠⲈ ⲬⲈ ϨⲀⲠⲤ   ⲠⲈ nach
                                                          Präteritum
ⲈⲦⲢⲈϤⲦⲰⲞⲨⲚ ⲈⲂⲞⲖ ϨⲚ̄ ⲚⲈⲦⲘⲞⲞⲨⲦ. 10. ⲀⲨⲂⲰⲔ

ⲞⲚ ⲈⲠⲈⲨⲎⲈ̂ⲓ Ⲛ̄ϬⲒ Ⲙ̄ⲘⲀⲐⲎⲦⲎⲤ. 11. ⲘⲀⲢⲒⲀ ⲆⲈ

ⲚⲈⲤⲀϨⲈⲢⲀⲦⲤ̄ ⲠⲈ Ⲙ̄ⲠⲂⲞⲖ Ⲙ̄ⲠⲦⲀⲪⲞⲤ ⲈⲤⲢⲒⲘⲈ.   ⲀϨⲈⲢⲀⲦ⸗, s.
                                                          ⲰϨⲈ
ⲈⲤⲢⲒⲘⲈ ⲆⲈ ⲀⲤϬⲰϢⲦ ⲈϨⲞⲨⲚ ⲈⲠⲦⲀⲪⲞⲤ 12.

ⲀⲤⲚⲀⲨ ⲈⲀⲄⲄⲈⲖⲞⲤ ⲤⲚⲀⲨ ϨⲚ̄ ϨⲈⲚϨⲂⲰⲰⲤ

ⲈⲨⲞⲂϢ ⲈⲨϨⲘⲞⲞⲤ. ⲞⲨⲀ ϨⲀ ⲬⲰϤ ⲀⲨⲰ ⲞⲨⲀ ϨⲀ   ⲈⲨⲞⲂϢ =
                                                          ⲈⲨ-
ⲢⲀⲦϤ̄ Ⲙ̄ⲠⲘⲀ ⲈⲚⲈⲢⲈⲠⲤⲰⲘⲀ Ⲛ̄Ⲓ̄Ⲥ̄ Ⲛ̄ϨⲎⲦϤ̄. 13.   ⲞⲨⲞⲂϢ,
                                                          vgl. A.4.
ⲠⲈⲬⲈ ⲚⲎ ⲚⲀⲤ. ⲬⲈ ⲦⲈⲤϨⲒⲘⲈ. ⲀϨⲢⲞ ⲦⲈⲢⲒⲘⲈ.

ⲠⲈⲬⲀⲤ ⲚⲀⲨ. ⲬⲈ ⲈⲂⲞⲖ ⲬⲈ ⲀⲨϤⲒⲠⲀⲬⲞⲈⲒⲤ

ⲀⲨⲰ Ⲛ̄†ⲤⲞⲞⲨⲚ ⲀⲚ ⲬⲈ Ⲛ̄ⲦⲀⲨⲔⲀⲀϤ ⲦⲰⲚ. 14.

Ⲛ̄ⲦⲈⲢⲈⲤⲬⲈⲚⲀ̈ⲓ. ⲀⲤⲔⲞⲦⲤ ⲈⲠⲀϨⲞⲨ ⲀⲤⲚⲀⲨ ⲈⲒ̄Ⲥ̄

ⲉϥⲁϩⲉⲣⲁⲧϥ̄ ⲛⲉⲥⲥⲟⲟⲩⲛ ⲇⲉ ⲁⲛ ⲡⲉ ϫⲉ ⲓ̄ⲥ̄ ⲡⲉ.

15. ⲡⲉϫⲁϥ ⲛⲁⲥ ⲛ̄ϭⲓ ⲓ̄ⲥ̄. ϫⲉ ⲧⲉⲥϩⲓⲙⲉ. ⲁϩⲣⲟ

ⲧⲉⲣⲓⲙⲉ ⲉⲣⲉϣⲓⲛⲉ ⲛ̄ⲥⲁ ⲛⲓⲙ. ⲧⲏ ⲇⲉ ⲛⲉⲥⲙⲉⲩⲉ

ϫⲉ ⲡⲁⲧⲉϣⲛⲏ ⲡⲉ ⲡⲉϫⲁⲥ ⲛⲁϥ. ϫⲉ ⲡϫⲟⲉⲓⲥ.

ⲉϣϫⲉ ⲛ̄ⲧⲟⲕ ⲁⲕϥⲓⲧϥ̄. ⲁϫⲓⲥ ⲉⲣⲟⲉⲓ̂ ϫⲉ

ⲛ̄ⲧⲁⲕⲕⲁⲁϥ ⲧⲱⲛ ⲁⲩⲱ ⲁⲛⲟⲕ ϯⲛⲁϥⲓⲧϥ̄. 16.

ⲡⲉϫⲉ ⲓ̄ⲥ̄ ⲛⲁⲥ. ϫⲉ ⲙⲁⲣⲓϩⲁⲙ. ⲧⲏ ⲇⲉ ⲁⲥⲕⲟⲧⲥ̄

ⲡⲉϫⲁⲥ ⲙ̄ⲙⲛ̄ⲧϩⲉⲃⲣⲁⲓⲟⲥ ϫⲉ ⲣⲁⲃⲃⲟⲩⲛⲉⲓ.

ⲡⲉϣⲁⲩⲟⲩⲁϩⲙⲉϥ ϫⲉ ⲡⲥⲁϩ. 17. ⲡⲉϫⲉ ⲓ̄ⲥ̄ ⲛⲁⲥ.

ϫⲉ ⲙ̄ⲡⲣ̄ϫⲱϩ ⲉⲣⲟⲉⲓ̂ ⲙ̄ⲡⲁϯⲃⲱⲕ ⲅⲁⲣ ⲉϩⲣⲁⲓ̈ ϣⲁ

ⲡⲁⲓ̈ⲱⲧ ⲃⲱⲕ ⲇⲉ ϣⲁ ⲛⲁⲥⲛⲏⲩ ⲛ̄ⲧⲉϫⲟⲟⲥ ⲛⲁⲩ.

ϫⲉ ϯⲛⲁⲃⲱⲕ ⲉϩⲣⲁⲓ̈ ϣⲁ ⲡⲁⲓ̈ⲱⲧ

ⲉⲧⲉⲡⲉⲧⲛ̄ⲉⲓ̂ⲱⲧ ⲡⲉ. ⲁⲩⲱ ⲡⲁⲛⲟⲩⲧⲉ

ⲉⲧⲉⲡⲉⲧⲛ̄ⲛⲟⲩⲧⲉ ⲡⲉ. 18. ⲁⲥⲉⲓ̂ ⲛ̄ϭⲓ ⲙⲁⲣⲓϩⲁⲙ

ⲧⲙⲁⲅⲇⲁⲗⲏⲛⲏ ⲁⲥⲧⲁⲙⲉⲙ̄ⲙⲁⲑⲏⲧⲏⲥ ϫⲉ ⲁⲉⲓ̈ⲛⲁⲩ

ⲉⲡϫⲟⲉⲓⲥ ⲁⲩⲱ ⲁϥϫⲉⲛⲁⲓ̈ ⲛⲁⲓ̈.

ⲁϫⲓⳤ, s. ϫⲱ

ⲥⲛⲏⲩ, pl. von ⲥⲟⲛ

e) Joh 1,1-18: Der Johannesprolog[102]

1. ϩⲛ̄ ⲧⲉϩⲟⲩⲉⲓ̂ⲧⲉ ⲛⲉϥϣⲟⲟⲡ ⲛ̄ϭⲓ ⲡϣⲁϫⲉ ⲁⲩⲱ

ⲡϣⲁϫⲉ ⲛⲉϥϣⲟⲟⲡ ⲛ̄ⲛⲁϩⲣⲛ̄ ⲡⲛⲟⲩⲧⲉ 2. ⲡⲁⲓ ϩⲛ̄

ⲧⲉϩⲟⲩⲉⲓ̂ⲧⲉ ⲛⲉϥϣⲟⲟⲡ ϩⲁⲧⲙ̄ ⲡⲛⲟⲩⲧⲉ. 3.

---

[102] Bei der Erarbeitung dieses Textes ist es besonders nützlich, den (kritischen) griechischen Text von Joh 1,1-18 zum Vergleich heranzuziehen.

Ⲛ̄ⲦⲀⲠⲦⲎⲢϤ ϢⲰⲠⲈ ⲈⲂⲞⲖ ϨⲓⲦⲞⲞⲦϤ̄ ⲀⲨⲰ
ⲀⲬⲚ̄ⲦϤ̄ Ⲙ̄ⲠⲈⲖⲀⲀⲨ ϢⲰⲠⲈ. ⲠⲈⲚⲦⲀϤϢⲰⲠⲈ 4.
ϨⲢⲀⲒ̈ Ⲛ̄ϨⲎⲦϤ̄ ⲠⲈ ⲠⲰⲚϨ. ⲀⲨⲰ ⲠⲰⲚϨ ⲠⲈ
ⲠⲞⲨⲞⲒ̈Ⲛ Ⲛ̄Ⲣ̄ⲢⲰⲘⲈ. 5. ⲀⲨⲰ ⲠⲞⲨⲞⲒ̈Ⲛ ϤⲢⲞⲨⲞⲒ̈Ⲛ ϨⲘ̄

Ⲛ̄Ⲣ̄ⲢⲰⲘⲈ =
Ⲛ̄Ⲛ̄ⲢⲰⲘⲈ,
vgl. A.4.

ⲠⲔⲀⲔⲈ ⲀⲨⲰ Ⲙ̄ⲠⲈⲠⲔⲀⲔⲈ ⲦⲀϨⲞϤ· 6. ⲀϤϢⲰⲠⲈ
Ⲛ̄ϬⲒ ⲞⲨⲢⲰⲘⲈ ⲈⲀⲨⲦⲚ̄ⲚⲞⲞⲨϤ ⲈⲂⲞⲖ ϨⲒⲦⲘ̄
ⲠⲚⲞⲨⲦⲈ ⲈⲠⲈϤⲢⲀⲚ ⲠⲈ Ⲓ̈ⲰϨⲀⲚⲚⲎⲤ. 7. ⲠⲀⲒ̈ ⲀϤⲈⲒ̈
ⲈⲨⲘⲚ̄ⲦⲘⲚ̄ⲦⲢⲈ ϪⲈ ⲈϤⲈⲢ̄ⲘⲚ̄ⲦⲢⲈ ⲈⲦⲂⲈ ⲠⲞⲨⲞⲈⲒⲚ
ϪⲈⲔⲀⲤ ⲈⲢⲈⲞⲨⲞⲚ ⲚⲒⲘ ⲠⲒⲤⲦⲈⲨⲈ ⲈⲂⲞⲖ
ϨⲒⲦⲞⲞⲦϤ̄. 8. ⲚⲈⲠⲈⲦⲘ̄ⲘⲀⲨ ⲀⲚ ⲠⲈ ⲠⲞⲨⲞⲒ̈Ⲛ.
ⲀⲖⲖⲀ ϪⲈⲔⲀⲤ Ⲛ̄ⲦⲞϤ ⲈϤⲈⲢ̄ⲘⲚ̄ⲦⲢⲈ ⲈⲦⲂⲈ
ⲠⲞⲨⲞⲒ̈Ⲛ. 9. ⲠⲞⲨⲞⲒ̈Ⲛ Ⲙ̄ⲘⲈ̄Ⲉ̄ ⲈⲦⲢ̄ⲞⲨⲞⲒ̈Ⲛ ⲈⲢⲰⲘⲈ

ⲘⲈ̄Ⲉ̄ = ⲘⲈ

ⲚⲒⲘ ⲠⲈ ⲈϤⲚⲎⲨ ⲈⲠⲔⲞⲤⲘⲞⲤ. 10. ⲚⲈϤϨⲘ̄ ⲠⲔⲞⲤⲘⲞⲤ
ⲠⲈ ⲀⲨⲰ Ⲛ̄ⲦⲀⲠⲔⲞⲤⲘⲞⲤ ϢⲰⲠⲈ ⲈⲂⲞⲖ ϨⲒⲦⲞⲞⲦϤ̄

ⲠⲈ nach
Imperfekt

ⲀⲨⲰ Ⲙ̄ⲠⲈⲠⲔⲞⲤⲘⲞⲤ ⲤⲞⲨⲰⲚϤ̄. 11. ⲀϤⲒ̈ ϢⲀ
ⲚⲈⲦⲈⲚⲞⲨϤ ⲚⲈ ⲀⲨⲰ Ⲙ̄ⲠⲈⲚⲈⲦⲈⲚⲞⲨϤ ⲚⲈ ϪⲒⲦϤ̄.

Ⲛ-ⲈⲦⲈ-
ⲚⲞⲨϤ(poss.)

12. ⲚⲈⲚⲦⲀⲨϪⲒⲦϤ̄ ⲆⲈ ⲀϤϯ ⲚⲀⲨ Ⲛ̄ⲦⲈϪⲞⲨⲤⲒⲀ
ⲈⲦⲢⲈⲨϢⲰⲠⲈ Ⲛ̄ϢⲎⲢⲈ Ⲛ̄ⲦⲈ ⲠⲚⲞⲨⲦⲈ
ⲚⲈⲦⲠⲒⲤⲦⲈⲨⲈ ⲈⲠⲈϤⲢⲀⲚ. 13. ⲚⲀⲒ̈ ⲈⲚϨⲈⲚⲈⲂⲞⲖ ⲀⲚ

Ⲉ-(rel.)Ⲛ-
(neg.) ϨⲈⲚ-
(art.)ⲈⲂⲞⲖ
zu rel. vgl.
P.4.

ⲚⲈ Ⲛ̄ⲞⲨⲰϢ Ⲛ̄ⲤⲚⲞϤ ϨⲒ ⲤⲀⲢⲜ ⲞⲨⲆⲈ ⲈⲂⲞⲖ ϨⲘ̄
ⲠⲞⲨⲰϢ Ⲛ̄Ⲣ̄ⲢⲰⲘⲈ ⲀⲖⲖⲀ Ⲛ̄ⲦⲀⲨϪⲠⲞⲞⲨ ⲈⲂⲞⲖ
ϨⲘ̄ ⲠⲚⲞⲨⲦⲈ. 14. ⲀⲨⲰ ⲠϢⲀϪⲈ ⲀϤⲢ̄ⲤⲀⲢⲜ

ⲁϥⲟⲩⲱϩ ⲛⲙ̄ⲙⲁⲛ ⲁⲩⲱ ⲁⲛⲛⲁⲩ ⲉⲡⲉϥⲉⲟⲟⲩ ⲛ̄ⲑⲉ
ⲙ̄ⲡⲉⲟⲟⲩ ⲛ̄ⲟⲩϣⲏⲣⲉ ⲛ̄ⲟⲩⲱⲧ ⲉⲃⲟⲗ ϩⲓⲧⲙ̄
ⲡⲉϥⲉⲓ̈ⲱⲧ ⲉϥϫⲏⲕ ⲉⲃⲟⲗ ⲛ̄ⲭⲁⲣⲓⲥ ϩⲓ ⲙⲉ. 15.
ⲓ̈ⲱϩⲁⲛⲛⲏⲥ ϥⲣⲙⲛ̄ⲧⲣⲉ ⲉⲧⲃⲏⲏⲧϥ̄ ⲁⲩⲱ ϥⲁϣⲕⲁⲕ
ⲉⲃⲟⲗ ⲉϥϫⲱ ⲙ̄ⲙⲟⲥ ϫⲉ ⲡⲁⲓ̈ ⲡⲉ ⲛ̄ⲧⲁⲓ̈ϫⲟⲟⲥ
ⲉⲧⲃⲏⲏⲧϥ̄ ϫⲉ ⲡⲉⲧⲛⲏⲩ ⲙⲛ̄ⲛ̄ⲥⲱⲉⲓ̈ ⲁϥϣⲱⲡⲉ
ϩⲁⲧⲁϩⲏ ϫⲉ ⲛⲉϥⲟ ⲛ̄ϣⲟⲣⲡ̄ ⲉⲣⲟⲓ̈ ⲡⲉ 16. ϫⲉ
ⲉⲃⲟⲗ ϩⲙ̄ ⲡⲉϥϫⲱⲕ ⲁⲛⲟⲛ ⲧⲏⲣⲛ̄ ⲛ̄ⲧⲁⲛϫⲓ
ⲛ̄ⲟⲩⲱⲛϩ̄ ⲁⲩⲱ ⲟⲩⲭⲁⲣⲓⲥ ⲉⲡⲙⲁ ⲛ̄ⲟⲩⲭⲁⲣⲓⲥ. 17.
ϫⲉ ⲡⲛⲟⲙⲟⲥ ⲛ̄ⲧⲁⲩⲧⲁⲁϥ ⲉⲃⲟⲗ ϩⲓⲧⲙ̄ ⲙⲱⲩ̈ⲥⲏⲥ.
ⲧⲉⲭⲁⲣⲓⲥ ϩⲱⲱⲥ ⲁⲩⲱ ⲧⲙⲉ ⲛ̄ⲧⲁⲥϣⲱⲡⲉ ⲉⲃⲟⲗ
ϩⲓⲧⲛ̄ ⲓ̄ⲥ̄ ⲡⲉⲭ̄ⲥ̄. 18. ⲡⲛⲟⲩⲧⲉ ⲙ̄ⲡⲉⲗⲁⲁⲩ ⲛⲁⲩ
ⲉⲣⲟϥ ⲉⲛⲉϩ. ⲡⲛⲟⲩⲧⲉ ⲡϣⲏⲣⲉ ⲛ̄ⲟⲩⲱⲧ
ⲡⲉⲧϣⲟⲟⲡ ϩⲛ̄ ⲕⲟⲩⲛϥ̄ ⲙ̄ⲡⲉϥⲉⲓ̈ⲱⲧ ⲡⲉⲧⲙ̄ⲙⲁⲩ   ⲕⲟⲩⲛϥ̄ ⲙ̄-,
ⲡⲉ ⲛ̄ⲧⲁϥϣⲁϫⲉ ⲉⲣⲟϥ.   vgl. N.4.

f) 2Kön (2Sam) 12,1-15: Nathans Strafrede wider David

1. ⲡϫⲟⲉⲓⲥ ⲇⲉ ⲁϥϫⲟⲟⲩ ⲛⲁⲑⲁⲛ ⲡⲉⲡⲣⲟⲫⲏⲧⲏⲥ
ⲉⲣⲁⲧϥ̄ ⲛ̄ⲇⲁⲩⲉⲓⲇ· ⲁⲩⲱ ⲁϥⲃⲱⲕ ⲉϩⲟⲩⲛ ⲛⲁϥ   ⲛ̄-ⲇⲁⲩⲉⲓⲇ:
ⲡⲉϫⲁϥ ⲛⲁϥ ϫⲉ ⲉⲛⲉⲟⲩⲛ̄ ⲣⲱⲙⲉ ⲥⲛⲁⲩ ϩⲛ̄   ⲛ̄-ident.
ⲟⲩⲡⲟⲗⲓⲥ· ⲟⲩⲁ ⲟⲩⲣⲙ̄ⲙⲁⲟ ⲡⲉ· ⲁⲩⲱ ⲡⲕⲉⲟⲩⲁ

ΟΥϨΗΚΕ ΠΕ· 2. ΠΡⲘⲘⲀΟ ΔΕ ΝΕΟΥⲚⲦⲀϤ ⲘⲘⲀΥ

ⲚϨΕΝΟϨΕ ⲚΕСΟΟΥ· ⲘⲚ ϨⲚⲀϨΟΟΥ· ΕΝⲀϢϢΟΥ · ⲁϨΟΟⲩ, s. ⲉϨⲉ

ΕⲘⲀⲦΕ· 3. ΠϨΗΚΕ ΔΕ ϨⲰⲰϤ ΝΕⲘⲚⲦϤ ⲗⲀⲀΥ

ⲘⲘⲀΥ· ⲚСⲀ ΟΥϨΙⲀΙΒΕ ⲚΟΥⲰⲦ· ⲦⲀΙ ⲚⲦⲀϤΚⲀⲀС

ΝⲀ<Ϥ>· ⲀΥⲰ ⲀϤϨⲀⲢΕϨ ΕΡΟС· ΕϤСⲀⲀΝϢ ⲘⲘΟС·

ⲀСΧⲀⲦΕ ΔΕ ΕСΝⲘⲘⲀϤ· ⲀΥⲰ ΝΕСΟΥⲰⲘ

ΝⲘⲘⲀϤ· ⲘⲚ ΝΕϤΚΕϢΗΡΕ· ΕΒΟⲗ ϨⲘ ΠΕϤΟΕΙΚ

ⲀΥⲰ ΝΕССⲰ ΕΒΟⲗ ϨⲘ ΠΕϤⲀΠΟⲦ· ⲀΥⲰ

ΝΕСΕΝΚΟⲦⲔ ϨⲚ ΚΟΥΝϤ ΕСΟ ΝⲀϤ ⲚΘΕ · ΕΝΚΟⲦⲔ = ⲚΚΟⲦⲔ

ⲚΟΥϢΕΕΡΕ· 4. ΟΥΡⲘⲚϬΟΕΙⲗΕ ΔΕ ⲀϤΙ ΕΡⲀⲦϤ

ⲘΠΡⲘⲘⲀΟ· ⲀϤϬΟΕΙⲗΕ ΕΡΟϤ· ⲀϤϮСΟ ΕΧΙ ΕΒΟⲗ

ϨⲚ ΝΕϤⲦΒΝΟΟΥΕ ⲚΕСΟΟΥ· ⲀΥⲰ ΕΒΟⲗ ϨⲚ · ⲦⲂΝΟΟΥΕ, s. ⲦⲂΝΗ

ΝΕϤΕϨΟΟΥ· ΕϢⲰϢⲦ ⲘΠΡΕⲘⲚϬΟΕΙⲗΕ ⲚⲦⲀϤΕΙ

ΝⲀϤ· ⲀϤϤΙ ⲚⲦΕϨΙⲀΙΒΕ ΔΕ ⲘΠΡⲰⲘΕ ⲚϨΗΚΕ·

ⲀϤⲦⲀⲘΙΟС ⲘΠΡⲰⲘΕ ⲚⲦⲀϤΕΙ ΝⲀϤ· 5. ⲚⲦΕΥΝΟΥ

ΔΕ ⲀⲀⲀ ⲀϤϬⲰΝⲦ ϨⲚ ΟΥΝΟϬ ⲚΟΡΓΗ ΕΠΡⲰⲘΕ

ⲚⲦⲀϤΕΡΠⲀΙ· ΠΕΧΕ ⲀⲀⲀ ΔΕ ΕϨΟΥΝ ϨⲚ · ⲉⲣ- = ⲣ̄-

<Ν>ⲀΘⲀΝ ΧΕ ϤΟΝϨ ⲚϬΙ ΠΧΟΕΙС ΧΕ ΠΡⲰⲘΕ

ⲚⲦⲀϤΕΙΡΕ ⲘΠⲀΙ ϤΕⲘΠϢⲀ ⲘΠⲘΟΥ· 6. ⲀΥⲰ · ⲉⲙⲡϣⲁ = ⲙⲡϣⲁ

ⲦΕϨΙⲀΙΒΕ· ⲚϤⲦⲀⲀС ⲚСⲀϢϤ ⲚΚⲰΒ· ΕΒΟⲗ ΧΕ

ⲀϤΕΙΡΕ ⲘΠΕΙϢⲀΧΕ ⲘΠΕϤϮСΟ ΕΠϨΗΚΕ· 7.

ΠΕΧΕ ΝⲀΘⲀΝ ΕϨΟΥΝ ϨⲚ ⲀⲀⲀ· ΧΕ ⲚⲦΟΚ ΠΕ

ⲡⲣⲱⲙⲉ ⲛ̄ⲧⲁϥⲉⲓⲣⲉ ⲙ̄ⲡⲉⲓϩⲱⲃ· ⲧⲉⲛⲟⲩ ϭⲉ ⲛⲁⲓ

ⲛⲉⲧⲉϥϫⲱ ⲙ̄ⲙⲟⲟⲩ ⲛ̄ϭⲓ ⲡϫⲟⲉⲓⲥ ⲡⲛⲟⲩⲧⲉ

ⲙ̄ⲡⲓ̄ⲏ̄ⲗ· ϫⲉ ⲁⲛⲟⲕ ⲡⲉⲛⲧⲁⲓⲧⲁϩⲥⲕ ⲉⲧⲣⲉⲕⲣ̄ⲣ̄ⲣⲟ

ⲉϫⲙ̄ ⲡⲓ̄ⲏ̄ⲗ· ⲁⲩⲱ ⲁⲛⲟⲕ ⲡⲉⲧⲛⲟⲩϩⲙ̄ ⲙ̄ⲙⲟⲕ

ⲛ̄ⲧⲟⲟⲧϥ̄ ⲛ̄ⲥⲁⲟⲩⲗ· 8. ⲁⲩⲱ ⲁⲓϯ ⲛⲁⲕ ⲙ̄ⲡⲏⲓ

ⲙ̄ⲡⲉⲕϫⲟⲉⲓⲥ· ⲁⲩⲱ ⲛⲉϩⲓⲟⲙⲉ ⲙ̄ⲡⲉⲕϫⲟⲉⲓⲥ·

ⲁⲓⲧⲁⲁⲩ ⲉϩⲣⲁⲓ ⲉⲕⲟⲩⲟⲩⲛⲅ̄· ⲁⲓϯ ⲛⲁⲕ ⲟⲛ ⲙ̄ⲡⲏⲓ

ⲙ̄ⲡⲓ̄ⲏ̄ⲗ ⲙⲛ̄ ⲓⲟⲩⲇⲁ· ⲁⲩⲱ ⲉϣⲱⲡⲉ ⲛⲁⲓ ⲥⲟⲃⲉⲕ·

ϯⲛⲁⲟⲩⲱϩ ⲉϫⲱⲟⲩ ⲛⲁⲕ ⲕⲁⲧⲁ ⲛⲁⲓ· 9. ⲉⲧⲃⲉ ⲟⲩ

ϭⲉ ⲁⲕⲥⲉϣϥ̄ ⲡϣⲁϫⲉ ⲙ̄ⲡϫⲟⲉⲓⲥ· ⲉⲧⲣⲉⲕⲉⲓⲣⲉ

ⲙ̄ⲡⲡⲟⲛⲏⲣⲟⲛ ϩⲁ ⲛⲁⲃⲁⲗ· ⲟⲩⲣⲓⲁⲥ ⲡⲉⲭⲉⲇⲇⲁⲓⲟⲥ

ⲁⲕⲣⲁϩⲧϥ̄ ⲛ̄ⲧⲥⲏϥⲉ· ⲁⲩⲱ ⲧⲉϥⲥϩⲓⲙⲉ ⲁⲕϫⲓⲧⲥ

ⲛⲁⲕ ⲛ̄ⲥϩⲓⲙⲉ· ⲛ̄ⲧⲟϥ ϩⲱⲱϥ ⲁⲕⲙⲟⲟⲩⲧϥ̄ ϩⲛ̄

ⲧⲥⲏϥⲉ ⲛ̄ⲛⲉϣⲏⲣⲉ ⲛ̄ⲁⲙⲙⲱⲛ· 10. ⲧⲉⲛⲟⲩ ϭⲉ

ⲛ̄ⲛⲉⲧⲥⲏϥⲉ ⲉⲣⲃⲟⲗ ⲙ̄ⲡⲉⲕⲏⲓ ⲛ̄ϣⲁⲉⲛⲉϩ· ⲉⲃⲟⲗ

ϫⲉ ⲁⲕⲥⲟϣⲧ̄ ⲁⲩⲱ ⲁⲕϫⲓ ⲛ̄ⲑⲓⲙⲉ ⲛ̄ⲟⲩⲣⲓⲁⲥ

ⲡⲉⲭⲉⲇⲇⲁⲓⲟⲥ ⲉⲧⲣⲉⲥϣⲱⲡⲉ ⲛⲁⲕ ⲛ̄ⲥϩⲓⲙⲉ· 11.

ϫⲉ ⲛⲁⲓ ⲛⲉⲧⲉⲣⲉⲡϫⲟⲉⲓⲥ ϫⲱ ⲙ̄ⲙⲟⲟⲩ ϫⲉ ⲉⲓⲥ

ϩⲏⲏⲧⲉ ⲁⲛⲟⲕ ϯⲛⲁⲧⲟⲩⲛⲉⲥ ϩⲛ̄ⲕⲁⲕⲱⲛ ⲉϩⲣⲁⲓ

ⲉϫⲱⲕ ϩⲙ̄ ⲡⲉⲕⲏⲓ· ⲛ̄ⲧⲁϫⲓ ⲛ̄ⲛⲉⲕϩⲓⲟⲙⲉ ϩⲁ

ⲛⲉⲕⲃⲁⲗ·   ⲛ̄ⲧⲁⲧⲁⲁⲩ   ⲙ̄ⲡⲉⲧϩⲓⲧⲟⲩⲱⲕ·

ⲛ̄ϥⲉⲛⲕⲟⲧⲕ̄ ⲙⲛ̄ ⲛⲉⲕϩⲓⲟⲙⲉ· ⲙ̄ⲡϩⲁⲧⲉ ⲉⲃⲟⲗ

Marginal notes:

ⲛⲁⲓ ⲛⲉⲧⲉϥϫⲱ: Cleft Sentence

ⲛ̄ⲧⲟⲟⲧϥ̄ ⲛ̄-, vgl. N.4.
ϩⲓⲟⲙⲉ: pl. v. ⲥϩⲓⲙⲉ
ⲕⲟⲩⲟⲩⲛⲅ̄, s. ⲕⲟⲩⲛ(ⲧ)ⲥ

ⲭⲉⲇⲇⲁⲓⲟⲥ Hethiter

ϩⲓⲙⲉ = ⲥϩⲓⲙⲉ

ⲕⲁⲕⲱⲛ = ⲕⲁⲕⲟⲛ (κακόν)

ⲙ̄-ⲡ-ⲉⲧ-ϩⲓ-ⲧⲟⲩⲱ⸗ⲕ

ϩⲁⲧⲉ = ϩⲟⲧ

ⲘⲠⲈⲒⲢⲎ· 12. ⲈⲂⲞⲖ ⲬⲈ ⲚⲦⲞⲔ· ⲚⲦⲀⲔⲈⲒⲢⲈ ⲘⲈⲚ·

Ⲛ̄ϨⲰⲂ ⲘⲠⲈⲒϨⲰⲂ· ⲀⲚⲞⲔ ⲆⲈ ⲦⲚⲀⲈⲒⲢⲈ   Ⲛ̄ϨⲰⲂ, s. ϨⲰⲠ

ⲘⲠⲈⲒϢⲀⲬⲈ· ⲘⲠⲘⲦⲞ ⲈⲂⲞⲖ ⲘⲠⲒⲎ̄Ⲗ̄ ⲦⲎⲢϤ̄ ⲀⲨⲰ

ⲚⲀϨⲢⲀϤ ⲘⲠⲢⲎ· 13. ⲠⲈⲬⲈ ⲆⲀⲆ <Ⲛ̄>ⲚⲀⲐⲀⲚ· ⲬⲈ

ⲀⲒⲢ̄ⲚⲞⲂⲈ ⲈⲠⲬⲞⲈⲒⲤ· ⲠⲈⲬⲈ ⲚⲀⲐⲀⲚ ⲈϨⲞⲨⲚ ϨⲚ̄

Ⲇ̄Ⲁ̄Ⲇ̄· ⲬⲈ ⲠⲬⲞⲈⲒⲤ ⲀϤϤⲒ ⲘⲘⲀⲨ ⲘⲠⲈⲔⲚⲞⲂⲈ

Ⲛ̄ⲄⲚⲀⲘⲞⲨ ⲀⲚ 14. ⲠⲖⲎⲚ ϨⲚ̄ ⲞⲨϬⲰⲚⲦ· ⲀⲔⲦⲚⲞⲨϬⲤ

ⲘⲠϢⲀⲬⲈ· ⲘⲠⲬⲞⲈⲒⲤ ϨⲚ̄ ⲠⲈⲒϢⲀⲬⲈ· ⲀⲨⲰ   ϢⲀⲬⲈ = ⲬⲀⲬⲈ

ⲠⲈⲔϢⲎⲢⲈ Ⲛ̄ⲦⲀⲨⲬⲠⲞϤ ⲚⲀⲔ· ϨⲚ̄ ⲞⲨⲘⲞⲨ

ⲈϤⲈⲘⲞⲨ· 15. ⲚⲀⲐⲀⲚ ⲆⲈ ⲀϤⲂⲰⲔ ⲈϨⲢⲀⲒ ⲈⲠⲈϤⲎⲒ·

2. Koptische Originalliteratur

a) Pachom: Aus den Klosterregeln (Lefort, 30-33)

89. Ⲛ̄ⲚⲈⲖⲀⲀⲨ ⲂⲰⲔ ⲈϨⲞⲨⲚ ⲈⲦⲢⲒ ⲘⲠⲈⲦϨⲒⲦⲞⲨⲰϤ   Ⲙ̄-Ⲡ-ⲈⲦ- ϨⲒ-ⲦⲞⲨⲰ⸗Ϥ
ⲈⲒⲘⲎⲦⲒ Ⲛ̄Ⲅ̄ⲔⲰⲖϨ̄ Ⲛ̄ϢⲞⲢⲠ̄.

90. ⲞⲨⲦⲈ Ⲛ̄ⲚⲈϤⲈϢⲂⲰⲔ Ⲣ̄Ⲱ ⲈϨⲞⲨⲚ
ⲘⲠⲀⲦⲞⲨⲔⲰⲖϨ̄ ⲈⲠⲞⲨⲰⲘ Ⲙ̄ⲘⲈⲈⲢⲈ. ⲞⲨⲦⲈ
Ⲛ̄ⲚⲈⲨⲔⲰⲦⲈ ⲈϨⲞⲨⲚ ⲈⲂⲞⲖ ϨⲘ̄ ⲠⲦⲦⲘⲈ
ⲈⲘⲠⲀⲦⲞⲨⲔⲰⲖϨ̄.

91. Ⲛ̄ⲚⲈⲢⲰⲘⲈ ⲘⲞⲞϢⲈ ϨⲚ̄ ⲦⲤⲞⲞⲨϨⲤ̄
ⲚⲞⲨⲈϢⲚ̄ⲢⲀϨⲦⲞⲨ ϨⲒ ⲦⲞⲖⲞⲘⲰⲚ ⲈⲒⲦⲈ   Ⲛ̄ⲞⲨⲈϢⲚ̄- ohne
ⲈⲠⲤⲰⲞⲨϨ ⲈⲒⲦⲈ ⲈⲠⲘⲀ Ⲛ̄ⲞⲨⲰⲘ.

93. ⲚⲚⲈⲢⲰⲘⲈ ⲦⲈϤϬⲢⲰⲘⲈ ⲈϤϢⲰⲚⲈ Ⲏ
ⲈϪⲞⲔⲘⲈϤ ⲈⲘⲠⲞⲨⲦⲞϢϤ.

94. ⲚⲚⲈⲖⲀⲀⲨ ϢⲀϪⲈ ⲘⲚ ⲚⲈϤⲈⲢⲎⲨ ϨⲘ ⲠⲔⲀⲔⲈ.

95. ⲞⲨⲦⲈ ⲚⲚⲈⲦⲚϨⲘⲞⲞⲤ ⲈⲦⲞⲘ ⲈⲦⲈⲦⲚⲢⲤⲚⲀⲨ
ⲞⲨⲦⲈ ⲞⲨⲦⲘⲎ· ⲚⲚⲈⲢⲰⲘⲈ ⲀⲘⲀϨⲦⲈ ⲚⲦϬⲒϪ
ⲘⲠⲈϤϢⲂⲎⲢ ⲞⲨⲦⲈ ⲔⲈⲖⲀⲀⲨ ⲚⲈⲒⲆⲞⲤ ⲚⲦⲀϤ
ⲀⲖⲖⲀ ⲈⲔⲚⲀⲔⲀⲞⲨⲘⲀϨⲈ ⲈϨⲢⲀⲒ ⲞⲨⲦⲰⲔ ⲚⲘⲘⲀϤ
ⲈⲒⲦⲈ ⲈⲔϨⲘⲞⲞⲤ ⲈⲒⲦⲈ ⲈⲔⲀϨⲈⲢⲀⲦⲔ ⲈⲒⲦⲈ ⲀϨⲈⲢⲀⲦ⸗, s.
ⲈⲔⲘⲞⲞϢⲈ.   ⲰϨⲈ

96. ⲚⲚⲈⲖⲀⲀⲨ ⲚⲤⲞⲨⲢⲈ ⲈⲂⲞⲖ ⲚⲢⲀⲦϤ ⲚⲢⲰⲘⲈ Ⲛ-, s. ⲈⲒⲚⲈ
ⲈⲒⲘⲎⲦⲒ ⲈⲠⲢⲘⲚⲎⲒ ⲘⲚ ⲠⲘⲈϨⲤⲚⲀⲨ Ⲏ
ⲠⲈⲦⲞⲨⲚⲀⲞⲨⲈϨⲤⲀϨⲚⲈ ⲚⲀϤ.

100. ⲚⲚⲈⲢⲰⲘⲈ ⲔⲀⲠⲈϤϪⲰⲰⲘⲈ ⲈϤⲂⲎⲖ ⲈⲂⲞⲖ
ⲚϤⲂⲰⲔ ⲈⲠⲤⲰⲞⲨϨ Ⲏ ⲈⲠⲘⲀ ⲚⲞⲨⲰⲘ.

103. ⲚⲚⲈⲢⲰⲘⲈ ⲔⲀⲠⲈϤⲠⲢⲎϢ ⲘⲠⲢⲎ
ϢⲀⲚⲦⲞⲨⲔⲰⲖϨ ⲈⲠⲞⲨⲰⲘ ⲘⲘⲈⲈⲢⲈ. ⲚⲀⲒ ⲦⲎⲢⲞⲨ
ⲠⲈⲦⲚⲀⲀⲘⲈⲖⲈⲒ ⲈⲢⲞⲞⲨ ⲈϤⲚⲀϪⲒⲈⲠⲒⲦⲒⲘⲒⲀ
ϨⲀⲢⲞⲞⲨ.

105. ⲈⲢϢⲀⲚⲞⲨⲤⲞⲚ ⲆⲈ ϢⲞⲞⲂⲈϤ ⲚϤⲦⲘⲚⲔⲞⲦⲔ
ⲀⲖⲖⲀ ⲈϤⲘⲞⲞϢⲈ ⲈϨⲞⲨⲚ ⲈⲂⲞⲖ ⲚϤⲢⲬⲢⲒⲀ ⲬⲢⲒⲀ =
ⲚⲞⲨϢⲦⲎⲚ Ⲏ ⲞⲨⲔⲞⲨⲒ ⲚⲚⲈϨ ⲈⲢⲈⲠⲈϤⲢⲘⲚⲎⲒ ⲂⲰⲔ χρεία
ⲈⲠⲘⲀ ⲚⲚⲞⲒⲔⲞⲚⲞⲘⲞⲤ ⲚϤϪⲒⲦⲞⲨ ⲚⲀϤ ϢⲀⲚⲦϤⲖⲞ

ⲀⲨⲰ ⲚⲞ̄ϬⲬⲒⲦⲞⲨ ⲞⲚ ⲈⲠⲈⲨⲘⲀ.

108. Ⲛ̄ⲚⲈⲖⲀⲀⲨ ⲂⲰⲔ ⲈⲒⲞⲨⲚ ⲈⲢ̄ⲂⲈ ⲈⲘⲠⲞⲨⲬⲞⲞⲨϤ

ϢⲀⲌ̄ⲢⲀ̈Ⲓ ⲈⲚⲞⲨⲈⲈⲒⲚ ⲈⲒⲘⲎⲦⲒ ⲈⲚⲀⲘⲎⲨ Ⲙ̄ⲘⲀⲦⲈ.

ⲞⲨⲈⲈⲒⲎ pl.
von
ⲞⲨⲞⲈⲒⲈ
Bauer
ⲀⲘⲎⲨ, s.
ⲀⲘⲈ

109. Ⲛ̄ⲚⲈⲢⲰⲘⲈ ⲀⲖⲈ ⲈⲨⲈⲒⲰ ⲈϤⲂⲎϢ ⲈⲨⲢ̄ⲤⲚⲀⲨ

ⲞⲨⲦⲈ Ⲙ̄ⲢⲎⲌ Ⲛ̄ⲀⲂⲞⲖⲦⲈ.

113. Ⲛ̄ⲚⲈⲖⲀⲀⲨ ⲬⲒⲈⲒⲆⲞⲤ Ⲛ̄ⲦⲚ̄ⲢⲰⲘⲈ ⲈⲂⲞⲈⲒⲖⲈ

ⲈⲢⲞϤ ϢⲀⲌ̄ⲢⲀ̈Ⲓ ⲈⲠⲈϤⲤⲞⲚ.

116. ⲈⲦⲂⲈ ⲠⲘⲀ Ⲛ̄ⲞⲨⲰϢⲘ̄ ⲆⲈ Ⲛ̄ⲚⲈⲢⲰⲘⲈ ϢⲀⲬⲈ

ⲈⲨⲞⲨⲰϢⲘ̄ ⲌⲒⲢⲞⲨⲌⲈ ⲞⲨⲦⲈ ⲚⲈⲦⲌⲒⲠⲦⲰⲂϬ

ⲞⲨⲦⲈ ⲚⲈⲦⲌⲒⲦⲠⲀⲦⲤⲈ ⲈⲌⲦⲞⲞⲨⲈ ⲀⲖⲖⲀ

ⲈⲨⲚⲀⲘⲈⲖⲈⲦⲀ ⲌⲒⲞⲨⲤⲞⲠ ϢⲀⲚⲦⲞⲨⲞⲨⲰ·

ⲈⲨϢⲀⲚϢⲰϢⲦ ⲆⲈ Ⲛ̄ⲞⲨⲈⲒⲆⲞⲤ Ⲛ̄ⲚⲈⲨϢⲀⲬⲈ

ⲀⲖⲖⲀ ⲈⲨⲚⲀⲔⲰⲖⲌ̄ ⲌⲚ̄ ⲞⲨⲈⲠⲒⲤⲦⲎⲘⲎ.

121. ⲠⲈⲦⲚⲀⲢ̄ⲌⲀⲈ ⲈⲞⲨⲤⲞⲠ Ⲛ̄ϢⲖⲎⲖ ⲌⲘ̄ ⲠⲤⲞⲞⲨ

Ⲛ̄ⲤⲞⲠ ⲌⲒⲢⲞⲨⲌⲈ Ⲏ ⲚϤ̄ⲦⲘ̄ⲘⲈⲖⲈⲦⲀ Ⲏ ⲚϤ̄ⲤⲰⲂⲈ Ⲏ

ⲚϤ̄ϢⲀⲬⲈ ⲈϤⲚⲀⲘⲈⲦⲀⲚⲞⲈⲒ ⲌⲘ̄ ⲠⲈϤⲎ̈Ⲓ ⲌⲘ̄ ⲠⲤⲞⲞⲨ

Ⲛ̄ⲤⲞⲠ.

127. ⲈⲢϢⲀⲚⲞⲨⲤⲞⲚ ⲆⲈ ⲤⲰⲔ ⲌⲚ̄ ⲚⲈⲤⲚⲎⲨ

ⲈⲨⲚⲀⲂⲰⲔ Ⲛ̄Ⲙ̄ⲘⲀϤ ⲈⲠⲦⲞⲞⲨ ⲌⲒⲞⲨⲤⲞⲠ·

Ⲛ̄ⲚⲈⲞⲨⲢⲰⲘⲈ ϬⲰ ⲈⲠⲀⲌⲞⲨ ⲀⲬⲚ̄ ⲦⲰϢ ⲞⲨⲆⲈ

Ⲛ̄ⲚⲈⲢⲰⲘⲈ ⲯⲀⲖⲖⲈⲒ ⲈⲘⲠⲞⲨⲦⲞϢϤ.

128. ⲞⲨⲆⲈ Ⲛ̄ⲚⲈⲨⲯⲀⲖⲖⲈⲒ ⲤⲚⲀⲨ ⲤⲚⲀⲨ

ⲉⲩⲙⲟⲟϣⲉ   ⲉⲡⲧⲟⲟⲩ·   ⲛ̄ⲛⲉⲣⲱⲙⲉ   ϥⲓⲡⲣⲏϣ
ⲉⲡⲧⲟⲟⲩ   ⲉϥⲛⲁ   ⲟⲩⲇⲉ   ⲛ̄ⲛⲉⲩϭⲱ
ⲛ̄ⲟⲩⲉϣⲛ̄ⲟⲩⲱϣⲃ̄   ⲁⲗⲗⲁ   ⲉⲩⲛⲁϭⲱ   ⲉⲩⲙⲏⲣ
ⲉⲛⲉⲩⲉⲣⲏⲩ·

129. ⲉⲣⲉⲡⲣⲱⲙⲉ   ⲛ̄ⲛ̄ⲣⲱⲙⲉ   ⲉⲧϣⲱⲛⲉ   ⲛⲁϭⲱ
ⲉⲡⲁϩⲟⲩ   ⲙ̄ⲙⲟⲟⲩ   ⲉⲧⲃⲉ   ⲟⲩⲥⲟⲛ   ⲉⲧⲛⲁϣⲱⲛⲉ·
ⲧⲁⲓ̈ ⲧⲉ ⲑⲉ ϩⲙ̄ ⲙⲁ ⲛⲓⲙ ⲉⲩⲛⲁϫⲟⲟⲩⲥⲉ ⲉⲣⲟϥ.

b) Besa[103]: Fragment eines Briefes an Dorfbewohner (Kuhn, 129f.)

I.1.   ⲃⲏⲥⲁ   ⲡⲓⲉⲗⲁⲭⲓⲥⲧⲟⲥ   ⲡⲉⲧⲥϩⲁⲓ̈   ⲛ̄ⲛⲉ
ⲡⲣⲉⲥⲃⲩⲧⲉⲣⲟⲥ·   ⲙⲛ̄   ⲛ̄ⲇⲓⲁⲕⲟⲛⲟⲥ·   ⲙⲛ̄
ⲛⲉⲡⲣⲟⲛⲟⲏⲧⲏⲥ ⲙⲛ̄ ⲛ̄ⲕⲉⲫⲁⲗⲁⲓⲱⲧⲏⲥ ⲙⲛ̄ ⲡⲗⲁⲟⲥ
ⲧⲏⲣϥ̄   ⲉⲧⲟⲩⲏϩ   ϩⲛ̄   ⲛⲉⲡⲟⲓⲕⲓⲟⲛ   ϩⲙ̄   ⲡϫⲟⲉⲓⲥ
ⲭⲁⲓⲣⲉ· 2. ⲉⲡⲉⲓⲇⲏ ⲁⲩⲧⲁⲙⲟⲛ ⲉⲧⲃⲉⲧⲏⲩⲧⲛ̄ ϫⲉ
ⲧⲉⲧⲛ̄ⲥⲟⲃⲧⲉ   ⲙ̄ⲙⲱⲧⲛ̄   ⲉⲃⲟⲗ   ⲉⲙⲓϣⲉ   ⲙⲛ̄
ⲛⲉⲧⲛ̄ⲉⲣⲏⲩ ⲉⲡϫⲓⲛϫⲏ ⲉⲧⲃⲉ ⲟⲩⲗⲁⲕⲙⲉ ⲛ̄ϣⲉ·
ⲁⲩⲱ ⲛ̄ⲧⲉⲣⲉⲛⲥⲱⲧⲙ̄ ⲁⲡⲉⲛϩⲏⲧ ⲙ̄ⲕⲁϩ ⲉⲙⲁⲧⲉ·
ϣⲟⲣⲡ̄ ⲙⲉⲛ ϫⲉ ⲙⲛ̄ϩⲱⲃ ⲛ̄ⲧⲉⲓ̈ϩⲉ ⲧⲟⲟⲙⲉ ⲉⲣⲟⲛ
ⲁⲛⲟⲛ ⲛⲉⲭⲣⲉⲓⲥⲧⲓⲁⲛⲟⲥ· ⲟⲩⲇⲉ ⲟⲛ ⲛ̄ⲥⲉⲣ̄ⲁⲛⲁϥ ⲁⲛ
ⲙ̄ⲡⲛⲟⲩⲧⲉ· ⲟⲩⲇⲉ ⲛ̄ⲥⲉⲣ̄ⲁⲛⲁϥ ⲁⲛ ⲛ̄ⲛ̄ⲣⲱⲙⲉ· 3.   lies
                                                                    ⲛ̄ⲥⲉⲣ̄ⲁⲛⲁⲩ
ⲉⲧⲃⲉ   ⲡⲁⲓ̈   ⲁⲛⲟⲡϥ̄   ϫⲉ   ⲟⲩⲡⲉⲧⲉϣϣⲉ   ⲡⲉ

---

[103] Besa (5. Jhdt.): Schüler und Biograph Schenutes, dessen Nachfolger als Abt des Weißen Klosters.

ЄТРЄNCZAï NHTN̄ ZⲰC CON ЄⲚⲠⲀⲢⲀⲔⲀⲖЄⲒ

ЄВOⲖ ZⲒⲦM̄ ⲠⲚOYTE MN̄ ⲠЄⲚⲬOEⲒC I͞C ⲠЄⲬ͞C

ЄⲦⲢЄⲦⲚ̄ϮCO ЄⲚЄⲦM̄ΨYⲬH MAYAAⲦⲦHYⲦN̄ MN̄   Є-ⲚЄⲦM̄-
                                                       (= ⲚЄⲦⲚ̄-)
ⲚЄⲦⲚ̄CⲰMA· AYⲰ N̄ⲦЄⲦN̄CAZЄⲦHYⲦN̄ ЄВOⲖ   ΨYⲬH

N̄ⲚЄïZВHYЄ MⲠAⲢAⲚOMOⲚ ЄⲦЄⲢЄⲠⲚOYTE MN̄

N̄ⲢⲰMЄ MOCⲦЄ M̄MOOY· 4. ⲔAⲒ ⲄAⲢ ϥCHZ

N̄ⲦЄïZЄ ⲬЄ OYZM̄ZAⲖ N̄ⲦЄ ⲠⲬOEⲒC N̄ϢϢЄ AⲚ

ЄⲢOϥ ЄMⲒϢЄ· ⲚЄïZВHYЄ ⲄAⲢ N̄ⲦЄïMⲒⲚЄ

ⲚAZЄⲚⲢⲰMЄ AⲚ ⲚЄ ЄYⲬⲰ M̄MOC ⲬЄ AⲚOⲚ

ZЄⲚⲬⲢЄⲒCⲦⲒAⲚOC· AYⲰ OⲚ ⲠAⲠOCⲦOⲖOC

ЄⲦOYAAВ ⲬⲰ M̄MOC ⲬЄ OYⲦЄ MN̄ⲢЄϥMⲒϢЄ

OYⲦЄ MN̄ⲢЄϥCAZOY ⲚAⲔⲖHⲢOⲚOMЄⲒ N̄ⲦMN̄ⲦЄⲢO

M̄ⲠⲚOYTE· 5. MAⲖⲒCⲦA ЄⲢϢAⲚOYⲪOⲚOC

ϢⲰⲠЄ OYOEⲒ M̄ⲠⲢⲰMЄ ЄⲦⲤ̄ⲚAϢⲰⲠЄ ЄВOⲖ

ZⲒⲦOOⲦϥ̄· ϥⲚAϢⲰⲠЄ ЄϥO N̄ЄⲚOⲬOC ЄⲦЄⲔⲢⲒCⲒC   ZⲀ͞ⲖⲞ =
                                                         N̄ZⲀ͞ⲖⲞ
M̄ⲠⲚOYTE· ⲔAⲒ ⲄAⲢ AⲠЄⲚЄⲒⲰⲦ ZA͞ⲖO   (Auslassung
                                                         oder
ЄⲦOYAAВ CZAï N̄ZOïⲚЄ N̄ⲦЄïZЄ ЄYMⲒϢЄ MN̄   unmittelba-
                                                         rer Attributs-
ⲚЄYЄⲢHY· [unbekannte Menge Text fehlt] 6. AYⲰ MN̄ZHY anschluß)

N̄CA ⲖAAY N̄CA N̄CA M̄ⲔAZ N̄ZHⲦ ZⲒ OCЄ· AYⲰ   N̄CA ... N̄CA
                                                         N̄CA
M̄ⲠⲢMЄЄYЄ ⲬЄ ЄïMOCⲦЄ M̄MⲰⲦN̄ ЄïⲬⲰ NHⲦN̄   1.) praep. bei,
                                                              nach
N̄ⲚAï AⲖⲖA ЄïMЄ M̄MⲰⲦⲚ ZⲰC CON· ⲬЄⲔAC   2.) N̄-CA

ЄⲦЄⲦN̄ⲚAⲢВOⲖ ЄⲦЄⲔⲢⲒCⲒC M̄ⲠⲚOYTE· Z͞M ⲠMA   3.) praep.
                                                              außer

ⲈⲦⲚ̄ⲚⲀⲂⲰⲔ ⲈⲢⲞϤ· ⲘⲚ̄ Ⲛ̄ⲦⲒⲘⲰⲢⲒⲀ ⲈⲦⲈϢⲀⲨⲀⲀⲨ

Ⲛ̄Ⲛ̄ⲢⲈϤϩⲰⲦⲂ̄ ⲦⲎⲢⲞⲨ· Ⲛ̄ⲐⲈ ⲈⲦ Ϥ̄ ϪⲰ Ⲙ̄ⲘⲞⲤ ϪⲈ

ⲠⲈⲦⲚⲀⲠⲰϩⲦ̄ ⲈⲂⲞⲖ Ⲛ̄ⲞⲨⲤⲚⲞϤ Ⲛ̄ⲢⲰⲘⲈ

ⲤⲈⲚⲀⲠⲈϩⲦ̄ⲠⲰϤ ⲈⲂⲞⲖ ⲈⲠⲈϤⲘⲀ [*unbekannte Menge*

Text fehlt] 7. ⲀⲖⲰⲦⲚ̄ ϩⲚ̄ ⲚⲈⲦⲚ̄ⲠⲞⲚⲎⲢⲒⲀ ϪⲒⲤⲂⲰ

ⲈⲢⲠⲠⲈⲦⲚⲀⲚⲞⲨϤ: ⲀⲢⲎⲨ Ⲛ̄ⲦⲈⲠⲚⲞⲨⲦⲈ ϢⲚ̄ϩ ⲦⲎϤ   ⲀⲢⲎⲨ +

ⲈϪⲰⲚ Ⲛ̄ϤⲦⲚ̄ⲚⲞⲞⲨ ⲘⲘⲞⲞⲨ ⲚⲀⲚ Ⲛ̄ⲦⲢⲞⲘⲠⲈ· ⲀⲨⲰ   Konjunktiv

Ⲛ̄ϤϤⲒ Ⲛ̄ⲚⲒⲐⲖⲒⲮⲒⲤ ⲦⲎⲢⲞⲨ ⲈⲂⲞⲖ ϩⲒϪⲰⲚ· [*im folgenden*

Satz bricht der Text ab]

c) Schenute: Gegen die Hellenen: Über den Tod der Menschen (Leipoldt III, 41-44[104])

ⲘⲀⲢⲚ̄ϪⲠⲒⲞ ⲆⲈ ⲞⲚ Ⲛ̄ⲚⲈⲦⲦⲎϩ ϩⲚ̄ ⲚⲈⲨⲘⲈⲈⲨⲈ

Ⲛ̄ϩⲎⲦ ⲈⲨϢⲒⲚⲈ Ⲛ̄ⲤⲀ ⲚⲈⲦⲘⲞⲔϩ ⲚⲀⲨ ⲈⲈⲒⲘⲈ

ⲈⲢⲞⲞⲨ Ⲛ̄ϩⲞⲨⲞ ⲆⲈ ⲈⲚⲀⲢⲒⲀⲚⲞⲤ ⲘⲚ̄ Ⲛ̄ϩⲈⲖⲖⲎⲚ   Ⲛ̄ϩⲞⲨⲞ ⲉ-
                                                    hier super-

ⲚⲀⲒ ⲈⲦⲤⲢⲞϤⲦ ⲈⲘⲞⲔⲘⲈⲔ ⲈϩⲈⲚⲠⲈⲦϢⲞⲨⲈⲒⲦ   lativisch: *am*
                                                    meisten

ⲈⲨϪⲰ Ⲛ̄ⲚⲈⲦⲈⲘⲈϢϢⲈ ⲈⲦⲂⲈ Ⲛ̄ⲢⲰⲘⲈ ⲈⲦⲘⲞⲨ

ⲈⲨⲚⲀⲨ ⲈϩⲞⲒⲚⲈ ⲈⲀⲨⲢ̄ϩⲈⲚⲚⲞϬ Ⲛ̄ⲀϩⲈ

ϢⲀⲚⲦⲞⲨⲢ̄ϩⲖⲖⲞ ⲈⲘⲀⲦⲈ ϩⲈⲚⲔⲞⲞⲨⲈ ⲈⲀⲨⲘⲞⲨ

ⲈⲨⲤⲞⲂⲔ ⲈⲨϪⲰ Ⲙ̄ⲘⲞⲤ ϪⲈ ⲚⲈϩⲞⲞⲨ Ⲙ̄ⲠⲞⲨⲀ

ⲠⲞⲨⲀ ⲚⲈ. Ⲛ̄ⲦϩⲈ ⲀⲚ ⲦⲈ· ⲘⲎ ⲄⲈⲚⲞⲒⲦⲞ ⲄⲀⲢ

ⲈⲦⲢⲈⲠⲀⲒ ϢⲰⲠⲈ. ⲘⲚ̄ ⲢⲰⲘⲈ ⲚⲀⲘⲞⲨ ⲞⲨⲆⲈ ⲘⲚ̄

---

[104] Die Leipoldtsche Textausgabe enthält keine Supralinearstriche; die hier vorfindlichen habe ich vorsichtig als Lesehilfe gesetzt.

ⲞⲨⲞⲚ ⲚⲀⲰⲚⲒ ⲀⲬⲘ̄ ⲠⲚⲞⲨⲦⲈ ⲘⲚ̄ ⲠⲈϤⲬⲢⲒⲤⲦⲞⲤ·

ⲞⲨⲔⲀⲒⲢⲞⲤ Ⲛ̄ⲞⲨⲰⲦ ⲀⲚ ⲠⲈⲦⲈⲢⲈⲦⲈⲒⲤⲘⲎ ⲘⲒϢⲈ

ⲘⲚ̄ ⲚⲈⲒⲀⲐⲎⲦ Ⲛ̄ⲢⲰⲘⲈ ⲬⲈ ⲈⲦⲈⲦⲚ̄ⲘⲞⲔⲘⲈⲔ ⲈⲞⲨ

ⲈⲒⲞⲨⲚ ⲈⲠⲬⲞⲈⲒⲤ; Ⲛ̄ⲦⲞϤ ⲄⲀⲢ ϤⲚⲀⲈⲒⲢⲈ

Ⲛ̄ⲞⲨⲤⲨⲚⲦⲈⲖⲈⲒⲀ. ϮⲚⲀⲀⲢⲬⲈⲒ ϬⲈ ⲈⲬⲈⲠⲈⲦϢⲞⲞⲠ

ⲀⲨⲰ Ⲛ̄ⲦⲞϤ ⲞⲚ ⲠⲈⲦⲚⲀϢⲰⲠⲈ. ⲘⲎ ⲠⲬⲞⲈⲒⲤ ⲀⲚ

ⲠⲈⲦⲬⲰ Ⲙ̄ⲘⲞⲤ ⲬⲈ ⲘⲎ ⲬⲀⲬ ⲤⲚⲀⲨ Ⲛ̄ⲤⲈϮ

Ⲙ̄ⲘⲞⲞⲨ ⲀⲚ ⲒⲀ ⲞⲨⲒⲞⲂⲞⲖⲞⲤ; ⲀⲨⲰ ⲞⲨⲀ ⲈⲂⲞⲖ

Ⲛ̄ⲒⲎⲦⲞⲨ Ⲛ̄ⲚⲈϤⲒⲈ ⲈⲒⲢⲀⲒ ⲈⲬⲘ̄ ⲠⲔⲀⲒ ⲈⲬⲘ̄

ⲠⲈⲦⲚ̄ⲈⲒⲰⲦ ⲈⲦⲒⲚ̄Ⲙ̄ⲠⲎⲨⲈ. ⲈϢⲬⲈ Ⲛ̄ϤⲞⲂϢ ⲀⲚ

ⲈⲞⲨⲀ Ⲛ̄Ⲛ̄ⲬⲀⲬ ⲠⲞⲤⲞ ⲘⲀⲖⲖⲞⲚ Ⲛ̄ⲢⲰⲘⲈ. ⲠⲞⲤⲞ
ⲘⲀⲖⲖⲞⲚ =
πόσῳ
μᾶλλον

ⲘⲚ̄ϬⲈⲘⲚ̄ⲦⲢⲘ̄Ⲛ̄ⲒⲎⲦ Ⲛ̄ⲤⲀ ⲬⲞⲞⲤ ⲬⲈ ⲘⲚ̄ⲖⲀⲀⲨ ϬⲈ = ⲔⲈ

ⲚⲀϢⲰⲠⲈ ⲈⲬⲘ̄ ⲠⲞⲨⲈⲒⲤⲀⲒⲚⲈ Ⲙ̄ⲠⲚⲞⲨⲦⲈ. ⲚⲀⲒ

ⲘⲈⲚ ⲀⲚⲬⲰⲞⲨ ⲈⲨⲢⲰϢⲈ ⲈϢⲦⲘ̄ⲢⲰⲞⲨ Ⲛ̄ⲚⲈⲦⲞ ⲬⲰⲞⲨ =
ⲬⲞⲞⲨ

Ⲛ̄ⲢⲈϤⲦⲰⲒ. ⲦⲚ̄ⲚⲀⲬⲰ ⲆⲈ ⲞⲚ Ⲛ̄ⲞⲨⲠⲀⲢⲀⲆⲒⲄⲘⲀ

Ⲙ̄ⲠⲒⲐⲈ Ⲛ̄ⲚⲈⲦϢⲒⲚⲈ ⲒⲚ̄ ⲞⲨⲘⲚ̄ⲦⲢⲘ̄Ⲛ̄ⲒⲎⲦ. Ⲛ̄ⲐⲈ ⲠⲒⲐⲈ =
πείθειν

Ⲛ̄ⲞⲨⲢⲰⲘⲈ Ⲛ̄Ⲣ̄ⲢⲞ ⲈⲨⲚⲦⲀϤ Ⲙ̄ⲘⲀⲨ Ⲛ̄ⲒⲈⲚⲒⲘ̄ⲒⲀⲖ ⲒⲚ̄

ⲞⲨⲬⲰⲢⲀ ⲈⲀϤⲬⲞⲞⲨ Ⲛ̄ⲤⲰⲞⲨ ⲒⲘ̄ ⲠⲤⲎⲨ

ⲈⲦⲈϤⲚⲀⲢ̄ⲒⲚⲀϤ. ⲀⲨⲰ ⲒⲞⲒⲚⲈ ⲈⲀϤⲬⲞⲞⲨ Ⲛ̄ⲤⲰⲞⲨ

ⲘⲚ̄ⲚⲤⲀ ⲒⲈⲚⲒⲞⲞⲨ ⲈⲚⲀϢⲰⲞⲨ ⲒⲈⲚⲔⲞⲞⲨⲈ

ⲘⲚ̄ⲚⲤⲀ ⲒⲈⲚⲔⲞⲨⲒ Ⲛ̄ⲒⲞⲞⲨ ⲈⲀϤⲬⲞⲞⲨ Ⲛ̄ⲤⲰⲞⲨ

ⲒⲈⲚⲔⲞⲞⲨⲈ ⲈⲀϤⲬⲞⲞⲨ Ⲛ̄ⲤⲰⲞⲨ ⲒⲚ̄ ⲞⲨϬⲈⲠⲎ.

ⲘⲞⲚⲞⲚ   ⲀϤϨⲰⲢⲒⲌⲈ   Ⲛ̄ⲞⲨⲚⲞⲘⲞⲤ   ϪⲈ   ϨⲰⲢⲒⲌⲈ = ὁρίζειν

ⲚⲈⲦⲚⲀⲢ̄ⲠⲈϤⲞⲨⲰϢ ϨⲚ̄ ⲦⲈⲬⲰⲢⲀ ⲈⲦⲘ̄ⲘⲀⲨ ϪⲈ

ⲤⲈⲚⲀϪⲒ   Ⲛ̄ϨⲈⲚⲦⲀⲒⲞ   ⲈⲂⲞⲖ   ϨⲒⲦⲞⲞⲦϤ̄

ⲚⲈⲦⲚⲀⲀⲐⲎⲦⲈⲒ ⲆⲈ Ⲙ̄ⲠⲈϤϢⲀϪⲈ ⲘⲚ̄ ⲠⲈϤⲞⲨⲰϢ   ⲀⲐⲎⲦⲈⲒ = ἀθετεῖν

ϤⲚⲀⲦϬⲀⲒⲞⲞⲨ.

ⲦⲀⲒ   ⲦⲈ   ⲐⲈ   ⲈⲦⲈⲢⲈⲠⲚⲞⲨⲦⲈ   ⲞⲒⲔⲞⲚⲞⲘⲈⲒ

Ⲙ̄ⲠⲢⲰⲘⲈ   ⲔⲀⲦⲀ   ⲠⲈⲦⲈϨⲚⲀϤ·   ϨⲞⲒⲚⲈ   ⲘⲈⲚ

ⲈϢⲀⲨⲔⲀⲀⲨ Ⲛ̄ⲤⲈⲰⲤⲔ ϨⲘ̄ ⲠⲒⲘⲀ ϨⲈⲚⲔⲞⲞⲨⲈ

ⲈϢⲀⲨϤⲒⲦⲞⲨ ⲦⲀⲬⲎ.   Ⲛ̄ⲐⲈ   ⲈⲦⲈⲞⲨⲀⲦϬⲞⲘ   ⲠⲈ   ⲦⲀⲬⲎ = ταχύ

ⲈⲦⲢⲈⲨⲬⲠⲈ   ⲠⲢⲰⲘⲈ   ⲈⲬⲘ̄   ⲠⲚⲞⲨⲦⲈ   ⲀⲨⲰ

ⲠⲈϤⲬ̅Ⲥ̅ ⲞⲨⲀⲦϬⲞⲘ ⲞⲚ ⲠⲈ ⲈⲦⲢⲈⲞⲨⲞⲚ ⲘⲞⲨ

ⲈⲬⲰϤ. ⲚⲈϤϨⲂⲎⲨⲈ ⲀⲨⲰ ⲚⲈϤⲦⲰϢ ϪⲒⲚ Ⲛ̄ϢⲞⲢⲠ

Ⲛ̄ⲦⲞⲞⲨ Ⲛ̄ⲦⲞⲞⲨ ⲞⲚ ⲠⲈ. ϨⲞⲒⲚⲈ ⲘⲈⲚ ϨⲚ̄ Ⲛ̄ⲄⲈⲚⲈⲀ

Ⲛ̄ⲀⲢⲬⲀⲒⲞⲚ ⲈⲀⲨⲢ̄ⲮⲒⲤ Ⲛ̄ϢⲈ Ⲛ̄ⲢⲞⲘⲠⲈ ⲀⲨⲘⲞⲨ

ⲔⲀⲦⲀ ⲠⲈϤⲦⲰϢ. ⲈⲒⲦⲀ ⲘⲚ̄Ⲛ̄ⲤⲀ ⲚⲈⲦⲘ̄ⲘⲀⲨ ϨⲞⲒⲚⲈ

ⲀⲨⲢ̄ϢⲎⲦ   Ⲛ̄ⲢⲞⲘⲠⲈ   ϨⲈⲚⲔⲞⲞⲨⲈ   ⲀⲨⲢ̄ϢⲈϢⲂⲈ

Ⲛ̄ⲢⲞⲘⲠⲈ   ϨⲈⲚⲔⲞⲞⲨⲈ   ⲀⲨⲢ̄ϢⲈϨⲘⲈⲤⲀϢϤⲈ

Ⲛ̄ⲢⲞⲘⲠⲈ ϨⲞⲒⲚⲈ ⲀⲨⲢ̄ϢⲈⲬⲞⲨⲰⲦⲈ Ⲛ̄ⲢⲞⲘⲠⲈ ϨⲚ̄

ⲚⲒⲔⲀⲒⲢⲞⲤ ϨⲞⲒⲚⲈ ⲀⲨⲢ̄ϢⲈⲘⲎⲦⲈ Ⲛ̄ⲢⲞⲘⲠⲈ Ⲏ Ⲛ̄ⲦⲞϤ

ϢⲈ ⲈⲨϪⲎⲔ Ⲏ ⲈⲨϢⲀⲀⲦ Ⲛ̄ϨⲈⲚⲔⲈⲢⲞⲘⲠⲈ ϨⲞⲒⲚⲈ

ⲀⲨⲢ̄ⲦⲀⲒⲞⲨⲈ Ⲛ̄ⲢⲞⲘⲠⲈ ⲀⲨⲰ ⲚⲈⲦϬⲞϪⲂ ⲈⲚⲀⲒ

ϢⲀϨⲢⲀⲒ ⲈⲞⲨⲚⲞⲨ ⲔⲈⲞⲨⲀ Ⲛ̄ⲦⲈⲢⲞⲨⲬⲠⲞϤ ⲀϤⲘⲞⲨ

Η ΑϤΜΟΥ ΕϤϨΝ ΘΗ. ΝΑΙ ΑΥⲰ ΝΕΙΚΟΟΥΕ Τ-ϨΗ von
ϨΗ *Bauch,
Mutterleib*

ΠΝΟΥΤΕ ΑΥⲰ ΠΕϤⲬⲤ ΟΒⲰ ΕΡΟΟΥ ΑΝ· ΑΥⲰ

ΟΥΜⲚⲦΡΕϤϪΙΟΥΑ ΠΕ ϪΟΟⲤ ϪΕ ΟΥΡⲰΜΕ

ΜΟΥ ϨΟΛⲰⲤ ΕϪⲘ ΠΕΝΤΑϤΠΛΑⲤⲤΕ ⲘΜΟΟΥ

ⲰΑϨΡΑΙ ΕΠΕΝΤΑΟΥΘΥΡΙΟΝ ΟΥΟΜϤ Η ΘΥΡΙΟΝ =
θηρίον

ΚΕϪΑΤϤΕ ΜΑΛΙⲤΤΑ ΝΕΤΕΡΕⲚΡⲰΜΕ ⲘΠΟΝΗΡΟⲤ

ΜΟΥΟΥΤ ⲘΜΟΟΥ· ⲚϤΟΒⲰ ΑΝ ΕΡΟΟΥ ΑΛΛΑ ϨⲚ

ΤΕϤΑΝΟⲬΗ ϤϨΟΡⲰ ⲚϨΗΤ ⲰΑ ΠΕϨΟΟΥ

ΕΤΕϤΝΑ† ⲘΠΤⲰΒΕ ⲚⲚΡⲰΜΕ ⲘΠΟΝΗΡΟⲤ ΕϪⲚ

ΤΕΥΑΠΕ ΑΥⲰ ΠΕⲤΝΟϤ ⲚΝΕΤΟΥΜΟΥΟΥΤ

ⲘΜΟΟΥ ΕϪⲚ ΤⲤΟΟΥϨΕ ⲚϪⲰΟΥ. ΕΚⲤΟΛⲤΑ ⲤΟΟΥϨΕ
Scheitel
Manuskript
liest
ⲤΟΟΥϨⲤ
Versammlung

ΜΕΝ ⲘΠΡⲰΜΕ ΕϪⲘ ΠΕΝΤΑΥΜΟΟΥΤϤ

ⲚΝΕΚϪΟΟⲤ ΝΑϤ ϪΕ ΠΕϤΑϨΕ ΠΕ. ⲘΠΕϤΑϨΕ

ΔΕ ΑΝ ΠΕ. ΕⲰϪΕ ΠΕϤΑϨΕ ΠΕ ΑϨΡΟϤ

ϤΝΑⲰΙΝΕ ⲚⲤΑ ΠΕϤⲤΝΟϤ ⲚΤΟΟΤϤ

ⲘΠΕΤΝΑΜΟΟΥΤϤ; ΕⲰϪΕ ΕΡⲰΑΝΠΡⲰΜΕ ΕⲰϪΕ …:
Irrealis

ⲰⲰΠΕ ΕϤΝΑⲰΤ ⲰΑϤΜΟΥ ΠΒΟΛ

ⲘΠΕϤΟΥΟΕΙⲰ ⲚΘΕ ΕΤⲤΗϨ. ΟΥΠΡⲰΜΕ ΟΝ

ΕΥΜΟΥΟΥΤ ⲘΜΟϤ ΠΒΟΛ ⲘΠΕϤΑϨΕ. ΤΑΙ ΤΕ ΘΕ

ΕΟΥΟΙ ⲚΟΥΟΝ ΝΙΜ ΕΤΕΡΕΝΕⲤΝⲰⲰϤ ΟΥΟΙ *Wehe!*

ⲚΝΕΝΤΑΥΜΟΟΥΤΟΥ ⲤⲘΜΕ ΕϨΡΑΙ ΕΠΝΟΥΤΕ

ϨΑΡΟΟΥ ⲚΚΑΙΡΟⲤ ΝΙΜ. ⲤΕΝΑϪΙΚΒΑ ΓΑΡ ⲘΜΟΟΥ

ⲌⲰⲞⲨ   Ⲛ̄ⲤⲀⲰϤ̄   Ⲛ̄ϪⲒⲔⲂⲀ   ⲀⲨⲰ

ⲤⲈⲚⲀⲢ̄ⲠⲔⲈⲆⲒⲘⲰⲢⲈⲒ Ⲙ̄ⲘⲞⲞⲨ ⲌⲚ̄ ⲌⲀⲌ Ⲛ̄ⲂⲀⲤⲀⲚⲞⲤ

ⲈⲚⲤⲈⲰⲞⲂⲈ   ⲀⲚ   ⲈⲚⲀⲔⲀⲈⲒⲚ   ⲠⲀⲒ   ⲈⲦⲈ

Ⲙ̄ⲠⲈⲠⲈⲌⲢⲞⲞⲨ Ⲙ̄ⲠⲈⲤⲚⲞϤ Ⲙ̄ⲠⲈϤⲤⲞⲚ ⲌⲰⲠ

ⲈⲠϪⲞⲈⲒⲤ ⲠⲈϤⲚⲞⲨⲦⲈ. ⲞⲨⲀⲦϬⲞⲘ ⲆⲈ ⲞⲚ ⲠⲈ

ⲈⲦⲢⲈⲠⲈⲤⲚⲞϤ Ⲛ̄ⲆⲒⲔⲀⲒⲞⲤ ⲚⲒⲘ ⲈⲚⲦⲀⲨⲠⲀⲌⲦϤ̄

ⲈⲂⲞⲖ ⲌⲰⲠ ⲈⲠϪⲞⲈⲒⲤ· ϤⲚⲀⲰⲒⲚⲈ ⲄⲀⲢ Ⲛ̄ⲤⲀ

ⲠⲈⲨⲤⲚⲞϤ ⲦⲎⲢⲞⲨ. ⲈⲚⲰⲀⲚⲞⲨⲰϢ ⲆⲈ ⲞⲚ

ⲦⲚ̄ⲚⲀϪⲞⲞⲤ ⲈⲦⲂⲈ ⲚⲈⲦⲈⲢⲈⲌⲈⲚϪⲞ ϪⲈ ⲈϪⲰⲞⲨ

ⲈⲨⲘⲞⲨ Ⲏ ⲈⲀⲨⲂⲰⲔ Ⲛ̄ⲌⲀⲤⲒⲈ Ⲏ ⲔⲈⲤⲘⲞⲦ Ⲛ̄ⲦⲈⲒⲌⲈ

- ⲦⲚ̄ⲚⲀϪⲞⲞⲤ ϪⲈ ⲠⲈⲨⲀⲌⲈ ⲠⲈ ⲈⲂⲞⲖ ϪⲈ ⲘⲚ̄

ⲖⲀⲀⲨ Ⲛ̄ⲌⲰⲂ Ⲛ̄ⲦⲈⲒⲌⲈ ⲚⲀⲰⲰⲠⲈ ⲈϪⲘ̄ ⲠⲞⲨⲰϢ

Ⲙ̄ⲠⲚⲞⲨⲦⲈ.

Ⲣ̄-Ⲡ-ⲔⲈ (etwas) auch (tun) O.4. ⲆⲒⲘⲰⲢⲈⲒ = τιμωρεῖν ⲔⲀⲈⲒⲚ (Sohn Adams)

3. Nag Hammadi

a) Genesisauslegung aus der Hypostase der Archonten (NHC II, p. 87,11 - 89,3)

ⲀⲦⲘ̄ⲚⲦⲀⲦⲦⲈⲔⲞ ϬⲰϢⲦ ⲀⲠⲒⲦⲚ̄ ⲀⲘⲘⲈⲢⲞⲤ

ⲚⲘ̄ⲘⲞⲞⲨ ⲀⲠⲈⲤⲒⲚⲈ ⲞⲨⲰⲚⲌ ⲈⲂⲞⲖ ⲌⲚ̄Ⲛ Ⲙ̄ⲘⲞⲞⲨ

ⲀⲨⲰ ⲀⲚⲈⲈ̇ⲞⲨⲤⲒⲀ Ⲙ̄ⲠⲔⲀⲔⲈ ⲘⲈⲢⲒⲦⲤ̄ Ⲙ̄ⲠⲞⲨⲰϬⲚ̄

ϬⲞⲘ ⲆⲈ Ⲛ̄ⲦⲈⲌⲈⲠⲒⲚⲈ ⲈⲦⲘ̄ⲘⲀⲨ ⲠⲈⲚⲦⲀⲌⲞⲨⲰⲚ

ⲈⲂⲞⲖ ⲚⲀⲨ ⲌⲚ̄Ⲛ Ⲙ̄ⲘⲞⲞⲨ ⲈⲦⲂⲈ ⲦⲞⲨⲘⲚ̄ⲦϬⲰⲂ

ϪⲈ Ⲙ̄ⲮⲨⲬⲒⲔⲞⲤ ⲚⲀⲰⲦⲈⲌⲈⲘ̄ⲠⲚⲈⲨⲘⲀⲦⲒⲔⲞⲤ ⲀⲚ

ⲦⲈⲔⲞ = ⲦⲀⲔⲞ ⲀⲠⲒⲦⲚ̄ Ⲁ- = ⲈⲠⲒⲦⲚ̄ Ⲉ- Ⲁ für Ⲉ hier häufig ⲦⲈⲌⲈ- = ⲦⲀⲌⲈ- ⲠⲈⲚⲦⲀⲌ- (Perf. rel.), ⲞⲨⲰⲚ = ⲞⲨⲰⲚⲌ ⲦⲞⲨ- = ⲦⲈⲨ-

ϫⲉ ϩⲛ̄ⲛⲁⲃⲟⲗ ⲛⲉ ⲙ̄ⲡⲥⲁ ⲙⲡⲓⲧⲛ ⲛ̄ⲧⲟϥ ⲇⲉ ϩⲛ̄ⲛ-ⲁⲃⲟⲗ =ϩⲉⲛⲉⲃⲟⲗ
ⲟⲩⲉⲃⲟⲗ ⲡⲉ ⲙ̄ⲡⲥⲁ ⲛⲧⲡⲉ ⲉⲧⲃⲉ ⲡⲁï
ⲁⲧⲙ̄ⲛ̄ⲧⲁⲧⲧⲁⲕⲟ ϭⲱϣⲧ ⲉⲃⲟⲗ ⲉⲡⲓⲧⲛ̄ ⲁⲙⲙⲉⲣⲟⲥ
ϣⲓⲛⲁ ϩⲙ̄ ⲡⲟⲩⲱϣ ⲙ̄ⲡⲉⲓⲱⲧ ⲉⲥⲛⲁϩⲁⲧⲣ̄ⲡⲧⲏⲣϥ ϣⲓⲛⲁ = ϩⲓⲛⲁ (ἵνα) ϩⲁⲧⲣ̄- = ϩⲉⲧⲣ̄-
ⲙⲛ̄ ⲡⲟⲩⲟⲉⲓⲛ ⲁⲛⲁⲣⲭⲱⲛ ϫⲓ ⲛ̄ⲟⲩⲥⲩⲙⲃⲟⲩⲗⲓⲟⲛ
ⲡⲉϫⲁⲩ ϫⲉ ⲁⲙⲏⲉⲓⲧⲛ̄ ⲛ̄ⲧⲛ̄ⲧⲁⲙⲓⲟ ⲛ̄ⲟⲩⲣⲱⲙⲉ
ⲛ̄ⲛⲟⲩⲭⲟⲩⲥ ⲉⲃⲟⲗ ϩⲙ̄ ⲡⲕⲁϩ ⲁⲩⲣ̄ⲡⲗⲁⲥⲥⲉ
ⲙ̄ⲡⲟⲩⲧⲁⲙⲓⲟ ⲉⲩⲣⲙⲛ̄ⲕⲁϩ ⲧⲏⲣ<ϥ> ⲡⲉ ⲛⲓⲁⲣⲭⲱⲛ ⲙ̄ⲡⲟⲩ- = ⲙ̄ⲡⲉⲩ-
ⲇⲉ ⲡⲥⲱⲙⲁ ⲡⲉⲧⲉⲩⲛ̄ⲧⲁⲩϥ ⲛ̄ⲥϩⲓⲙⲉ ⲟⲩϩⲟⲟⲩⲧ
ⲡⲉ ⲛ̄ϩⲟ ⲛ̄ⲑⲏⲣⲓⲟⲛ ⲛⲉ ⲁⲩϥⲓ ⲛ̄ⲛⲟⲩⲭⲟⲩⲥ ⲉⲃⲟⲗ ϩⲙ̄
ⲡⲕⲁϩ ⲁⲩⲣ̄ⲡⲗⲁⲥⲥⲉ ⲙ̄ⲡⲟⲩⲣⲱⲙⲉ ⲕⲁⲧⲁ
ⲡⲟⲩⲥⲱⲙⲁ ⲁⲩⲱ ⲕⲁⲧⲁ ⲡⲓⲛⲉ ⲙ̄ⲡⲛⲟⲩⲧⲉ
ⲛ̄ⲧⲁϩⲟⲩⲱⲛϩ ⲉⲃⲟⲗ ⲛⲁⲩ ϩⲛ̄ⲛ ⲙⲙⲟⲟⲩ ⲡⲉϫⲁⲩ
ϫⲉ ⲁⲙⲏⲉⲓⲧⲛ̄ ⲙⲁⲣⲛ̄ⲧⲉϩⲟϥ ϩⲙ̄ ⲡⲛ̄ⲡⲗⲁⲥⲙⲁ ⲡⲛ̄- = ⲡⲉⲛ-
ϫⲉⲕⲁⲁⲥ ⲉϥⲛⲁⲛⲁⲩ ⲁⲡⲉϥϣⲃⲣ̄ⲉⲓⲛⲉ ⲛ̄ϥⲙⲉⲣⲓⲧϥ̄
(88) ⲛ̄ⲧⲛ̄ⲉⲙⲁϩⲧⲉ ⲙ̄ⲙⲟϥ ϩⲙ̄ ⲡⲙ̄ⲡⲗⲁⲥⲙⲁ ⲉⲩⲣ̄ⲛⲟⲉⲓ ⲉⲙⲁϩⲧⲉ = ⲁⲙⲁϩⲧⲉ
ⲁⲛ ⲛ̄ⲧⲇⲩⲛⲁⲙⲓⲥ ⲙ̄ⲡⲛⲟⲩⲧⲉ ⲉⲃⲟⲗ ϩⲛ̄
ⲧⲟⲩⲙⲛ̄ⲧⲁⲧϭⲟⲙ ⲁⲩⲱ ⲁϥⲛⲓϥⲉ ⲉϩⲟⲩⲛ ϩⲙ̄
ⲡⲉϥϩⲟ ⲁⲩⲱ ⲁⲡⲣⲱⲙⲉ ϣⲱⲡⲉ ⲙ̄ⲯⲩⲭⲓⲕⲟⲥ
ϩⲓϫⲙ̄ ⲡⲕⲁϩ ⲛ̄ϩⲁϩ ⲛ̄ϩⲟⲟⲩ ⲙ̄ⲡⲟⲩϣϭⲛ̄ϭⲟⲙ ϭⲉ
ⲛ̄ⲧⲟⲩⲛⲟⲥϥ ⲉⲧⲃⲉ ⲧⲟⲩⲙⲛ̄ⲧⲁⲧϭⲟⲙ
ⲁⲩⲡⲣⲟⲥⲕⲁⲣⲧⲉⲣⲉⲓ ⲛ̄ⲑⲉ ⲛ̄ⲛⲓϩⲁⲧⲏⲟⲩ ϫⲉ

ⲉⲩⲛⲁϭⲱⲣϭ ⲁⲡⲉⲓⲛⲉ ⲉⲧⲙ̄ⲙⲁⲩ ⲡⲁⲉⲓ

ⲛ̄ⲧⲁϩⲟⲩⲱⲛϩ ⲉⲃⲟⲗ ⲛⲁⲩ ϩⲛ̄ⲛ ⲙ̄ⲙⲟⲟⲩ

ⲛⲉⲩⲥⲟⲟⲩⲛ ⲇⲉ ⲁⲛ ⲛ̄ⲧⲉϥϭⲟⲙ ⲭⲉ ⲛⲓⲙ ⲡⲉ ⲛⲁⲉⲓ

ⲇⲉ ⲧⲏⲣⲟⲩ ⲁⲩϣⲱⲡⲉ ϩⲙ̄ ⲡⲟⲩⲱϣ ⲙ̄ⲡⲉⲓⲱⲧ

ⲙ̄ⲡⲧⲏⲣϥ ⲙ̄ⲙⲛ̄ⲛ̄ⲥⲁ ⲛⲁⲉⲓ ⲁⲡ̄ⲛ̄ⲁ̄ ⲛⲁⲩ ⲁⲡⲓⲣⲱⲙⲉ　　ⲙ̄ⲙⲛ̄ⲛ̄ⲥⲁ-
= ⲙⲛ̄ⲛ̄ⲥⲁ-

ⲛ̄ⲯⲩⲭⲓⲕⲟⲥ ϩⲓⲭⲙ̄ ⲡⲕⲁϩ ⲁⲩⲱ ⲁⲡ̄ⲡ̄ⲛ̄ⲁ̄ ⲉⲓ ⲉⲃⲟⲗ

ϩⲙ̄ ⲡⲕⲁϩ ⲛ̄ⲁⲇⲁⲙⲁⲛⲧⲓⲛⲏ ⲁϥⲉⲓ ⲉⲡⲓⲧⲛ̄ ⲁϥⲟⲩⲱϩ

ⲛ̄ϩⲏⲧϥ ⲁⲡⲣⲱⲙⲉ ⲉⲧⲙ̄ⲙⲁⲩ ϣⲱⲡⲉ ⲁⲩⲯⲩⲭⲏ　　ϣⲱⲡⲉ ⲁ-
= ϣⲱⲡⲉ
ⲉ-

ⲉⲥⲟⲛϩ ⲁϥⲙⲟⲩⲧⲉ ⲉⲡⲉϥⲣⲁⲛ ⲭⲉ ⲁⲇⲁⲙ ⲭⲉ　　ⲧⲟⲛϩ von
ⲱⲛϩ̄

ⲁⲩϩⲉ ⲅⲁⲣ ⲉⲣⲟϥ ⲉϥⲕⲉⲓⲙ ϩⲓⲭⲙ̄ ⲡⲕⲁϩ ⲁⲩⲥⲙⲏ ⲉⲓ

ⲉⲃⲟⲗ ϩⲛ̄ ⲧⲙⲛ̄ⲧⲁⲧⲧⲁⲕⲟ ⲉⲧⲃⲉ ⲧⲃⲟⲏⲑⲓⲁ

ⲛ̄ⲁⲇⲁⲙ ⲁⲩⲱ ⲁⲛⲁⲣⲭⲱⲛ ⲥⲱⲟⲩϩ ⲉϩⲟⲩⲛ

ⲛ̄ⲛⲑⲏⲣⲓⲟⲛ ⲧⲏⲣⲟⲩ ⲙ̄ⲡⲕⲁϩ ⲙⲛ̄ ⲛ̄ϩⲁⲗⲁⲧⲉ ⲧⲏⲣⲟⲩ

ⲛ̄ⲧⲡⲉ ⲁⲩⲛ̄ⲧⲟⲩ ⲉϩⲟⲩⲛ ϣⲁ ⲁⲇⲁⲙ ⲉⲛⲁⲩ ⲭⲉ　　ⲁⲩ-
ⲛ̄ⲧⲟⲩ. s.
ⲉⲓⲛⲉ

ⲁⲇⲁⲙ ⲛⲁⲙⲟⲩⲧⲉ ⲉⲣⲟⲟⲩ ⲭⲉ ⲛⲓⲙ ⲉⲧⲣⲉϥϯⲣⲁⲛ

ⲉⲡⲟⲩⲁ ⲡⲟⲩⲁ ϩⲛ̄ ⲛ̄ϩⲁⲗⲁⲧⲉ ⲙⲛ̄ ⲛ̄ⲧⲃⲛⲟⲟⲩⲉ

ⲧⲏⲣⲟⲩ ⲁⲩⲉⲓ ⲛ̄ⲁⲇⲁⲙ ⲁⲩⲕⲁⲁϥ ϩⲙ̄

ⲡⲡⲁⲣⲁⲇⲉⲓⲥⲟⲥ ⲉⲧⲣⲉϥⲣ̄ϩⲱⲃ ⲉⲣⲟϥ ⲛ̄ϥⲁⲣⲉϩ　　ⲁⲣⲉϩ =
ϩⲁⲣⲉϩ

ⲉⲣⲟϥ ⲁⲩⲱ ⲁⲛⲁⲣⲭⲱⲛ ϩⲱⲛ ⲉⲧⲟⲟⲧϥ ⲉⲩⲭⲱ

ⲙ̄ⲙⲟⲥ ⲭⲉ ⲉⲃⲟⲗ ϩⲛ̄ ϣⲏⲛ ⲛⲓⲙ ⲉⲧϩⲙ̄

<ⲡ>ⲡⲁⲣⲁⲇⲓⲥⲟⲥ ⲉⲕⲛⲁⲟⲩⲱⲙ ⲉⲃⲟⲗ ⲇⲉ ϩⲙ̄

ⲡϣⲏⲛ ⲛ̄ⲥⲟⲩⲱⲛ ⲡⲉⲧⲛⲁⲛⲟⲩϥ ⲙⲛ̄ ⲡⲉⲑⲟⲟⲩ

ⲘⲠⲢⲞⲨⲰⲘ ⲞⲨⲆⲈ ⲘⲠⲢⲬⲰⲹ ⲈⲢⲞⳒ ⲬⲈ ⲪⲞⲞⲨ

ⲈⲦⲈⲦⲚⲀⲞⲨⲰⲘ ⲈⲂⲞⲖ ⲚⲹⲎⲦⳒ ⲹⲚ ⲞⲨⲘⲞⲨ

ⲦⲈⲦⲚⲀⲘⲞⲨ ⲤⲈⲬⲰ ⲚⲀⳒ ⲘⲠⲀÏ ⲤⲈⲤⲞⲞⲨⲚ ⲀⲚ ⲬⲈ

ⲞⲨ ⲠⲈⲚⲦⲀⲨⲬⲞⲞⳒ ⲚⲀⳒ ⲀⲖⲖⲀ ⲹⲘ ⲠⲞⲨⲰϢ

ⲘⲠⲈⲒⲰⲦ (89) ⲚⲦⲀⲨⲬⲈⲠⲀⲈⲒ ⲚⲦⲈⲈⲒⲹⲈ ⲬⲈⲔⲀⲀⲤ

ⲈⳒⲚⲀⲞⲨⲰⲘ ⲚⲦⲈⲀⲆⲀⲘ <ⲦⲘ> ⲚⲀⲨ ⲈⲢⲞⲞⲨ ⲈⳒⲞ

ⲦⲎⲢⳒ ⲚⲹⲨⲖⲒⲔⲞⲤ

b) Der Demutshymnus aus den Lehren des Silvanus (NHC VII, p. 110,14 - 111,20)

ⲚⲒⲘ ⲠⲈ ⲠⲈⲬⲤ ⲤⲞⲨⲰⲚⳒ ⲀⲨⲰ ⲚⲄⲬⲠⲞⳒ ⲚⲀⲔ

ⲚϢⲂⲎⲢ· ⲠⲀÏ ⲄⲀⲢ ⲠⲈ ⲠⲈϢⲂⲎⲢ ⲈⲦⲚⲹⲞⲦ· ⲚⲦⲞⳒ

ⲞⲚ ⲠⲈ ⲠⲚⲞⲨⲦⲈ ⲀⲨⲰ ⲠⲤⲀⲹ· ⲠⲀÏ ⲈⲨⲚⲞⲨⲦⲈ ⲠⲈ

ⲀⳒϢⲰⲠⲈ ⲚⲢⲰⲘⲈ ⲈⲦⲂⲎⲎⲦⲔ· ⲠⲀÏ ⲠⲈ ⲚⲦⲀⳒⲂⲰⲖ

ⲈⲂⲞⲖ ⲚⲚⲘⲘⲞⲬⲖⲞⲤ ⲚⲂⲀⲚⲒⲠⲈ ⲚⲀⲘⲚⲦⲈ ⲀⲨⲰ   Ⲛ-ⲚⲘ-ⲘⲞⲬⲖⲞⲤ =

ⲚⲔⲖ ⲚⲹⲞⲘⲈⲦ· ⲠⲀÏ ⲠⲈ ⲚⲦⲀⳒⲹⲒⲦⲞⲞⲦⳒ ⲀⳒⲦⲀⲞ   Ⲛ-Ⲙ-ⲘⲞⲬⲖⲞⲤ
                                                           ⲹÏ-, s.
ⲈⲠⲈⲤⲚⲦ· ⲚⲦⲨⲢⲀⲚⲚⲞⲤ ⲚⲒⲘ ⲈⲦⲬⲞⲤⲈ ⲚⲹⲎⲦ·   ⲹⲒⲞⲨⲈ

ⲠⲈⲚⲦⲀⳒⲂⲰⲖ ⲈⲂⲞⲖ ⲚⲦⲞⲞⲦⳒ ⲚⲘⲘⲢⲢⲈ

ⲈⲚⲈⳒⲀⲘⲀⲹⲦⲈ ⲘⲘⲞⲞⲨ· ⲀⳒⲈⲒⲚⲈ ⲈⲹⲢⲀÏ ⲚⲚⲹⲎⲔⲈ

ⲹⲘ ⲠⲚⲞⲨⲚ ⲀⲨⲰ ⲚⲈⲦⲘⲞⲔⲹ ⲚⲹⲎⲦ· ⲹⲚ ⲈⲘⲚⲦⲈ·   ⲈⲘⲚⲦⲈ =

ⲠⲈⲚⲦⲀⳒⲐⲂⲂⲒⲞ ⲚⲚⲆⲨⲚⲀⲘⲒⲤ ⲈⲦⲬⲞⲤⲈ ⲚⲹⲎⲦ·   ⲀⲘⲚⲦⲈ

ⲠⲈⲚⲦⲀⳒϯϢⲒⲠⲈ ⲘⲠⲬⲀⲤⲒⲹⲎⲦ· ⲹⲒⲦⲚ ⲠⲐⲂⲂⲒⲞ·

ⲠⲈⲚⲦⲀⳒⲦⲀⲞ ⲈⲠⲈⲤⲚⲦ· ⲘⲠⲬⲰⲰⲢⲈ· ⲀⲨⲰ

ⲡⲣⲉϥⲃⲁⲃⲉⲣⲱⲙⲉ   ϩⲓⲧⲛ̅   ⲧⲙ̅ⲛⲧ̅ϭⲱⲃ·

ⲡⲉⲛⲧⲁϥϣⲱⲥ ⲙ̅ⲡⲉⲧⲟⲩ(111)ⲙⲉⲉⲩⲉ ⲉⲣⲟϥ ⲭⲉ

ⲟⲩⲧⲁⲉⲓⲟ ⲡⲉ· ϩⲣⲁⲓ̈ ϩ̅ⲙ ⲡⲉϥϣⲱⲥ· ⲭⲉⲕⲁⲁⲥ

ⲉⲣⲉⲡⲑⲃ̄ⲃⲓⲟ ⲉⲧⲃⲉ ⲡⲛⲟⲩⲧⲉ ⲛⲁⲭⲓⲥⲉ ⲉⲙⲁⲧⲉ

ⲡⲉⲛⲧⲁϥϭⲱⲗⲉ ⲙ̅ⲡⲣⲱⲙⲉ· ⲁⲩⲱ ⲡⲛⲟⲩⲧⲉ ⲡⲉ

ⲡⲑⲉⲓⲟⲥ ⲗⲟⲅⲟⲥ· ⲡⲉⲧϥⲓ ⲉϩⲣⲁⲓ̈ ϩⲁ ⲡⲣⲱⲙⲉ

ⲛ̅ⲟⲩⲟⲉⲓϣ ⲛⲓⲙ· ⲁⲩⲱ ⲁϥⲟⲩⲱϣ ⲁⲉⲓⲣⲉ ⲙ̅ⲡⲑⲃ̄ⲃⲓⲟ

ϩ̅ⲙ   ⲡⲉⲧⲭⲟⲥⲉ·   ⲡⲉⲛⲧⲁϥⲭⲓⲥⲉ   ⲙ̅ⲡⲣⲱⲙⲉ

ⲁϥϣⲱⲡⲉ ⲉϥⲧ̅ⲛⲧⲱⲛ ⲉⲡⲛⲟⲩⲧⲉ· ⲭⲉⲕⲁⲁⲥ ⲁⲛ

ⲉϥⲛⲁⲉⲓⲛⲉ ⲉⲡⲉⲥⲏⲧ̅ ⲙ̅ⲡⲛⲟⲩⲧⲉ ϣⲁ ⲡⲣⲱⲙⲉ·

ⲁⲗⲗⲁ   ⲉⲧⲣⲉⲡⲣⲱⲙⲉ   ϣⲱⲡⲉ   ⲉϥⲧ̅ⲛⲧⲱⲛ

ⲉⲡⲛⲟⲩⲧⲉ ⲱ̅ ⲧ̅ⲛⲟϭ ⲙ̅ⲙ̅ⲛⲧ̅ⲭⲥ̅ ⲛ̅ⲧⲉ ⲡⲛⲟⲩⲧⲉ· ⲱ̅   ⲙ̅ⲛⲧ̅ⲭⲥ̅ =
                                                              ⲙ̅ⲛⲧ̅-
ⲡⲉⲭⲥ̅ ⲡ̅ⲣ̅ⲣⲟ ⲡⲉⲛⲧⲁϥⲟⲩⲱⲛϩ̅ ⲉⲃⲟⲗ ⲛ̅ⲛ̅ⲣⲱⲙⲉ   ⲭⲣⲏⲥⲧⲟⲥ

ⲛ̅ⲧⲛⲟϭ ⲙ̅ⲙ̅ⲛⲧ̅ⲛⲟⲩⲧⲉ· ⲡ̅ⲣ̅ⲣⲟ ⲛ̅ⲁⲣⲉⲧⲏ ⲛⲓⲙ· ⲁⲩⲱ

ⲡ̅ⲣ̅ⲣⲟ ⲙ̅ⲡⲱⲛϩ̅· ⲡ̅ⲣ̅ⲣⲟ ⲛ̅ⲛⲉⲱⲛ ⲁⲩⲱ ⲡⲛⲟϭ   ⲉⲱⲛ =
                                                              ⲁⲓⲱⲛ
ⲛ̅ⲛ̅ⲙⲡⲏⲩⲉ· ⲥⲱⲧⲙ̅ ⲉⲛⲁϣⲁⲭⲉ ⲁⲩⲱ ⲛ̅ⲅⲕⲱ ⲉⲃⲟⲗ

ⲛⲁⲓ̈·

c) Aus dem Thomasevangelium (NHC II)

Incipit und Spruch 1

ⲛⲁⲉⲓ ⲛⲉ ⲛ̅ϣⲁⲭⲉ ⲉⲑⲏⲡ̅ ⲉⲛⲧⲁⲓ̅ⲥ̅ ⲉⲧⲟⲛϩ ⲭⲟⲟⲩ

ⲁⲩⲱ   ⲁϥⲥϩⲁⲓ̈ⲥⲟⲩ   ⲛ̅ϭⲓ   ⲇⲓⲇⲩⲙⲟⲥ   ⲓ̈ⲟⲩⲇⲁⲥ

ΘⲰⲘⲀⲤ ⲀⲨⲰ ⲠⲈⲬⲀϤ ⲬⲈ ⲠⲈⲦⲀϨⲈ ⲠⲈⲦⲀ- =
ⲈⲐⲈⲢⲘⲎⲚⲈⲒⲀ ⲚⲚⲈⲈⲒϢⲀⲬⲈ ϤⲚⲀⲬⲒϯⲠⲈ ⲀⲚ ⲠⲈⲦⲚⲀ-
Ⲙ̄ⲠⲘⲞⲨ

Spruch 5

ⲠⲈⲬⲈ Ⲓ̄Ⲥ̄ ⲤⲞⲨⲰⲚ ⲠⲈⲦⲘ̄ⲠⲘ̄ⲦⲞ Ⲙ̄ⲠⲈⲔϨⲞ ⲈⲂⲞⲖ'
ⲀⲨⲰ ⲠⲈⲐⲎⲠ' ⲈⲢⲞⲔ' ϤⲚⲀϬⲰⲖⲠ' ⲈⲂⲞⲖ ⲚⲀⲔ' ⲘⲚ̄
ⲖⲀⲀⲨ ⲄⲀⲢ ⲈϤϨⲎⲠ' ⲈϤⲚⲀⲞⲨⲰⲚϨ ⲈⲂⲞⲖ ⲀⲚ

Spruch 10

ⲠⲈⲬⲈ Ⲓ̄Ⲥ̄ ⲬⲈ ⲀⲈⲒⲚⲞⲨⲬⲈ Ⲛ̄ⲞⲨⲔⲰϨ̄Ⲧ' ⲈⲬⲚ̄
ⲠⲔⲞⲤⲘⲞⲤ ⲀⲨⲰ ⲈⲒⲤϨⲎⲎⲦⲈ ϯⲀⲢⲈϨ ⲈⲢⲞϤ ⲀⲢⲈϨ =
ϢⲀⲚⲦⲈϤⲬⲈⲢⲞ ϨⲀⲢⲈϨ

Spruch 15

ⲠⲈⲬⲈ Ⲓ̄Ⲥ̄ ⲬⲈ ϨⲞⲦⲀⲚ ⲈⲦⲈⲦⲚ̄ϢⲀⲚⲚⲀⲨ ⲈⲠⲈⲦⲈ ϨⲞⲦⲀⲚ =
Ⲙ̄ⲠⲞⲨⲬⲠⲞϤ ⲈⲂⲞⲖ Ϩ̄Ⲛ̄ ⲦⲤϨⲒⲘⲈ ⲠⲈϨⲦ̄ⲐⲎⲨⲦⲚ̄ ὅταν
ⲈⲬⲘ̄ ⲠⲈⲦⲚ̄ϨⲞ Ⲛ̄ⲦⲈⲦⲚ̄ⲞⲨⲰϢⲦ ⲚⲀϤ ⲠⲈⲦⲘ̄ⲘⲀⲨ
ⲠⲈ ⲠⲈⲦⲚ̄ⲈⲒⲰⲦ'

Spruch 29

ⲠⲈⲬⲈ Ⲓ̄Ⲥ̄ ⲈϢⲬⲈ Ⲛ̄ⲦⲀⲦⲤⲀⲢⲝ' ϢⲰⲠⲈ ⲈⲦⲂⲈ Ⲡ̄Ⲛ̄Ⲁ̄
ⲞⲨϢⲠⲎⲢⲈ ⲦⲈ ⲈϢⲬⲈ Ⲡ̄Ⲛ̄Ⲁ̄ ⲆⲈ ⲈⲦⲂⲈ ⲠⲤⲰⲘⲀ
ⲞⲨϢⲠⲎⲢⲈ Ⲛ̄ϢⲠⲎⲢⲈ ⲠⲈ

Spruch 31

ⲠⲈⲬⲈ Ⲓ̄Ⲥ̄ ⲘⲚ̄ⲠⲢⲞⲪⲎⲦⲎⲤ ϢⲎⲠ' Ϩ̄Ⲙ̄ ⲠⲈϤϯⲘⲈ
ⲘⲀⲢⲈⲤⲞⲈⲒⲚ Ⲣ̄ⲐⲈⲢⲀⲠⲈⲨⲈ Ⲛ̄ⲚⲈⲦ'ⲤⲞⲞⲨⲚ Ⲙ̄ⲘⲞϤ

Spruch 35

ⲡⲉϫⲉ ⲓ̄ⲥ̄ ⲙⲛ̄ϭⲟⲙ ⲛ̄ⲧⲉⲟⲩⲁ ⲃⲱⲕʼ ⲉϩⲟⲩⲛ ⲉⲡⲏⲉⲓ

ⲙ̄ⲡϫⲱⲱⲣⲉ ⲛ̄ϥϫⲓⲧϥ̄ ⲛ̄ϫⲛⲁϩ ⲉⲓⲙⲏⲧⲓ ⲛ̄ϥⲙⲟⲩⲣ

ⲛ̄ⲛⲉϥϭⲓϫʼ ⲧⲟⲧⲉ ϥⲛⲁⲡⲱⲱⲛⲉ ⲉⲃⲟⲗ ⲙ̄ⲡⲉϥⲏⲉⲓ

Spruch 42

ⲡⲉϫⲉ ⲓ̄ⲥ̄ ϫⲉ ϣⲱⲡⲉ ⲉⲧⲉⲧⲛ̄ⲣ̄ⲡⲁⲣⲁⲅⲉ

Spruch 53

ⲡⲉϫⲁⲩ ⲛⲁϥ ⲛ̄ϭⲓ ⲛⲉϥⲙⲁⲑⲏⲧⲏⲥ ϫⲉ ⲡⲥⲃ̄ⲃⲉ

ⲣ̄ⲱⲫⲉⲗⲉⲓ ⲏ ⲙ̄ⲙⲟⲛ ⲡⲉϫⲁϥ ⲛⲁⲩ ϫⲉ

ⲛⲉϥⲣ̄ⲱⲫⲉⲗⲉⲓ ⲛⲉⲡⲟⲩⲉⲓⲱⲧʼ ⲛⲁϫⲡⲟⲟⲩ ⲉⲃⲟⲗ ⲡⲟⲩ- =
ⲡⲉⲩ-

ϩⲛ̄ ⲧⲟⲩⲙⲁⲁⲩ ⲉⲩⲥⲃ̄ⲃⲏⲩ ⲁⲗⲗⲁ ⲡⲥⲃ̄ⲃⲉ ⲙ̄ⲙⲉ ϩⲙ̄ ⲧⲟⲩ- =
ⲧⲉⲩ-

ⲡ̄ⲛ̄ⲁ̄ ⲁϥϭⲛ̄ϩⲏⲩ ⲧⲏⲣϥ̄

Spruch 72

ⲡⲉϫⲉ ⲟⲩⲣⲱⲙⲉ ⲛⲁϥ ϫⲉ ϫⲟⲟⲥ ⲛ̄ⲛⲁⲥⲛⲏⲩ ϣⲓⲛⲁ ϣⲓⲛⲁ =
ϩⲓⲛⲁ (ἵνα)

ⲉⲩⲛⲁⲡⲱϣⲉ ⲛ̄ⲛ̄ϩⲛⲁⲁⲩ ⲙ̄ⲡⲁⲉⲓⲱⲧʼ ⲛⲙ̄ⲙⲁⲉⲓ

ⲡⲉϫⲁϥ ⲛⲁϥ ϫⲉ ⲱ ⲡⲣⲱⲙⲉ ⲛⲓⲙ ⲡⲉ ⲛ̄ⲧⲁϩⲁⲁⲧʼ ⲛ̄ⲧⲁϩ- (Perf
rel.)

ⲛ̄ⲣⲉϥⲡⲱϣⲉ ⲁϥⲕⲟⲧϥ̄ ⲁʼⲛⲉϥⲙⲁⲑⲏⲧⲏⲥ ⲡⲉϫⲁϥ

ⲛⲁⲩ ϫⲉ ⲙⲏ ⲉⲉⲓϣⲟⲟⲡʼ ⲛ̄ⲣⲉϥⲡⲱϣⲉ

Spruch 85

ⲡⲉϫⲉ ⲓ̄ⲥ̄ ϫⲉ ⲛ̄ⲧⲁⲁⲇⲁⲙ ϣⲱⲡⲉ ⲉⲃⲟⲗ ϩⲛ̄ⲛ

ⲟⲩⲛⲟϭ ⲛ̄ⲇⲩⲛⲁⲙⲓⲥ ⲙⲛ̄ ⲟⲩⲛⲟϭ ⲙ̄ⲙⲛ̄ⲧⲣⲙ̄ⲙⲁⲟ

ⲁⲩⲱ ⲙ̄ⲡⲉϥϣⲱⲡⲉ ⲉϥⲙ̄ⲡϣⲁ ⲙ̄ⲙⲱⲧⲛ̄ ⲛⲉⲩⲁⲝⲓⲟⲥ

ⲅⲁⲣ ⲡⲉ ⲛⲉϥⲛⲁϫⲓ†ⲡⲉ ⲁⲛ ⲙ̄ⲡⲙⲟⲩ

Spruch 96

ⲡⲉϪⲉ ⲓ̅ⲥ̅ Ϫⲉ ⲦⲘⲚⲦⲉⲢⲟ ⲘⲡⲉⲓⲱⲦ' ⲉⲤⲦⲚ̅ⲦⲰⲚ

ⲀⲨⲤϨⲒⲘⲉ ⲀⲤϪⲒ Ⲛ̅ⲞⲨⲔⲞⲨⲈⲒ Ⲛ̅ⲤⲀⲈⲒⲢ ⲀⲤϨⲞⲠϤ ϨⲚ̅   ⲀⲨⲤϨⲒⲘⲉ =
ⲈⲨⲤϨⲒⲘⲉ

ⲞⲨϢⲰⲦⲉ ⲀⲤⲀⲀϤ Ⲛ̅ϨⲚ̅ⲚⲞϬ Ⲛ̅ⲚⲞⲈⲒⲔ' ⲠⲈⲦⲈⲨⲘ̅   Ⲛ̅ⲚⲞⲈⲒⲔ =
Ⲛ̅ⲞⲈⲒⲔ

ⲘⲀⲀϪⲉ Ⲙ̅ⲘⲞϤ ⲘⲀⲢⲉϤⲤⲰⲦⲘ̅

Spruch 98

ⲡⲉϪⲉ ⲓ̅ⲥ̅ ⲦⲘⲚ̅ⲦⲉⲢⲟ ⲘⲡⲉⲓⲱⲦ' ⲉⲤⲦⲚ̅ⲦⲰⲚ

ⲈⲨⲢⲰⲘⲉ ⲈϤⲞⲨⲰϢ ⲈⲘⲞⲨⲦ ⲞⲨⲢⲰⲘⲉ

Ⲙ̅ⲘⲉⲄⲒⲤⲦⲀⲚⲞⲤ ⲀϤϢⲰⲖⲘ' Ⲛ̅ⲦⲤⲏϤⲉ ϨⲘ̅ ⲠⲉϤⲎⲈⲒ

ⲀϤϪⲞⲦⲤ̅ Ⲛ̅ⲦϪⲞ ϪⲈⲔⲀⲀⲤ ⲈϤⲚⲀⲈⲒⲘⲉ Ϫⲉ

ⲦⲉϤϬⲒϪ' ⲚⲀⲦⲰⲔ' ⲈϨⲞⲨⲚ ⲦⲞⲦⲉ ⲀϤϨⲰⲦⲂ̅

Ⲙ̅ⲠⲘⲉⲄⲒⲤⲦⲀⲚⲞⲤ

VI. LITERATUR (Auswahl)

1. Grammatik, Dialektologie

Alexander Böhlig, Autogenes. Zur Stellung des adjektivischen Attributes im Koptischen, in: ders., Gnosis und Synkretismus Bd. 2 (WUNT 48), 399-413, Tübingen 1989.

Leo Depuydt, For the sake of ⲟⲩⲱϣ, 'love': an exception to the Stern-Jernstedt Rule and its history, in: JEA 79 (1993), 282-286.

Lance Eccles, Introductory Coptic Reader. Selection from the Gospel of Thomas with full grammatical explanations, Kensington 1991.

Alla I. Elanskaya, The *T-Causativa* in Coptic, in: D. W. Young (ed.), Studies Presented to Hans Jakob Polotsky, E. Gloucester (Mass.) 1981, 80-130 (+ 5 plates).

Stephen Emmel, Proclitic Forms of the Verb ϯ in Coptic, in: D. W. Young (ed.), Studies Presented to Hans Jakob Polotsky, E. Gloucester (Mass.) 1981, 131-146.
—, Coptic Language, in: The Anchor Bible Dictionary Bd. 4, 180-188, New York 1992.

Wolf-Peter Funk, Zur Syntax des koptischen Qualitativs I und II, in: ZÄS 104 (1977), 25-39 und ZÄS 105 (1978), 94-114.
—, Toward a Synchronic Morphology of Coptic, in: R. McL. Wilson (Ed.), The Future of Coptic Studies, Leiden 1978.
—, "Blind" oder "unsichtbar"? Zur Bedeutungsstruktur deverbaler negativer Adjektive im Koptischen, in: Nagel, P. (Hg.), Studien zum Menschenbild in Gnosis und Manichäismus. Wissenschaftliche Beiträge der Martin-Luther-Universität Halle-Wittenberg 1979/39 (K5), 55-66.
—, Beiträge des mittelägyptischen Dialekts zum koptischen Konjugationssystem, in: D. W. Young (ed.), Studies Presented to Hans Jakob Polotsky, E. Gloucester (Mass.) 1981, 177-210.
—, Bemerkungen zum Sprachvergleich Griechisch-Koptisch, in: Nagel, P. (Hg.), Graeco-Coptica. Wissenschaftliche Beiträge der Martin-Luther-Universität Halle-Wittenberg 1984/48 (I 29), 147-180.
—, Zur Negation des Präsens in den oberägyptischen Dialekten, in: ZÄS 114 (1987), 101-102.
—, Dialects wanting homes: a numerical approach to the early varieties of Coptic, in: J. Fisiak (Ed.), Historical Dialectology, Berlin 1988.

—, Dialects, Morphology of Coptic, in: CoptEnc 8, 101-108, 1991.

—, Formen und Funktionen des interlokutiven Nominalsatzes in den koptischen Dialekten, in: Langues orientales anciennes 3 (1991), 1-75.

—, La langue du texte. A. Les phrases de structure nominale. B. Le conjonctif dans la phrase impérative, in: P.-H. Poirier, Le Tonnerre, intellect parfait (BCNH 22), Louvain 1995, 66-110.

—, Toward a Linguistic Classification of the 'Sahidic' Nag Hammadi Texts, in: D.W. Johnson (Ed.), Acts of the Fifth International Congress of Coptic Studies, vol. 2, part 1, 163-177, Rom 1993.

—, The Linguistic Aspect of Classifying the Nag Hammadi Codices, in: L. Painchaud/A. Pasquier (Edd.), Le textes de Nag Hammadi et le problème de leur classification (BCNH, Section Études 3), Louvain 1995.

Peter Jernstedt, Zum Gebrauch des koptischen Qualitativs, in: Доклады Академии Наук СССР 1925, 74-77.

—, Die grammatische und lexikalische Stellung des koptischen Verbums ⲚⲀ «gehen», in: Доклады Академии Наук СССР 1927, 33-35.

—, Das koptische Praesens und die Anknüpfungsarten des näheren Objekts, in: Доклады Академии Наук СССР 1927, 69-74.

—, Zur Determination im Koptischen (übersetzt v. P. Nagel), in: Wissenschaftliche Zeitschrift der Martin-Luther-Universität Halle-Wittenberg 27/1978, 95-106.

Rodolphe Kasser, A Standard System of Sigla for Referring to the Dialects of Coptic, in: JCoptS 1/1990, 141-151.

Bentley Layton, Coptic Language, in: The Interpreter's Dictionary of the Bible, Supplementary Vol., 274-279, Nashville 1976.

—, Compound Prepositions in Sahidic Coptic, in: D. W. Young (ed.), Studies Presented to Hans Jakob Polotsky, E. Gloucester (Mass.) 1981, 239-268.

—, The Coptic Determinator Syntagm and Its Constituents, in: JCoptS 1/1990, 79-97.

Thomas O. Lambdin, Introduction to Sahidic Coptic, Macon 1983.

Peter Nagel, Grammatische Untersuchungen zu Nag Hammadi Codex II, in: F. Altheim/R. Stiehl (Hgg.), Die Araber in der alten Welt V 2, Berlin 1969, 393-469.

—, Die Einwirkung des Griechischen auf die Entstehung der koptischen Literatursprache, in: F. Altheim/R. Stiehl (Hgg.), Christentum am Roten Meer I, 327-355, Berlin 1971.

—,   Marginalia Coptica II. Zum substantivierten Relativsatz, in: WZMLU Halle-Wittenberg 22 (1973) Heft 6, 117-121.

—,   Die Determination des Subjektsnomens im Präsens I und das Problem der Satztypen des Koptischen, in: Hallesche Beiträge zur Orientwissenschaft 2, 77-93, Halle 1980.

Hans Jakob Polotsky, Collected Papers (CP), Jerusalem 1971.
        darin u.a. zur koptischen Linguistik:
        — Zur koptischen Lautlehre I (1931), 348-351.
        — Zur koptischen Lautlehre II (1933), 358- 362.
        — Études de syntaxe copte (1944), 102-207.
        — Modes grecs en copte? (1950), 208-225.
        — Review of Till, Koptische Grammatik (1957), 226-233.
        — The Coptic Conjugation System (1960), 238-268.
        — Zur koptischen Wortstellung (1961), 398-417.
        — Review of Till, Koptische Grammatik² (1962), 269-271.
        — Nominalsatz und Cleft Sentence im Koptischen (1962), 418-435.
—,   Die koptischen Possessiva, in: Enchoria 13 (1985), 89-96.
—,   Grundlagen des koptischen Satzbaus; Erste Hälfte: Decatur 1987, Zweite Hälfte: Atlanta 1990 (American Studies in Papyrology vol. 28 & 29).
—,   Zur Determination im Koptischen, in: Orientalia 58 (1989), 464-472.
—,   'Article' and 'Determinative Pronoun' in Coptic, in: Lingua Aegyptiaca 1 (1991), 241f.

Hans Quecke, Zum substantivischen Relativsatz im Koptischen, in: Acts of the Second International Congress of Coptic Study, Rom 1985, 261-282.

Hans-Martin Schenke, On the Middle Egyptian Dialect of the Coptic Language, in: Enchoria VIII (Sonderband), 1978, 43* (89)-58* (104).

Ariel Shisha-Halevy, Apodotic *efsotm*: A hitherto unnoticed Late Coptic tripartite pattern conjugation-form and its diachronic perspective, in: Le Museon 86, 1973, 455-466.
—,   Protatic ЄϤⲤⲰⲦⲘ̄: A hitherto unnoticed Late Coptic tripartite pattern conjugation-form and its diachronic connections, in: Orientalia 43 (1974) 369-381.
—,   The Coptic Circumstantial Present with an Empty (Impersonal) Actor-Suffix and Adverbial Function, in: The Journal of Egyptian Archeology 61 (1975), 256f.
—,   The Circumstantial Present As An Antecedent-less (i.e. Substantival) Relative In Coptic, in: JEA Vol. 62, Oxford 1976, 134-137.

—, Protatic ⲉϥⲥⲱⲧⲙ̄: Some Additional Material, in: Orientalia 46 (1977), 127f.

—, Existential Statements in the Sahidic New Testament: Work Notes, in: Göttinger Miszellen, 77 (1984), 67-79.

—, Notes on Some Coptic Nominal Sentence Patterns, in: Studien zur Sprache und Religion Ägyptens I (FS Westendorf), Göttingen 1984, 175-189.

—, Coptic Grammatical Categories. Structural Studies in the Syntax of Shenoutean Sahidic, Rom 1986.

—, Grammatical Discovery Procedure and the Egyptian-Coptic Nominal Sentence, in: Orientalia 56 (1987), 147-175.

—, Coptic Grammatical Chrestomathy (OLA 30), Leuven 1988.

—, The Proper Name: Structural Prolegomena to Its Syntax - A Case Study in Coptic (Beihefte zur WZKM 15), Wien 1989.

—, The 'Tautological Infinitive' in Coptic: A Structural Examination, in JCS 1 (1990), 99-127.

Georg Steindorff, Koptische Grammatik, 3. Aufl. Berlin 1930 (= Hildesheim 1979).

—, Lehrbuch der koptischen Grammatik, Chicago 1951 (= Amsterdam 1981).

Ludwig Stern, Koptische Grammatik, Leipzig 1880 (= Osnabrück 1971).

Walter C. Till, Koptische Grammatik (Saïdischer Dialekt). 6. Aufl. Leipzig 1986 (zit. als Till).

—, Koptische Dialektgrammatik, 2. Aufl. München 1961.

Joseph Vergote, Grammaire copte (4 Bände: Ia/b; IIa/b), Leuven 1973 - 1983.

Marvin R. Wilson, Coptic Future Tenses (Janua Linguarum, series practica 64), The Hague-Paris 1970.

2. Wörterbücher

A. Böhlig, Ein Lexikon der griechischen Wörter im Koptischen, in: Studien zur Erforschung des christlichen Aegyptens, München ³1958.

J. Černý, Coptic Etymological Dictionary, Cambridge 1976.

W. E. Crum, A Coptic Dictionary, Oxford 1939.

R. Kasser, Compléments au Dictionnaire du Crum, Le Caire 1964.

—, Compléments morphologiques au Dictionnaire du Crum, Le Caire 1966.

F. Siegert, Nag-Hammadi-Register (WUNT 26), Tübingen 1982.

Richard Smith, A concise Coptic-English lexicon, Grand Rapids (Michigan) 1983.

W. Spiegelberg, Koptisches Handwörterbuch, Heidelberg 1921.

M.-O. Strasbach/B. Barc, Dictionnaire inversé du Copte (Cahiers de la bibliothéque copte 2), Louvain 1984.

W. Vycichl, Dictionnaire étymologique de la langue copte, Leuven 1983.

W. Westendorf, Koptisches Handwörterbuch, Heidelberg 1965/1977.

3. Konkordanzen

Concordance du Nouveau Testament sahidique:
    I. Les mots d'origine grecque, ed. L. Th. Lefort, CSCO 124, Subsidia 1, Louvain 1950.
    II. Les mots autochtones, tomus 1-3, ed. Michel Wilmet, CSCO 173, 183, 185, Subsidia 11, 13, 15, Louvain 1957 - 1959.

Bibliothèque copte de Nag Hammadi, Section «Concordances», Québec:
    1. Concordance des textes de Nag Hammadi. Le Codex VII, Régine Charron, 1992.
    2. Concordance des textes de Nag Hammadi. Le Codex VI, Pierre Chérix, 1993.
    3. Concordance des textes de Nag Hammadi. Le Codex III, Régine Charron, 1995.
    4. Concordance des textes de Nag Hammadi. Le Codex I, Pierre Chérix, 1995.
    5. Concordance des textes de Nag Hammadi. Le Codices VIII et IX, Wolf-Peter Funk 1997.

4. Textausgaben

G. Horner, The Coptic Version of the New Testament in the Southern Dialect (S), Vol. I-VII, Oxford 1911-1924.

H. Quecke, Das Markusevangelium saïdisch. (PPalau Rib. 182), Barcelona 1972.
—,   Das Lukasevangelium saïdisch (PPalau Rib. 181), Barcelona 1977.
—,   Das Johannesevangelium saïdisch (PPalau Rib. 183), Barcelona 1984.

G. Aranda Pérez, El Evangelio de San Mateo en Copto Sahidico (M 569), Madrid 1984.
—,   El Evangelio de San Marcos en Copto Sahídico (M 569), Madrid 1988.

H. Thompson, A Coptic Palimpsest Containing Joshua, Judges, Ruth, Judith and
    Esther in the Sahidic Dialect, London 1911 (= Amsterdam 1979).
—,   The Coptic Version of the Acts of the Apostles and the Pauline Epistles
    (Chester Beatty Codex A/B), Cambridge 1932.

F. Hintze/H.-M. Schenke, Die Berliner Handschrift der sahidischen Apostelgeschichte
    (P. 15926), TU 109, Berlin 1970.

K. Schüssler, Die Katholischen Briefe in der koptischen (sahidischen) Version (Pierpont
    Morgan M 572), CSCO 528/529, Scriptores Coptici 45/46, Louvain 1991.

J.E. Goehring [Ed.], The Crosby-Schøyen Codex MS 193 in the Schøyen Collection
    (enthält u.a. 2Macc, 1Petr, Jona), CSCO 521, Subsidia 85, Louvain 1990.

J. Drescher, The Coptic (Sahidic) Version of Kingdoms I, II (Samuel I, II), CSCO 313,
    Scriptores Coptici 35, Louvain 1970.

A. Rahlfs, Die Berliner Handschrift des sahidischen Psalters, Berlin 1901 (= Göttingen
    1970).

R. Kasser, Papyrus Bodmer XXII et Mississippi Coptic Codex II (Jérémie XL,3 - LII,34,
    Lamentations, Epître de Jérémie, Baruch I,1 - V,5 en sahidique), Cologny-
    Genève 1964.

W.H. Worrell, The Proverbs of Solomon in Sahidic Coptic according to the Chicago
    Manuscript, Chicago 1931.

P. de Lagarde, Aegyptiaca (enthält u.a. Sapientia Salomonis und Ecclesiasticus),
    Göttingen 1883 (= Osnabrück 1972).

L.-Th. Lefort, Les Pères Apostolique en Copte, CSCO 135, Scriptores Coptici 17,
    Louvain 1952.

C. Schmidt, Pistis Sophia, Translation and Notes by V. MacDermot, NHS IX, Leiden
    1978.
—,   The Books of Jeu and the Untitled Text in the Bruce Codex, Translation and
    Notes by V. MacDermot, NHS XIII, Leiden 1978.

W.C. Till/H.-M. Schenke, Die gnostischen Schriften des koptischen Papyrus
  Berolinensis 8502 (TU 60²), Berlin, 2. Aufl. 1972.

Das Corpus der Nag-Hammadi-Texte ist vollständig ediert (samt engl. Übersetzung)
in der Reihe:
  Nag Hammadi Studies (NHS), ed. M. Krause, J. M. Robinson, Frederik Wisse,
  Leiden 1975 - 1995.

Kommentierte Einzelausgaben von Nag-Hammadi-Texten erscheinen fortlaufend in:
— Bibliothèque copte de Nag Hammadi, Section «Textes», Québec 1977 -
— Texte und Untersuchungen (TU) zur Geschichte der altchristlichen Literatur, Berlin.
  Dort zuletzt: H.-G. Bethge, Der Brief des Petrus an Philippus: ein
  neutestamentliches Apokryphon aus dem Fund von Nag Hammadi (NHC
  VIII,2). Herausgegeben, übersetzt und kommentiert (TU 141), Berlin 1997.
  sowie: H.-M. Schenke, Das Philippus-Evangelium (NHC II,3). Neu
  herausgegeben, übersetzt und erklärt (TU 143), Berlin 1997.
  Schon erschienen u.a.: W.-P. Funk, Die zweite Apokalypse des Jakobus aus
  Nag-Hammadi-Codex V. Neu herausgegeben, übersetzt und erklärt (TU
  119), Berlin 1976.
  Gesine Schenke, Die dreigestaltige Protennoia (NHC XIII). Herausgegeben,
  übersetzt und erklärt (TU 132), Berlin 1984.
  D. Kirchner, Epistula Jacobi apocrypha (NHC I,2). Neu herausgegeben,
  übersetzt und erklärt (TU 136), Berlin 1989.
  H.-M. Schenke, Das Thomas-Buch (NHC II,7). Neu herausgegeben,
  übersetzt und erklärt (TU 138), Berlin 1989.
  U.-K. Plisch, Die Auslegung der Erkenntnis (NHC XI,1). Herausgegeben,
  übersetzt und erklärt (TU 142), Berlin 1996.

Eine CD-ROM, enthaltend das sahidische NT (nach verschiedenen Editionen) und
  das Corpus der Nag-Hammadi-Schriften, hat das Packard Humanities
  Institute (PHI CD #6) 1991 herausgegeben. Nützlich zum Erstellen von
  Übungstexten, Arbeitsblättern etc.

E. A. W. Budge, Coptic Texts, London 1910 - 1915 (= New York 1977):
  Vol. I. Coptic Homilies
  Vol. II. Coptic Biblical Texts
  Vol. III. Coptic Apocrypha
  Vol. IV. Coptic Martyrdoms etc.
  Vol. V. Miscellaneous Texts

Alla I. Elanskaya, The Literary Coptic Manuscripts in the A. S. Pushkin State Fine Arts Museum in Moscow (Supplements to Vigiliae Christianae Vol. XVIII), Leiden 1994.
[Weitgehend identisch mit: dies., The Literary Coptic Manuscripts in the A. S. Pushkin State Fine Arts Museum in Moscow (Studia Aegyptiaca XIII), Budapest 1991.]

O. v. Lemm, Koptische apokryphe Apostelacten, BASP NS 1, St. Petersburg 1890.
—, Das Triadon. Ein sahidisches Gedicht mit arabischer Übersetzung. I Text, St. Petersburg 1903.

A. M. Kropp, Ausgewählte koptische Zaubertexte. Bd.e I-III, Brüssel 1930/31.

P. Nagel, Das Triadon. Ein sahidisches Lehrgedicht des 14. Jahrhunderts. Wissenschaftliche Beiträge der Martin-Luther-Universität Halle-Wittenberg 23 (K 7), Halle 1973.

Ausgaben (auch originalsprachlicher) koptischer Texte, z.B. Schenute, Pachom, in der Reihe:
Corpus Scriptorum Christianorum Orientalium (CSCO). Scriptores Coptici. Leipzig/Paris/Louvain 1906 - .
Darunter: Sinuthii archimandritae vita et opera omnia III/IV, ed. J. Leipoldt (CSCO 42/73), 1908/1913.
Œuvres de S. Pachôme et de ses disciples, ed. L. Th. Lefort (CSCO 159), 1956.
Letters and Sermons of Besa, ed. K. H. Kuhn (CSCO 157), 1956.

C. Wessely, Griechische und koptische Texte theologischen Inhalts I-V, Leipzig 1909-1917 (= Amsterdam 1966/67)

G. Zoega, Catalogus codicum copticorum manu scriptorum qui in Museo Borgiano Velitris adservantur, Rom 1810 (= Leipzig 1903 = Hildesheim 1973).

VII. WÖRTERVERZEICHNIS

1. Koptische Wörter und Formen

Die koptischen Wörter sind nach der Konsonantenfolge geordnet, nur bei gleicher Abfolge der Konsonanten ist die Reihenfolge der Vokale berücksichtigt. (ⲉ)ⲓ (/i/ bzw. /j/) und (ⲟ)ⲩ (/u/ bzw. /w/) werden sowohl konsonantisch als auch vokalisch gebraucht, dies ist bei der Suche nach einem Wort zu berücksichtigen.

ⲁ

ⲁ-, ⲁ⸗ Konjugationsbasis des affirmativen Perfekts **T.1.**

ⲁ- vor Zahlen: *ungefähr*

ⲁⲁ⸗ s. ⲉⲓⲣⲉ

ⲁⲃⲱ n.f. *Netz*

ⲁⲓⲁⲓ, †ⲟⲓ *groß, größer werden, wachsen*

ⲁⲗⲉ, †ⲁⲗⲏⲩ *aufsteigen*

ⲁⲗⲟⲕ, ⲁⲗⲟ, ⲁⲗⲱⲧⲛ̄ s. ⲗⲟ

ⲁⲙⲉ, pl. ⲁⲙⲏⲩ n.m. *Hirte*

ⲁⲙⲟⲩ, ⲁⲙⲏ, ⲁⲙⲏⲉⲓⲧⲛ̄ s. ⲉⲓ

ⲁⲙⲛ̄ⲧⲉ n.m. *Westen, Unterwelt*

ⲁⲙⲁϩ(ⲧ)ⲉ *ergreifen*

ⲁⲛ-, pl. ⲁⲛⲁⲛ- praef. zur Bildung von Zahlabstrakta **I.4.**

ⲁⲛ part.neg. **Y.**

ⲁⲛⲁ⸗, in ⲣ̄ⲁⲛⲁ⸗ *gefallen (jemandem)*

ⲁⲛⲓ-, ⲁⲛⲓ⸗ s. ⲉⲓⲛⲉ *bringen*

ⲁⲛⲅ- *ich* **F.**

ⲁⲛⲟⲕ *ich* **F.**

ⲁⲛ(ⲉ)ⲓⲛⲉ s. ⲉⲓⲛⲉ *bringen*

ⲁⲛⲁⲛ- s. ⲁⲛ-

ⲁⲛⲟⲛ, ⲁⲛ(ⲛ̄)- *wir* **F.**

ⲁⲛⲁⲩ s. ⲛⲁⲩ

ⲁⲡⲉ n.f. *Haupt, Kopf*

ⲁⲡⲏ̄ⲥ̄ n.f. *Zahl*

ⲁⲡⲟⲧ, pl. ⲁⲡⲏⲧ n.m. *Becher*

ⲁⲣⲓ-, ⲁⲣⲓ⸗ s. ⲉⲓⲣⲉ

ⲁⲣⲓⲣⲉ s. ⲉⲓⲣⲉ

ⲁⲣⲏⲩ *vielleicht*

ⲁⲣⲏϫ⸗ *Ende* **E.3.**

-ⲁⲥⲉ s. ⲥⲟⲟⲩ

ⲁⲧ- praef.neg. **B.2.**

ⲁⲩⲉ(ⲓ), ⲁⲩ-, ⲁⲩⲉⲓⲥ(⸗) *Gib/Gebt her! Komm(t) her!* **W.2.**

ⲁⲩⲱ *und*

ⲁⲟⲩⲱⲛ, s. ⲟⲩⲱⲛ *öffnen*

ⲁϣ *Wer? Was? Welcher?* ⲛ̄ⲁϣ ⲛ̄ϩⲉ *Wie? In welcher Weise?*

ⲁϣⲁⲓ, †ⲟϣ *viel, zahlreich werden, sich vermehren*

ⲁϣⲕⲁⲕ s. ⲱϣ und ϣⲕⲁⲕ

-ⲁϥⲧⲉ s. ϥⲧⲟⲟⲩ

†ⲁϩⲉ s. ⲱϩⲉ

ⲁϩⲉ n.m. *Leben, Lebenszeit*

ⲁϩⲟ pl. ⲁϩⲱⲱⲣ n.m. *Schatz*

ⲁϩⲣⲟ⸗ *Was ist ...? Warum?*

ⲁϫⲉ-, ⲁϫⲓ-, ⲁϫⲓ⸗ s. ϫⲱ

ⲁϫⲛ̄-, ⲁϫⲛ̄ⲧ⸗ *ohne*, Nebenform: ⲉⲝⲛ̄-, ⲉⲝⲛ̄ⲧ⸗

ⲁϭⲟⲗⲧⲉ n.m. *Wagen, Karren*

B

ⲃⲱ n.f. *Baum*

ⲃⲁⲁⲃⲉ, praef. ⲃⲁⲃⲉ- *dumm, fade, geschmacklos sein, verachten,* ⲣⲉϥⲃⲁⲃⲉⲣⲱⲙⲉ *Menschenverächter*

ⲃⲉⲕⲉ pl. ⲃⲉⲕⲏⲩⲉ n.m. *Lohn*

ⲂⲰⲔ, ⲂⲀⲔ⸗, †ⲂⲎⲔ *gehen, senden*

ⲂⲀⲖ n.m. *Auge*

ⲂⲞⲖ n.m. *Äußeres* ⲈⲂⲞⲖ *hinaus, heraus,* (Ⲙ)ⲠⲂⲞⲖ *außerhalb,* ⲚⲂⲞⲖ, ϨⲒⲂⲞⲖ *draußen, außen,* ⲠⲂⲞⲖ *frei werden, ablassen, entrinnen*

ⲂⲰⲖ (ⲈⲂⲞⲖ), †ⲂⲎⲖ *auflösen, ablösen*

ⲂⲀⲚⲒⲠⲈ n.m. *Eisen*

ⲂⲢ̅ⲢⲈ *neu, jung*

ⲂⲰϢ, †ⲂⲎϢ *lösen, ausziehen, entblößen,* Stativ: *nackt sein*

Ⲅ

(⁻)Ⲅ für Ⲕ nach Ⲛ̅

(Ⲇ)

Ⲉ

-Ⲉ Suffixpronomen F.

Ⲉ Relativkonverter **X.2.** Anhang **II.**

Ⲉ Konverter der substantivischen Transposition **X.4.** Anhang **II.**

Ⲉ⁻, Ⲉ⸗ Konverter des Umstandssatzes **X.1.**

Ⲉ⸗ Konjugationsbasis des apodotischen ⲈϥⲤⲰⲦⲘ̅ (affirmatives energetisches Futur) **T.1.**

Ⲉ⸗ Konjugationsbasis des protatischen ⲈϥⲤⲰⲦⲘ̅ (Konditionalis) **T.2.**

Ⲉ⁻, ⲈⲢⲞ⸗ *zu, in, an, nach, gegen,* zur Anknüpfung eines Infinitivs **K.2. K.3.**

Ⲉ⸗( )Ⲉ⁻ Konjugationsbasis des affirmativen energetischen Futurs **T.1.**

ⲈⲂⲒⲰ n.m. *Honig*

ⲈⲂⲒⲎⲚ *elend*

ⲈⲂⲞⲖ s. ⲂⲞⲖ

ⲈⲘⲀⲦⲈ *sehr*

ⲈⲚⲈ part.interrog. **H.3.**

ⲈⲚⲦ Relativkonverter **X.2.** Anhang **II.**

ⲈⲚⲦ Konverter der substantivischen Transposition **X.4.** Anhang **II.**

ⲈⲚⲈϨ n.m. *Ewigkeit, jemals,* (Ⲛ̅)ϢⲀⲈⲚⲈϨ *ewiglich*

ⲈⲠ⁻ s. ⲰⲠ

ⲈⲠⲒⲦⲚ̅ s. ⲈⲒⲦⲚ̅

ⲈⲢ⁻ s. **X.2.** Anm. 70

ⲈⲢⲈ⁻ Konverter des Umstandssatzes (pränominale Langform) **X.1.**

ⲈⲢⲈ⁻ Konverter der substantivischen Transposition (pränominale Langform) **X.4.** Anhang **II.**

ⲈⲢⲈ⁻ Konjugationsbasis des affirmativen energetischen Futurs **T.1.**

ⲈⲢⲞ⸗ s. Ⲉ⁻

ⲈⲢⲞ s. ⲢⲢⲞ

ⲈⲢⲚ̅⁻, ⲈⲢⲰ⸗ *bei, zu, gegen*

ⲈⲢⲀⲦ⸗ *hin zu* (häufig nach ϢⲢⲈ/ †ⲀϨⲈ)

ⲈⲢⲎⲨ n.pl. *Genosse(n),* mit art.poss.: *einander* (sehr häufig: ⲚⲈⲨⲈⲢⲎⲨ)

ⲈⲢϢⲀⲚ⁻, Ⲉ⸗( )ϢⲀⲚ Konjugationsbasis des Konditionalis **T.2.**

ⲈⳞⲎⲦ n.m. *Boden, Unten,* ⲈⲠⲈⳞⲎⲦ *hinab*

ⲈⳞⲞⲞⲨ n.m. *Schaf*

ⲈⲦ, ⲈⲦⲈ Relativkonverter **X.2.** Anhang **II.**

ⲈⲦⲈ Konverter der substantivischen Transposition **X.4.** Anhang **II.**

ⲈⲦⲂⲈ⁻, ⲈⲦⲂⲎⲎⲦ⸗ *wegen, über, bezüglich,* ⲈⲦⲂⲈ ⲠⲀⲒ *deshalb*

ⲈⲦⲚ̅⁻, ⲈⲦⲞⲞⲦ⸗ *zu, bei, von*

ⲈⲦⲀϨ⁻ s. **X.2.** Anm. 70

ⲈⲞⲞⲨ n.m. *Ruhm, Ehre, Herrlichkeit,* †ⲈⲞⲞⲨ *verherrlichen, preisen*

ⲈϢ⁻ s. Ϣ⁻

ⲈϢⲰⲠⲈ *wenn*

ⲈϢϪⲈ *wenn, als ob*

ⲉⲱⲭⲉ part.interrog. H.3.

ⲉϩⲉ *ja*

ⲉϩⲉ, pl. ⲉϩⲟⲟⲩ n.f. *Rind, Kuh*

ⲉϩⲟⲩⲛ adv. *hinein, herein*

ⲉϩⲣⲁⲓ̈ s. ϩⲣⲁⲓ̈

ⲉⲭⲛ̄-, ⲉⲭⲱ⸗ *auf, über, wegen, für;*
auch: *ohne* (wie ⲁⲭⲛ̄-/ⲁⲭⲛ̄ⲧ⸗)

(Z)

H

ⲏⲓ̈ n.m. *Haus*

†ⲏⲧⲧ s. ⲱⲧ

ⲏⲣⲡ̄ n.m. *Wein,* ⲣ̄ⲏⲣⲡ̄ *zu Wein werden*

Ⲑ

Ⲑ = ⲧ + ϩ, s. ⲧ

ⲉⲓ, ï

-ⲓ Suffixpronomen F.

ⲉⲓ, Imperative: ⲁⲙⲟⲩ, ⲁⲙⲏ, ⲁⲙⲏⲉⲓⲧⲛ̄
kommen W.2.

ⲉⲓⲉ, ϩⲓⲉ part.interrog. H.3.

ⲉⲓⲱ n.m. *Esel*

ⲉⲓⲙⲉ *(er)kennen*

ⲉⲓⲛⲉ, ⲛ̄-, ⲛ̄ⲧ⸗ Imperative: ⲁⲛ(ⲉ)ⲓⲛⲉ,
ⲁⲛⲓ-, ⲁⲛⲓ⸗ *bringen* W.2.

ⲉⲓⲛⲉ *gleichen,* subst. *Abbild*

ⲉⲓⲡⲉ, ⲣ̄-, ⲁⲁ⸗, †ⲟ, Imperative: ⲁⲣⲓⲡⲉ,
ⲁⲣⲓ-, ⲁⲣⲓ⸗ *tun, machen,* Stativ: *sein*
O.6. W.2.

ⲉⲓⲉⲣⲟ n.m. *Fluß*

ⲉⲓⲥ, ⲉⲓⲥ ϩⲏ(ⲏ)ⲧⲉ *Siehe!*

ⲉⲓⲁⲧ⸗ *Auge, Blick* E.3.

ⲉⲓⲱⲧ n.m. *Vater,* pl. ⲉⲓⲟⲧⲉ *Väter,
Eltern*

ⲉⲓⲧⲛ̄ n.m. *Erdboden,* ⲉⲡⲉⲓⲧⲛ̄ *hinab,
herab*

Ⲕ

-ⲕ Suffixpronomen F.

ⲕ- Präfixpronomen F.

ⲕⲉ, ⲕⲉ-, pl. ⲕⲟⲟⲩⲉ, ⲕⲉⲩ- *andere(r),*
ⲡ̄ⲡⲕⲉ- Präverbal: (etwas) *auch* (tun)
O.4.

ⲕⲉ s. ϭⲉ

ⲕⲱ, ⲕⲁ-, ⲕⲁⲁ⸗, †ⲕⲏ *setzen, stellen,
legen, lassen,* ⲕⲱ ⲉⲃⲟⲗ *vergeben,*
ⲕⲁⲣⲱ⸗ *schweigen,* ⲕⲱ ⲛ̄ϩⲧⲏ⸗ *bzw.*
ⲕⲁϩⲧⲏ⸗ *vertrauen*

ⲕⲃⲁ n.m. *Rache,* ⲭⲓⲕⲃⲁ *Rache
nehmen, bestrafen,* subst. *Strafe*

ⲕⲱⲃ, †ⲕⲏⲃ *falten, verdoppeln, verviel-
fältigen,* subst. *Wiederholung, Mal*

ⲕⲟⲩⲓ̈, ⲕⲟⲩ- *klein, wenig*

ⲕⲁⲕⲉ n.m. *Finsternis*

ⲕⲁ̄ n.m./f. *Riegel, Schloß, Gelenk*

ⲕⲱⲗϩ̄, †ⲕⲟⲗϩ̄ *schlagen, klopfen,
läuten*

ⲕⲁⲙⲉ/ⲕⲁⲙⲏ m./f. *schwarz*

ⲕⲏⲙⲉ n.m. *Ägypten*

ⲕ(ⲉ)ⲓⲙ *(sich) bewegen, rütteln*

ⲕⲟⲩ(ⲟⲩ)ⲛ⸗ *Busen, Schoß* E.3.

ⲕⲛ̄ⲧⲉ n.m. *Feige*

ⲕⲧⲟ, ⲕⲧⲉ-, ⲕⲧⲟ⸗, †ⲕⲧⲏⲩ *(sich)
umwenden*

ⲕⲱⲧ, ⲕⲉⲧ-, ⲕⲟⲧ⸗, †ⲕⲏⲧ *bauen*

ⲕⲱⲧⲉ, ⲕⲉⲧ-, ⲕⲟⲧ⸗, †ⲕⲏⲧ *wenden,
besuchen, sich umdrehen,* ⲕⲱⲧⲉ
ⲉϩⲟⲩⲛ ⲉⲃⲟⲗ *rein- und rausgehen*

ⲕⲁϩ n.m. *Erde*

ⲕⲱϩⲧ n.m. *Feuer*

ⲗ

ⲗⲟ, Imperativ: ⲁⲗⲟ⸗ *aufhören,
ablassen* W.2.

ⲗⲓⲃⲉ, praef. ⲗⲁⲃ- *rasen*

ⲗⲟⲓϭⲉ n.f. *Vorwand, Entschuldigung, Klage*

ⲗⲁⲕⲙ(ⲉ) n.f. *Brocken, Krume*

ⲗⲟⲕⲥ, ⲗⲟⳍ *stechen*

ⲗⲉⲡⲥⲉ, ⲗⲉⲯⲉ n.m. *Stück*

ⲗⲁⲁⲩ *irgend jemand, irgend etwas*

ⲗⲟϥⲗⲉϥ, ⲧⲗⲉϥⲗⲱϥ *verwesen, faulen, eitern*

M

ⲙⲁ s. ⲧ *geben*

ⲙⲁ n.m. *Ort, Platz, Stelle*; ⲙⲡⲉⲓⲙⲁ *hier*, ⲉⲡⲙⲁ (ⲛ̄-) *anstatt, anstelle (von)*

ⲙⲉ⳹ *Konjugationsbasis des negativen Aorists* **T.1.**

ⲙⲉ n.f. *Wahrheit*

ⲙⲉ, ⲙⲉⲣⲉ-, ⲙⲉⲣⲓⲧ⳹ praef. ⲙⲁⲓ- *lieben, wollen*, subst. ⲙⲉ *Liebe*, ⲙⲉⲣⲓⲧ *Geliebter, Liebling*

(ⲙ̄)ⲙⲟ, ⲙⲱ, ⲙ̄ⲙⲏⲉⲓⲧⲛ̄ (pl.) *Nimm! Nehmt!* **W.2.**

ⲙⲟⲩ *sterben*, subst. *Tod*

ⲙⲁⲁⲃ (m.), ⲙⲁⲁⲃⲉ (f.), ⲙⲁⲃ- *dreißig* **I.1.**

ⲙⲟⲕⲙⲉⲕ, ⲙⲉⲕⲙⲟⲩⲕ⳹ *denken, sich überlegen*

ⲙ̄ⲕⲁ𝟤, ⲧⲙⲟⲕ𝟤 *betrübt sein, trauern, schwierig sein*

ⲙ̄ⲕⲁ𝟤, pl. ⲙ̄ⲕⲟⲟ𝟤 n.m. *Schmerz, Trauer*

ⲙⲟⲕ𝟤ⲥ, ⲙⲟⲭⲥ n.f. *Schmerz*

ⲙ̄ⲙⲏⲛⲉ adv. *täglich*

ⲙ̄ⲙⲓⲛ ⲙ̄ⲙⲟ⳹ *eigen, selbst*

ⲙ̄ⲙⲟⲛ *nein, nicht*

ⲙ̄ⲙⲁⲧⲉ *nur, bloß, allein*

ⲙ̄ⲙⲁⲩ *dort*, ⲉⲧⲙ̄ⲙⲁⲩ *jene(r)*

(ⲙ̄)ⲙⲛ̄ *es gibt nicht, ist nicht vorhanden* **Q.**

ⲙⲛ̄-, ⲛ̄ⲙ̄-, ⲛ̄ⲙ̄ⲙⲁ⳹ *mit*, als Konjunktion: *und*

ⲙⲁⲉⲓⲛ n.m. *Zeichen*

ⲙⲓⲛⲉ n.f. *Art, Weise*

ⲙⲟⲟⲛⲉ, praef. ⲙⲁⲛ(ⲉ)- *weiden*

ⲙⲛ̄ⲛⲥⲁ-, ⲙⲛ̄ⲛⲥⲱ⳹ *nach* (temp.), als Konjunktion: *nachdem*

ⲙⲛ̄ⲧ- praef. **B.3.**

ⲙⲛ̄ⲧ- s. ⲙⲏⲧ

(ⲙ̄)ⲙⲛ̄ⲧⲉ-, (ⲙ̄)ⲙⲛ̄ⲧ(ⲁ)⳹ *nicht haben* **R.**

ⲙⲛ̄ⲧⲣⲉ, pl. ⲙⲛ̄ⲧⲣⲉⲉⲩ *Zeuge, Zeugnis*, ⲙⲛ̄ⲧⲙⲛ̄ⲧⲣⲉ *Zeugnis, Zeugenschaft*, ⲣ̄ⲙⲛ̄ⲧⲣⲉ *bezeugen*

ⲙ̄ⲡⲉ-, ⲙ̄ⲡ(ⲉ)⳹ *Konjugationsbasis des negativen Perfekts* **T.1.**

ⲙ̄ⲡⲣ̄- *neg. Imperativ* **W.3.**

ⲙ̄ⲡⲱⲣ *Nein!*

ⲙ̄ⲡⲣ̄ⲧⲣⲉ-, ⲙ̄ⲡⲣ̄ⲧⲣⲉ⳹ *Konjugationsbasis des negativen kausativen Imperativs* **T.3.**

ⲙ̄ⲡⲁⲧⲉ-, ⲙ̄ⲡⲁⲧ⳹ *Konjugationsbasis des negativen Kompletivs* **T.1.**

ⲙ̄ⲡⲟⲟⲩ s. 𝟤ⲟⲟⲩ *Tag*

ⲙ̄ⲡϣⲁ *würdig sein*

ⲙⲁⲣⲉ-, ⲙⲁⲣ(ⲉ)⳹ *Konjugationsbasis des affirmativen kausativen Imperativs* **T.3.**

ⲙⲉⲣⲉ- *Konjugationsbasis des negativen Aorists* **T.1.**

ⲙⲉⲣⲉ-, ⲙⲉⲣⲓⲧ(⳹) s. ⲙⲉ *lieben*

ⲙⲉⲉⲣⲉ n.f. *Mittag*

ⲙⲟⲩⲣ, ⲙ(ⲉ)ⲣ-, ⲙⲟⲣ⳹, ⲧⲙⲏⲣ *binden, gürten, verpflichten*

ⲙⲣ̄ⲣⲉ n.f. *Band, Fessel*

ⲙ̄ⲣⲏ𝟤 n.m. *Deichsel*

ⲙⲓⲥⲉ, ⲙⲉⲥ-, ⲙⲁⲥⲧ⳹ *gebären*

ⲙⲟⲩⲥ n.m. *Riemen, Gürtel*

ⲙⲟⲥⲧⲉ, ⲙⲉⲥⲧⲉ-, ⲙⲉⲥⲧⲱ⳹, praef. ⲙⲁⲥⲧ- *hassen*

ⲙ̄ⲧⲟ n.m. *Gegenwart*, ⲙ̄ⲡⲙ̄ⲧⲟ ⲉⲃⲟⲗ ⲛ̄- *vor*

ⲘⲎⲦ (m.), ⲘⲎⲦⲈ (f.), ⲘⲚ̄Ⲧ- *zehn* **I.1.**

ⲘⲎⲦⲈ n.f. *Mitte*

ⲘⲞⲒ̈Ⲧ n.m. *Weg*

ⲘⲞⲨⲦⲈ *rufen, nennen*

ⲘⲀⲨⲀⲀ⸗ *allein, selbst*

ⲘⲀⲀⲨ n.f. *Mutter*

ⲘⲈ(Ⲉ)ⲨⲈ *denken*, subst. *Gedanke*, Ⲣ̄ⲠⲘⲈⲈⲨⲈ *gedenken, sich erinnern*

ⲘⲞⲞⲨ, ⲘⲞⲨ-, pl. ⲘⲞⲨ(Ⲛ)ⲈⲒⲞⲞⲨⲈ n.m. *Wasser*

ⲘⲞⲨⲞⲨⲦ, ⲘⲈⲨⲦ-, ⲘⲞⲨⲦ-, ⲘⲞⲞⲨⲦ⸗, †ⲘⲞⲞⲨⲦ *töten*

ⲘⲈϢⲈ-, ⲘⲈϢⲀ⸗ *nicht wissen*, ⲘⲈϢⲈ ⲚⲒⲘ als pron.indef. *irgendwer*, ⲘⲈϢⲀⲔ *vielleicht* **V.**

ⲘⲎⲎϢⲈ n.m. *(Volks-)Menge*

ⲘⲒϢⲈ *schlagen, kämpfen*

ⲘⲞⲞϢⲈ *gehen, wandeln*

ⲘⲞⲨϢⲦ, ⲘⲈϢⲦ-, ⲘⲞϢⲦ⸗ *prüfen*

ⲘⲈϢϢⲈ neg. Aorist zu (Ⲉ)ϢϢⲈ, s. ϢⲈ *gehen*

ⲘⲀϨⲈ n.m. *Elle, Unterarm(länge)*

ⲘⲞⲨϨ, ⲘⲈϨ-, ⲘⲀϨ⸗, †ⲘⲎϨ *(sich) füllen*, praef. ⲘⲈϨ- (zur Bildung von Ordinalia) **I.2.**

ⲘⲞⲨϨ *brennen*

ⲘϨⲀⲞⲨ n.m. *Grab*

ⲘⲀⲀϪⲈ n.m. *Ohr, Henkel*

ⲘⲞϪϨ n.m. *Gürtel*

Ⲛ

-Ⲛ Suffixpronomen **F.**

Ⲛ-, ⲚⲈ- art.def.pl. **C.**

Ⲛ- pron.determ. vor Relativsatz

Ⲛ̄- part.ident. **N.4.**

Ⲛ̄- part.attrib. **N.3.**

Ⲛ̄- part.gen. **N.7.**

Ⲛ̄- zur Infinitivanknüpfung **N.8.**

Ⲛ̄- (... ⲀⲚ) part.neg. **Y.**

Ⲛ̄- s. ⲈⲒⲚⲈ *bringen*

Ⲛ̄- Konverter **N.10. X.4.**

Ⲛ̄-, ⲚⲀ⸗ Präposition des Dativs: *für, zu*

Ⲛ̄-, Ⲙ̄ⲘⲞ⸗ zur Anknüpfung des Objekts **N.2.**

Ⲛ̄-, Ⲙ̄ⲘⲞ⸗ *in, an, zu, her von, während, durch* **N.5. K.1.2.**

ⲚⲀ- art.poss. **E.1.**

ⲚⲀ poss. **E.2.**

†ⲚⲀ s. ⲚⲞⲨ, Instans: **S.3.**

ⲚⲀⲀ-, ⲚⲀⲈ-, ⲚⲀⲀ⸗ *groß sein* **V.**

ⲚⲈ Konverter des Präteritums **X.5.**

ⲚⲈ pron.dem. bzw. Kopula im Nominalsatz

ⲚⲎ pron.dem.pl. *jene* **D.**

ⲚⲒ- art.dem.pl. **D.**

ⲚⲞⲨ- art.poss. **E.1.**

ⲚⲞⲨ pron.poss. **E.2.**

ⲚⲞⲨ, †ⲚⲀ *gehen, im Begriff sein*

ⲚⲀⲒ̈ pron.dem.pl. *diese* **D.**

ⲚⲈⲒ̈- art.dem.pl. **D.**

ⲚⲞⲨⲒ̈ pron.poss. **E.2.**

ⲚⲞⲂⲈ n.m. *Sünde*

Ⲛ̄Ⲅ Konjunktiv **T.2.**

ⲚⲞⲈⲒⲔ n.m. *Ehebrecher*, Ⲣ̄ⲚⲞⲈⲒⲔ *ehebrechen*

ⲚⲀⲒ̈ⲀⲦ⸗ *Wohl dem ...! Heil ...! Selig ...!*

ⲚⲈⲔ- art.poss. **E.1.**

ⲚⲞⲨⲔ pron.poss. **E.2.**

Ⲛ̄ⲔⲞⲦⲔ̄ *(sich) hinlegen, schlafen, entschlafen*

ⲚⲘ̄- s. ⲘⲚ̄-, ⲚⲘ̄ⲘⲀ⸗

ⲚⲀⲘⲈ *wirklich, wahrlich, wahrhaftig*

ⲚⲒⲘ *jede(r) einzelne, jede(r) beliebige* **G.**

ⲚⲒⲘ *Wer? Was?*

Ⲛ̄ⲚⲈ-, Ⲛ̄ⲚⲈ⸗ Konjugationsbasis des negativen energetischen Futurs **T.1.**

ⲚⲀⲚⲞⲨ-, ⲚⲀⲚⲞⲨ⸗ *gut sein* **V.**

ⲚⲈⲚ- art.poss. **E.1.**

ⲚⲞⲨⲚ pron.poss. **E.2.**

ⲚⲞⲨⲚ n.m. *Abgrund, Unterwelt, Hölle*

ⲚⲈⲠⲈ- präteritaler Konverter (bei Imperfekt) **X.5.**

Ⲛ̄ⲤⲀ- *außer*

Ⲛ̄ⲤⲀ-, Ⲛ̄Ⲥⲱ⸗ *hinter, nach, bei*

ⲚⲈⲤ- art.poss. **E.1.**

ⲚⲈⲤⲈ-, ⲚⲈⲤⲱ⸗ *schön sein* **V.**

ⲚⲞⲨⲤ pron.poss. **E.2.**

ⲚⲈⲤⲂⲰⲰ⸗ *weise sein* **V.**

Ⲛ̄Ⲧ⸗ s. ⲈⲒⲚⲈ *bringen*

Ⲛ̄Ⲧ Relativkonverter **X.2.** Anhang II.

Ⲛ̄Ⲧ Konverter der substantivischen Transposition **X.4.** Anhang II.

Ⲛ̄ⲦⲈ- Konjunktiv **T.2.**

Ⲛ̄ⲦⲈ-, Ⲛ̄ⲦⲀ⸗ *von, bei;* zur Umschreibung des Genetivs **K.1.**

Ⲛ̄ⲦⲞ, Ⲛ̄ⲦⲈ- *du* (f.) **F.**

ⲚⲞⲨⲦⲈ n.m. *Gott,* ⲘⲚ̄ⲦⲚⲞⲨⲦⲈ *Göttlichkeit, Frömmigkeit*

Ⲛ̄ⲦⲞⲔ, Ⲛ̄Ⲧⲕ̄- *du* (m.) **F.**

Ⲛ̄Ⲧⲛ̄-, Ⲛ̄ⲦⲞⲞⲦ⸗ *in, bei, durch, von*

ⲚⲈⲦⲛ̄- art.poss. **E.1.**

ⲚⲞⲨⲦⲛ̄ pron.poss. **E.2.**

Ⲛ̄ⲦⲀⲠⲈ- s. ⲦⲀⲠⲈ-

Ⲛ̄ⲦⲈⲢⲈ-, Ⲛ̄ⲦⲈⲢ(Ⲉ)⸗ Konjugationsbasis des Temporalis **T.2.**

Ⲛ̄ⲦⲞⲤ *sie* (sg.) **F.**

Ⲛ̄ⲦⲞⲞⲦ⸗ s. Ⲛ̄Ⲧⲛ̄-

Ⲛ̄ⲦⲰⲦⲛ̄, Ⲛ̄ⲦⲈⲦⲛ̄- *ihr* **F.**

Ⲛ̄ⲦⲞⲞⲨ *sie* (pl.) **F.**

Ⲛ̄ⲦⲈⲨⲚⲞⲨ s. ⲞⲨⲚⲞⲨ

Ⲛ̄ⲦⲞϥ, (Ⲛ̄Ⲧϥ̄-) *er,* auch part. *nun, ja* **F. M.**

Ⲛ̄ⲦⲀ2- s. **X.2.** Anm. 70

ⲚⲀⲨ, Imperativ: ⲀⲚⲀⲨ *sehen* **W.2.**

ⲚⲈⲨ- art.poss. **E.1.**

†ⲚⲎⲨ *kommen,* fungiert als Stativ zu ⲈⲒ

ⲚⲞⲨⲞⲨ pron.poss. **E.2.**

ⲚⲞⲨⲞⲨ2, ⲚⲞⲞⲨ2⸗ *(sich) wenden*

Ⲛ̄ⲞⲨⲈϢⲛ̄- *ohne*

ⲚⲀϢⲈ-, ⲚⲀϢⲱ⸗ *zahlreich sein* **V.**

ⲚⲈϢ- s. Ϣ-

Ⲛ̄ϢⲞⲦ, †ⲚⲀϢⲦ, praef. ⲚⲀϢⲦ- *hart werden/sein*

ⲚⲈϥ- art.poss. **E.1.**

ⲚⲒϥⲈ *blasen*

ⲚⲞⲨϥ pron.poss. **E.2.**

ⲚⲈϥⲢ̄- *gut, nützlich sein* **V.**

ⲚⲈ2 n.m. *Öl*

ⲚⲞⲨ2Ⲙ̄, ⲚⲀ2Ⲙ⸗ *retten, bewahren*

ⲚⲈ2ⲠⲈ *wehklagen, trauern*

(Ⲛ̄)ⲚⲀ2ⲢⲚ̄-, (Ⲛ̄)ⲚⲀ2ⲢⲀ⸗ *bei, vor, angesichts*

Ⲛ̄2ⲎⲦ⸗ s. 2Ⲛ̄-

ⲚⲀ2ⲦⲈ, †Ⲛ̄2ⲞⲦ *glauben, vertrauen,* Stativ: *zuverlässig, treu sein,* subst. *Glaube*

ⲚⲞⲨⳉ(Ⲉ), ⲚⲈⳉ-, ⲚⲞⳉ⸗, †ⲚⲎⳉ *werfen, legen*

Ⲛ̄ϬⲒ zur Einführung des nachgestellten nominalen Handlungsträgers **M.2.**

ⲚⲈϬⲱ⸗ *häßlich sein* **V.**

ⲚⲞϬ *groß*

ⲚⲞϬⲚⲈϬ, ⲚⲈϬⲚⲞⲨϬ⸗ *verspotten, tadeln*

ⲚⲞⲨϬⲤ, †ⲚⲞϬⲤ *zürnen, erbittert sein,* subst. *Zorn,* †ⲚⲞⲨϬⲤ *Zorn errregen, zum Zorn reizen*

ⳉ

ⳉ = Ⲕ + Ⲥ

Ⲟ

†Ⲟ s. ⲈⲒⲠⲈ

†ⲞⲂϢ̄ s. ⲰⲂϢ̄

ⲞⲈⲒⲔ n.m. *Brot*

ⲞⲒϢ *Ruf, Schrei,* s. ⲦⲀϢⲞ

ⲞⲚ *wiederum, auch*

ⲞⲠ s. ⲰⲠ

ⲞⲤⲈ n.m. *Schaden, Verlust*

†ⲞⲤⲔ s. ⲰⲤⲔ

†Ⲟϣ s. ⲀϢⲀⲒ

ⲟϩⲉ n.m. *Herde*

ⲟϩⲥ n.m. *Sichel*, ⲭⲁⲓ̈ⲟϩⲥ *Schnitter*

ⲡ

ⲡ-, ⲡⲉ- art.def.m.sg. C.

ⲡ- pron.determ. vor Relativsatz

ⲡⲁ- art.poss. E.1.

ⲡⲁ poss. E.2.

ⲡⲉ pron.dem. bzw. Kopula im Nominalsatz

ⲡⲉ part. beim Präteritum X.5.

ⲡⲉ, pl. ⲡⲏⲩⲉ n.f. *Himmel*

ⲡⲏ pron.dem.m.sg. *jener* D.

ⲡⲓ- art.dem.m.sg. D.

ⲡⲟⲩ- art.poss. E.1.

ⲡⲱ pron.poss. E.2.

ⲡⲁⲓ̈ pron.dem.m.sg. *dieser* D.

ⲡⲉⲓ̈- art.dem.m.sg. D.

ⲡⲉⲕ- art.poss. E.1.

ⲡⲱⲕ pron.poss. E.2.

ⲡⲉⲛ- art.poss. E.1.

ⲡⲱⲛ pron.poss. E.2.

ⲡⲱⲛ (ⲉⲃⲟⲗ), ⲡⲉⲛ-, ⲡⲟⲛ⸗, †ⲡⲏⲛ *ausfließen, ausgießen*

ⲡⲱⲱⲛⲉ, ⲡⲉⲛⲉ-, ⲡⲟⲟⲛⲉ⸗, †ⲡⲟⲟⲛⲉ *umdrehen, abwenden, verwandeln*, ⲡⲱⲱⲛⲉ ⲉⲃⲟⲗ *wegbringen*

ⲡⲣⲱ n.f. *Winter*

ⲡⲣ̄ⲣⲉ *hervorkommen, (er)scheinen*

ⲡⲣⲏϣ n.m. *Decke, Mantel*

ⲡⲱⲣⲝ̄, †ⲡⲟⲣⲝ̄ *trennen, teilen, sich absondern*

ⲡⲉⲥ- art.poss. E.1.

ⲡⲱⲥ pron.poss. E.2.

ⲯⲓⲥ, ⲯⲓⲧ (m.), ⲯⲓⲧⲉ, ⲯⲓⲥⲉ (f.) *neun* I.1.

ⲡⲥⲧⲁ(ⲉ)ⲓⲟⲩ, ⲯⲁⲓⲧ- *neunzig* I.1.

ⲡⲉⲧⲛ̄- art.poss. E.1.

ⲡⲱⲧ, †ⲡⲏⲧ *laufen, fliehen*, ⲡⲱⲧ ⲛ̄ⲥⲁ- *verfolgen*

ⲡⲱⲧⲛ̄ pron.poss. E.2.

ⲡⲧⲏⲣϥ̄ s. ⲧⲏⲣ⸗

ⲡⲁⲧⲥⲉ n.f. *Stück, Brett, Balken*

ⲡⲉⲩ- art.poss. E.1.

ⲡⲏⲩⲉ s. ⲡⲉ

ⲡⲱⲟⲩ pron.poss. E.2.

ⲡⲁϣⲉ n.f. *Hälfte* I.3.

ⲡⲱϣ(ⲉ), †ⲡⲏϣ *teilen*

ⲡⲉϥ- art.poss. E.1.

ⲡⲱϥ pron.poss. E.2.

ⲡⲁϩⲟⲩ n.m. *Hinterteil, Ende*, ⲉⲡⲁϩⲟⲩ *hinter, nach, zurück*

ⲡⲱϩ, ⲡⲉϩ-, ⲡⲁϩ⸗, †ⲡⲏϩ *brechen, zerreißen*

ⲡⲱϩⲧ, ⲡⲁϩⲧ⸗, †ⲡⲟϩⲧ *niederbeugen, sich niederwerfen*, ⲡⲱϩⲧ ⲉⲃⲟⲗ *ausgießen, vergießen, entäußern*

ⲡⲉϫⲉ-, ⲡⲉϫⲁ⸗ *sagen, sprechen* (meist perfektisch) V.

ⲣ

ⲣ̄- s. ⲉⲓⲣⲉ

ⲣⲁ-, ⲣⲉ- praef. (zur Bildung von Bruchzahlen) I.3.

ⲣⲁ n.m. *Lage, Stelle*, praef. B.3.

ⲣⲏ n.m. *Sonne*

ⲣⲓ n.f. *Raum, (Kloster-)Zelle*

ⲣⲟ, ⲣⲱ⸗ n.m. *Mund, Tür* E.3. ⲕⲁⲣⲱ⸗ *schweigen*

ⲣⲱ *selbst, auch, noch, ja*

ⲣ̄ⲃⲉ n.f. *Hürde, Gehege*

ⲣⲓⲕⲉ, ⲣⲉⲕⲧ-, ⲣⲁⲕⲧ⸗, †ⲣⲟⲕⲉ *neigen, wenden*

ⲣⲁⲕⲟⲧⲉ *Alexandria*

ⲣⲱⲕϩ, ⲣⲉⲕϩ-, ⲣⲟⲕϩ⸗, ⲣⲁⲕϩ⸗, †ⲣⲟⲕϩ *(ver)brennen, entflammen*

ⲣⲓⲙⲉ *weinen*

ⲣⲱⲙⲉ n.m. *Mensch*

ⲣⲙ̄(ⲛ̄)- praef. B.3.

ⲣⲙ̄ⲉⲓⲏ, pl. ⲣⲙ̄ⲉⲓⲟⲟⲩⲉ n.f. *Träne*

ⲢⲘⲘⲀⲞ *reich*

ⲢⲞⲘⲠⲈ, pl. ⲢⲘⲠⲞⲞⲨⲈ n.f. *Jahr*, ⲘⲞⲞⲨ ⲚⲦⲢⲞⲘⲠⲈ: die jährliche Nilüberschwemmung

ⲢⲀⲚ, ⲢⲒⲚ⸗ n.m. *Name*, ϮⲢⲀⲚ/ϮⲢⲒⲚ⸗ *nennen*

ⲢⲠⲈ n.m. *Tempel*

ⲢⲢⲞ n.m. *König*, ⲘⲚⲦⲈⲢⲞ *Königreich*

ⲢⲢⲰ n.f. *Königin*

ⲢⲎⲤ n.m. *Süden*

ⲢⲀⲦ⸗ *Fuß, Bein* E.3.

ⲢⲀϢ: in ⲢⲘⲢⲀϢ *milder, freundlicher Mensch*

ⲢⲀϢⲈ *sich freuen*

ⲢⲰϢⲈ, ⲢⲈϢⲦ-, ⲢⲀϢⲦ⸗ *angemessen sein, genügen*

ⲢⲈϤ- praef. B.3.

ⲢⲞⲨϨⲈ n.m. *Abend*, ϨⲒⲢⲞⲨϨⲈ *Abend(zeit)*

ⲢⲀϨⲦⲞⲨ (Teil vom) Mönchsgewand, *pellicula* (?)

ⲢⲰϨⲦ, ⲢⲈϨⲦ-, ⲢⲀϨⲦ⸗, ϮⲢⲀϨⲦ *(er)schlagen*

Ⲥ

-Ⲥ Suffixpronomen F.

Ⲥ- Präfixpronomen F.

ⲤⲀ n.m. *Seite*, ⲚⲤⲀⲞⲨⲤⲀ *auf einer Seite, beiseite*

-ⲤⲈ Suffixpronomen F.

ⲤⲈ- Präfixpronomen F.

ⲤⲈ *sechzig* I.1.

ⲤⲞ n.m. *Schutz*, ϮⲤⲞ *meiden, schonen, sich scheuen*

ⲤⲞ(Ⲉ) s. ⲤⲞⲞⲨ

-ⲤⲞⲨ Suffixpronomen F.

ⲤⲰ, ⲤⲈ-, ⲤⲞⲞ⸗, praef. ⲤⲀⲨ- *trinken*

ⲤⲂⲰ n.f. *Lehre, Bildung, Einsicht*, ⲀⲦⲤⲂⲰ *unwissend*, ϮⲤⲂⲰ *lehren*, ϪⲒⲤⲂⲰ *lernen*

ⲤⲀⲂⲈ/ⲤⲀⲂⲎ m./f. *weise, klug*

ⲤⲰⲂⲈ *lachen, spotten, spielen*

ⲤⲂⲂⲈ, ⲤⲂⲂⲈ-, ⲤⲂⲂⲎⲦ⸗, ϮⲤⲂⲂⲎⲨ *beschneiden*, subst. *Beschneidung*

ⲤⲂⲞⲔ, ϮⲤⲞⲂ(Ⲉ)Ⲕ *klein werden*

ⲤⲞⲂⲦⲈ, ⲤⲂⲦⲈ-, ⲤⲂⲦⲰⲦ⸗, ϮⲤⲂⲦⲰⲦ *bereiten*

ⲤⲰⲂϨ, ϮⲤⲞⲂϨ *aussätzig sein*

ⲤⲀⲒⲚ, ⲤⲞⲈⲒⲚ n.m. *Arzt*

ⲤⲰⲔ, ⲤⲈⲔ-, ⲤⲞⲔ⸗, ϮⲤⲎⲔ *ziehen, treiben* (transitiv und intransitiv), auch: *sterben*

ⲤⲞⲖⲤⲖ, ⲤⲖⲤⲖ-, ⲤⲖⲤⲰⲖ⸗, ϮⲤⲖⲤⲰⲖ *ermahnen, trösten*

ⲤⲘⲎ n.f. *Stimme*

ⲤⲘⲘⲈ *(an)klagen*

ⲤⲘⲒⲚⲈ, ⲤⲘⲚ-, ⲤⲘⲚⲦ⸗, ϮⲤⲘⲞⲚⲦ *befestigen, errichten, herstellen*

ⲤⲘⲞⲦ n.m. *Gestalt, Art, Form, Beispiel*

ⲤⲞⲚ, pl. ⲤⲚⲎⲨ n.m. *Bruder*

ⲤⲰⲚⲈ n.f. *Schwester*

ⲤⲰⲚⲔ *saugen*

ⲤⲚⲀⲨ, -ⲤⲚⲞⲞⲨⲤ (m.), ⲤⲚⲦⲈ, -ⲤⲚⲞⲞⲨⲤ(Ⲉ) (f.) *zwei* I.1.

ⲤⲀⲀⲚϢ, ⲤⲀⲚϢ-, ⲤⲀⲚⲞⲨϢ⸗, ϮⲤⲀⲚⲀϢⲦ *ernähren, aufziehen*

ⲤⲚⲞϤ, pl. ⲤⲚⲰⲰϤ n.m. *Blut*

ⲤⲞⲠ, ⲤⲈⲠ- n.m. *Mal*, ϨⲒⲞⲨⲤⲞⲠ *zugleich, gemeinsam („auf ein Mal")*

ⲤⲞⲠⲤⲠ, ⲤⲈⲠⲤⲰⲠ⸗ *bitten*

Ⲥ(Ⲗ)ⲈⲒⲢ n.m. *Butter, Sauerteig*

ⲤⲞⲨⲢⲈ n.f. *Dorn, Stachel*

ⲤⲢϤⲈ, ϮⲤⲢⲞϤⲦ *sich beschäftigen*

ⲤⲀⲦⲈ n.f. *Feuer, Flamme*

ⲤⲰⲦⲘ *hören*

ⲤⲰⲦⲠ, ϮⲤⲞⲦⲠ *auswählen*, Stativ: *auserlesen, hervorragend sein*

ⲤⲀⲦⲈⲈⲢⲈ n.f. *Statêr* (eine Münze)

ⲤⲎⲨ, n.m. *Zeit, Zeitraum*

ⲤⲒⲞⲨ n.m. *Stern*

ⲤⲞⲞⲨ (m.), ⲤⲞ(ⲉ) (f.), -ⲀⳘ, ⲤⲉⲨ- *sechs* I.1.

ⲤⲞⲨⲈⲚ, ⲤⲞⲨ̄ⲚⲦ⸗ n.m. *Preis, Wert* E.3.

ⲤⲞⲞⲨ̄Ⲛ, ⲤⲞⲨⲚ-, ⲤⲞⲨⲰⲚ⸗ *wissen, (er)kennen*

ⲤⲞⲞⲨⲦⲚ̄, ⲤⲞⲨⲦⲚ̄-, ⲤⲞⲨⲦⲰⲚ⸗, †ⲤⲞⲨⲦⲰⲚ *gerade richten, in Ordnung bringen*

ⲤⲞⲞⲨϨⲈ n.f. *Ei, Schädeldecke, Scheitel*

ⲤⲰⲞⲨϨ̄, ⲤⲈⲨϨ-, ⲤⲞⲞⲨϨ⸗, †ⲤⲞⲞⲨϨ̄ *(sich) versammeln*

ⲤⲞⲞⲨϨⲤ n.f. *Versammlung*

ⲤⲰϢ, ⲤⲈϢ-, ⲤⲞϢ⸗, †ⲤⲎϢ *verachten, verspotten*

ⲤⲰϢⲈ n.f. *Acker, Feld*

ⲤⳘϤⲈ s. ϢϤⲈ

ⲤⲀϢϥ̄ (m.), ⲤⲀϢϤⲈ (f.) *sieben* I.1.

ⲤⲎϤⲈ n.f. *Schwert*

ⲤⲀϨ n.m./f. *Lehrer(in), Meister(in)*

ⲤⲀϨⲞⲨ *(ver)fluchen*

ⲤⲞⲞϨⲈ, ⲤⲀϨⲈ-, ⲤⲈϨⲈ-, ⲤⲀϨⲰ(Ⲱ)⸗, †ⲤⲀϨⲎⲨ *(sich) entfernen*

ⲤⲰϨ n.m. *tauber Mensch*

ⲤϨⲀ𝕚, ⲤⲈϨ-, ⲤⲀϨ⸗, †ⲤⲎϨ *schreiben,* subst. *Brief*

ⲤϨ𝕚ⲘⲈ, pl. Ϩ𝕚ⲞⲘⲈ n.f. *Frau*

ⲤⲀϨⲚⲈ *besorgen, verwalten,* subst. *Anordnung,* ⲞⲨⲈϨⲤⲀϨⲚⲈ *befehlen*

ⲤⲞϥ *dumm, töricht*

ⲤⲰϭ, ⲤⲈϭ-, ⲤⲞϭ⸗, †ⲤⲎϭ *lahm werden, lähmen*

ⲤⲞϭⲚ̄ n.m. *Salbe*

ⲤϭⲎⲢ *segeln, zu Schiff fahren*

Ⲧ

-Ⲧ Suffixpronomen F.

Ⲧ-, ⲦⲈ- art.def.f.sg. C.

Ⲧ- pron.determ. vor Relativsatz

ⲦⲀ- art.poss. E.1.

ⲦⲀ poss. E.2.

ⲦⲀ Konjunktiv T.2.

-ⲦⲈ Suffixpronomen F.

ⲦⲈ- Präfixpronomen F.

ⲦⲈ pron.dem. bzw. Kopula im Nominalsatz

ⲦⲎ pron.dem.sg.f. *jene* D.

†- art.dem.f.sg. D.

†- Präfixpronomen F.

†, †-, ⲦⲚ̄-, ⲦⲀ(Ⲁ)⸗, †ⲦⲞ, Imperativ: ⲘⲀ, praef. ⲦⲀ𝕚- *geben* O.7. W.2. † ⲈⲂⲞⲖ *weggeben, verkaufen,* † ⲈⲦⲚ̄-/† ⲈⲦⲞⲞⲦ⸗ *übergeben, anvertrauen,* † Ⲛ̄ⲤⲀ- *verfolgen,* † Ϩ𝕚-/† Ϩ𝕚ⲰⲰ⸗ *anziehen (Kleider)*

†(ⲉ) s. †ⲞⲨ

ⲦⲞⲨ- art.poss. E.1.

ⲦⲰ pron.poss. E.2.

ⲦⲀ𝕚 pron.dem.f.sg. *diese* D.

ⲦⲈ𝕚- art.dem.f.sg. D.

ⲦⲰ𝕚 pron.poss. E.2.

ⲦⲂⲀ *zehntausend* I.1.

ⲦⲞⲨⲂⲞ *reinigen*

ⲦⲰⲰⲂⲈ *versiegeln, verschließen*

ⲦⲰ(Ⲱ)ⲂⲈ, ⲦⲞⲞⲂ⸗ *zurückzahlen, vergelten,* subst. *Vergeltung*

ⲦⲂ̄ⲂⲞ *reinigen,* subst. *Reinigung*

ⲦⲂ̄ⲚⲎ pl. ⲦⲂ̄ⲚⲞⲞⲨⲈ n.m. *Tier*

ⲦⲀ(ⲉ)ⲒⲞ, ⲦⲀⲉⲒⲈ-, ⲦⲀⲉⲒⲞ⸗, †ⲦⲀⲉⲒⲎⲨ *ehren,* subst. *Ehre, Ruhm, Belohnung, Geschenk*

ⲦⲀ(ⲉ)ⲒⲞⲨ (m.), ⲦⲀ(ⲉ)ⲒⲞⲨⲈ (f.) *fünfzig* I.1.

ⲦⲀⲔⲞ, ⲦⲀⲔⲈ-, ⲦⲀⲔⲞ⸗, †ⲦⲀⲔⲎⲞⲨ *vernichten, verderben, zu Grunde gehen*

ⲦⲈⲔ- art.poss. E.1.

ⲦⲰⲔ pron.poss. E.2.

ⲦⲰⲔ, †ⲦⲎⲔ *befestigen, fest, stark, gesund sein*

ⲦⲀⲖⲞ, ⲦⲀⲖⲈ-, ⲦⲀⲖⲞ⸗, †ⲦⲀⲖⲎⲨ *emporheben*

ⲦⲀⲖϬⲞ, ⲦⲀⲖϬⲈ-, ⲦⲀⲖϬⲞⸯ, ⸢ⲦⲀⲖϬⲎⲨ *heilen, beenden*

ⲦⲘ̄- part.neg. **Y.**

ⲦⲘⲎ n.f. *Matte, Unterlage*

ⲦⲀⲘⲞ, ⲦⲀⲘⲈ-, ⲦⲀⲘⲞⸯ *informieren, mitteilen*

⸢ⲘⲈ n.m. *Dorf, Siedlung*

ⲦⲞⲘ n.m. *Matte*

ⲦⲰⲰⲘⲈ, ⸢ⲦⲞⲞⲘⲈ *vereinigen, verbinden, passen, angemessen sein*

ⲦⲀⲘⲒⲞ, ⲦⲀⲘⲒⲈ-, ⲦⲀⲘⲒⲞⸯ, ⸢ⲦⲀⲘⲒⲎⲨ *schaffen, bilden, bereiten*

ⲦⲘ̄ⲘⲞ, ⲦⲘ̄ⲘⲈ-, ⲦⲘ̄ⲘⲞⸯ, ⸢ⲦⲘ̄ⲘⲎⲨ *ernähren, füttern*

ⲦⲘ̄ϨⲞ, ⲦⲘ̄Ϩⲉ-, ⲦⲘ̄ϨⲞⸯ *anzünden*

-ⲦⲚ̄ Suffixpronomen **F.**

ⲦⲚ̄- Präfixpronomen **F.**

ⲦⲈⲚ- art.poss. **E.1.**

ⲦⲈⲚⲞⲨ *nun, jetzt*

ⲦⲰⲚ pron.poss. **E.2.**

ⲦⲰⲚ, Ⲛ̄ⲦⲰⲚ *Wo?* ⲈⲂⲞⲖ ⲦⲰⲚ *Woher?*

ⲦⲰⲰⲚ s. ⲦⲰⲞⲨⲚ̄

ⲦⲚ̄ⲚⲞⲞⲨ, ⲦⲚ̄ⲚⲈⲨ-, ⲦⲚ̄ⲚⲞⲞⲨⸯ *senden, schicken*

ⲦⲞⲨⲚⲞⲤ, ⲦⲞⲨⲚⲈⲤ-, ⲦⲞⲨⲚⲞⲤⸯ *aufwecken, aufrichten*

ⲦⲞⲚⲦⲚ̄, ⲦⲚ̄ⲦⲚ̄-, ⲦⲚ̄ⲦⲰⲚⸯ, ⸢ⲦⲚ̄ⲦⲰⲚ *gleichen, gleich machen*

ⲦⲚⲀⲨ *Wann?* ϢⲀ ⲦⲚⲀⲨ *Bis wann?*

ⲦⲚ̄Ϩ n.m. *Flügel*

ⲦⲠⲈ n.m. *Oberes,* Ⲛ̄ⲦⲠⲈ *oben*

⸢ⲠⲈ n.f. *Lende, Hüfte*

⸢ⲠⲈ n.f. *Geschmack,* ϪⲒ⸢ⲠⲈ *schmecken*

ⲦⲰⲠⲈ, ⲦⲈⲠ-, ⲦⲞⲠⸯ *schmecken, kosten*

ⲦⲣⲈ- praef. (zur Bildung von Bruchzahlen) **I.3.**

ⲦⲣⲈ-, ⲦⲣⲈⸯ, (ⲦⲣⲀ) Kausativer Infinitiv **U.**

(Ⲛ̄)ⲦⲀⲣⲈ-, (Ⲛ̄)ⲦⲀⲣ(Ⲉ)ⸯ Konjugationsbasis des kausativen Konjunktivs **T.3.**

ⲦⲈⲣⲀ = ⲦⲈⲚⲀ **S.3.**

ⲦⲎⲣⸯ *ganz, jeder, alle;* ⲠⲦⲎⲣϥ *das All* **E.3.**

ⲦⲰⲣⲈ, ⲦⲞⲞⲦⸯ n.f. *Hand* **E.3.**

ⲦⲤⲞ, ⲦⲤⲈ-, ⲦⲤⲞⸯ, ⸢ⲦⲤⲎⲨ *tränken*

ⲦⲈⲤ- art.poss. **E.1.**

⸢ⲦⲤⲞ s. ⲤⲞ

ⲦⲰⲤ pron.poss. **E.2.**

ⲦⲤⲀⲂⲞ, ⲦⲤⲀⲂⲈ-, ⲦⲤⲀⲂⲞⸯ, ⸢ⲦⲤⲀⲂⲎⲨ *lehren*

ⲦⲤⲂ̄ⲔⲞ, ⲦⲤⲂ̄ⲔⲈ-, ⲦⲤⲂ̄ⲔⲞⸯ, ⸢ⲦⲤⲂ̄ⲔⲎⲨ *klein machen, verkleinern*

ⲦⲤⲚ̄ⲔⲞ, ⲦⲤⲚ̄ⲔⲈ-, ⲦⲤⲚ̄ⲔⲞⸯ *säugen*

ⲦⲞⲞⲦⸯ s. ⲦⲰⲣⲈ

ⲦⲰⲦⲈ n.f. *Rand, Saum, Quaste, Franse*

-ⲦⲈⲦⲚ̄ Suffixpronomen **F.**

ⲦⲈⲦⲚ̄- art.poss. **E.1.**

ⲦⲈⲦⲚ̄- Präfixpronomen **F.**

ⲦⲰⲦⲚ̄ pron.poss. **E.2.**

ⲦⲞⲨⲰⸯ *Busen,* ⲠⲈⲦϨⲒⲦⲞⲨⲰⸯ *Nachbar* **E.3.**

ⲦⲀ(Ⲟ)ⲨⲞ, ⲦⲀ(Ⲟ)ⲨⲈ-, ⲦⲀ(Ⲟ)ⲨⲞⸯ *hervorbringen, aussenden*

ⲦⲈⲨ- art.poss. **E.1.**

⸢ⲞⲨ (m.), ⸢(Ⲉ) (f.), -ⲦⲎ *fünf* **I.1.**

ⲦⲞⲞⲨ n.m. *Berg*

ⲦⲞⲞⲨⲈ n.m. *Sandale*

ⲦⲰⲞⲨ pron.poss. **E.2.**

ⲦⲈⲨⲚⲞⲨ s. ⲞⲨⲚⲞⲨ

ⲦⲰⲞⲨⲚ̄, ⲦⲰⲰⲚ, ⲦⲞⲨⲚ-, ⲦⲰⲚ-, ⲦⲰⲞⲨⲚⸯ, ⲦⲰⲚⸯ *(sich) erheben, aufstehen, subst. Auferstehung*

-ⲦⲎⲨⲦⲚ̄ Suffixpronomen **F.**

ⲦⲀϢⲞ, ⲦⲀϢⲈ-, ⲦⲀϢⲞⸯ *zunehmen, vermehren,* ⲦⲀϢⲈⲞⲒϢ *verkündigen, predigen*

ⲦⲰϢ, ⲦⲉϢ-, ⲦⲞϢⸯ, †ⲦⲎϢ anweisen, anordnen, bestimmen, subst. *Anordnung*

Ⲧⲉϥ- art.poss. **E.1.**

ⲦⲰϥ pron.poss. **E.2.**

ⲦⲀϨⲞ, ⲦⲀϨⲉ-, ⲦⲀϨⲞⸯ, †ⲦⲀϨⲎⲨ aufstellen, erfassen

†Ϩⲉ, †ⲦⲞϨⲉ sich betrinken

ⲦⲰϨ, †ⲦⲎϨ mischen, vereinigen, verkehren, trüben, verwirren

ⲐⲂ̄ⲂⲒⲞ, ⲐⲂ̄ⲂⲒⲉ-, ⲐⲂ̄ⲂⲒⲞⸯ, †ⲐⲂ̄ⲂⲒⲎⲨ demütigen, sich erniedrigen, subst. *Demut*

ⲦϨⲒⲞ, ⲐⲒⲞ, ⲐⲒⲉ-, ⲐⲒⲞⸯ, †ⲐⲒⲎⲨ fällen

ⲦⲰϨⲘ̄, ⲦⲉϨⲘ-, ⲦⲀϨⲘⸯ, †ⲦⲀϨⲘ̄ anklopfen, einladen

ⲦϨⲠⲞ, ⲐⲠⲞ, ⲐⲠⲞⸯ begleiten

ⲦⲰϨⲤ, ⲦⲉϨⲤ-, ⲦⲀϨⲤⸯ, †ⲦⲀϨⲤ salben

ⲦⲀϬ n.m. *Stück*

ⲦϬⲀ(ⲉ)ⲒⲞ, ⲦϬⲀ(ⲉ)Ⲓⲉ-, ⲦϬⲀ(ⲉ)ⲒⲞⸯ, †ⲦϬⲀ(ⲉ)ⲒⲎⲨ schlecht machen, tadeln, verurteilen, verdammen

ⲦⲰϬⲤ, †ⲦⲞϬⲤ befestigen, treten, stampfen, walken

ⲞⲨ, Ⲩ

-(Ⲟ)Ⲩ Suffixpronomen **F.**

ⲞⲨ- art. indef. sg.

ⲞⲨ *Was?* ⲉⲦⲂⲉ ⲞⲨ bzw. Ⲭⲉ ⲞⲨ *Warum?*

ⲞⲨⲀ n.m. *Fluch, Lästerung,* ⲬⲒⲞⲨⲀ *fluchen, lästern*

ⲞⲨⲀ, -ⲞⲨⲉ (m.), ⲞⲨⲉⲒ, -ⲞⲨⲉⲒ (f.), ⲞⲨ- *eine(r), jemand,* ⲠⲞⲨⲀ ⲠⲞⲨⲀ *jeder (einzelne),* ⲦⲞⲨⲉⲒ ⲦⲞⲨⲉⲒ *jede (einzelne)* **I.1.**

ⲞⲨⲀⲀⸯ allein, eigen, selbst

ⲞⲨⲰ aufhören, beenden, fertig sein

ⲞⲨⲂⲉ-, ⲞⲨⲂⲎⸯ gegen, zu

†ⲞⲨⲀⲀⲂ heilig sein

ⲞⲨⲎⲎⲂ n.m. *Priester*

ⲞⲨⲂⲀϢ, †ⲞⲨⲞⲂϢ weiß, hell, glänzend werden

ⲞⲨⲞⲒ *Wehe!*

ⲞⲨⲞⲒⲉ, pl. ⲞⲨⲉⲉⲒⲎ n.m. *Bauer*

ⲞⲨⲞⲉⲒⲚ n.m. *Licht,* Ⲣ̄ⲞⲨⲞⲉⲒⲚ *leuchten, scheinen*

ⲞⲨⲞⲉⲒϢ n.m. *Zeit*

ⲞⲨⲰⲘ, ⲞⲨⲉⲘ-, ⲞⲨⲞⲘⸯ, praef. ⲞⲨⲀⲘ- essen

ⲞⲨⲚ̄ es gibt, ist vorhanden **Q.**

ⲞⲨⲚⲞⲨ n.f. *Stunde,* (Ⲛ̄)ⲦⲉⲨⲚⲞⲨ *sogleich*

ⲞⲨⲞⲚ jemand, etwas, ⲞⲨⲞⲚ ⲚⲒⲘ jeder

ⲞⲨⲰⲚ, ⲞⲨⲚ̄- Teil **I.3.**

ⲞⲨⲰⲚ, †ⲞⲨⲎⲚ, Imperativ: ⲀⲞⲨⲰⲚ (sich) öffnen **W.2.**

ⲞⲨⲚⲀⲘ n.f. *Rechte, rechte Hand, rechte Seite*

ⲞⲨⲚ̄Ⲧⲉ-, ⲞⲨⲚ̄Ⲧ(Ⲁ)ⸯ haben **R.**

ⲞⲨⲰⲚϨ̄ (ⲉⲂⲞⲗ), ⲞⲨⲉⲚϨ̄-, ⲞⲨⲞⲚϨ̄ⸯ, †ⲞⲨⲞⲚϨ̄ (sich) offenbaren, zeigen, erscheinen, Stativ: *sichtbar sein*

ⲞⲨⲞⲠ, †ⲞⲨⲀⲀⲂ heilig, rein werden

ⲞⲨⲎⲢ (m.), ⲞⲨⲎⲢⲉ (f.) *Wie groß? Wieviel? Wie lange?* **H.2.**

ⲞⲨⲢⲞⲦ gedeihen, frisch sein, †ⲞⲨⲢⲞⲦ gedeihen lassen, anregen

ⲞⲨⲉⲢⲎⲦⲉ n.f. *Fuß, Bein*

ⲞⲨⲢ̄Ϣⲉ n.f. *Wache*

ⲞⲨⲦⲉ-, ⲞⲨⲦⲰⸯ zwischen

ⲞⲨⲰⲦ einzig

ⲞⲨⲰⲦ-, ⲞⲨⲉⲦ- verschieden, anders sein **V.**

ⲞⲨⲰⲦϨ̄ gießen, schöpfen

ⲞⲨϢⲎ n.f. *Nacht*

ⲞⲨⲰϢ, ⲞⲨⲉϢ-, ⲞⲨⲀϢⸯ wollen, lieben, subst. *Wille*

ⲞⲨⲰϢⲂ̄ antworten

ⲞⲨⲰϢⲘ̄ kneten, rühren, subst. *Teig*

ⲞⲨⲰϢⲦ verehren, anbeten, huldigen

ⲞⲨⲰϨ, ⲞⲨⲈϨ-, ⲞⲨⲀϨ⸗, ⁺ⲞⲨⲎϨ setzen, stellen, legen, wohnen, ⲞⲨⲰϨ ⲈⲦⲞⲞⲦ⸗ wiederholen, fortfahren, ⲞⲨⲰϨ Ⲛ̄ⲤⲀ-/Ⲛ̄ⲤⲰ⸗ nachfolgen

ⲞⲨⲰϨⲘ̄, ⲞⲨⲈϨⲘ-, ⲞⲨⲀϨⲘ(Ⲉ)⸗, ⁺ⲞⲨⲞϨⲘ̄ wiederholen, übersetzen, entgegnen

ⲞⲨⲬⲀⲒ̈, ⁺ⲞⲨⲞⲬ heil, gesund, bewahrt werden/sein

ⲞⲨⲰϬⲄ̄ einziehen, einsammeln, subst. Steuer

ⲫ

ⲫ = ⲡ + Ϩ

ⲭ

ⲭ = ⲕ + Ϩ

ⲯ

ⲯ = ⲡ + ⲥ, s. ⲡ

ⲱ

ⲱ Oh!

⁺ⲱ = ⁺Ⲟ, s. ⲈⲒⲢⲈ

ⲰⲂϢ̄, ⲈⲂϢ̄-, ⲞⲂϢ̄⸗, ⁺ⲞⲂϢ̄ vergessen, schlafen

ⲰⲚⲈ n.m. Stein

ⲰⲚϨ̄, ⁺ⲞⲚϨ̄ leben

Ⲱⲡ, Ⲉⲡ-, Ⲟⲡ⸗, ⁺Ⲏⲡ zählen, rechnen, (ein)schätzen

ⲰⲡⲔ schwören

ⲰⲤⲔ, ⁺ⲞⲤⲔ zögern, verweilen

ⲰϢ, ⲈϢ-, ⲀϢ-, ⲞϢ⸗ rufen, verlesen

ⲰϨⲈ, ⁺ⲀϨⲈ sich hinstellen, stehen, oft mit ⲈⲢⲀⲦ⸗, kontrahiert: ⲀϨⲈⲢⲀⲦ⸗ Ⲟ.3.

ⲰϨⲤ̄, ⲈϨⲤ̄-, ⲞϨⲤ̄⸗ sicheln, mähen, ernten, s.a. ⲞϨⲤ̄

ϣ

(Ⲉ)ϣ- können, vermögen, ⲚⲈϢ- nicht können, nicht dürfen

ϣⲀ-, ϣⲀⲢⲞ⸗ zu, bei, bis

ϣⲀ⸗ Konjugationsbasis des affirmativen Aorists Ⲧ.1.

ϣⲀ aufgehen

ϣⲈ n.m. Holz

ϣⲈ hundert Ⲓ.1.

ϣⲈ gehen, ⲤϢⲈ, (Ⲉ)ϢϢⲈ es ziemt sich, ist nötig

ϣⲒ, ϣⲒ-, ϣⲒⲦ⸗, ⁺ϣⲎⲨ messen

ϣⲞ tausend Ⲓ.1.

ϣⲂⲈ s. ϣϥⲈ

ϣⲒⲂⲈ, ϣ(Ⲉ)ⲂⲦ-, ϣ(Ⲉ)ⲂⲦ⸗, ⁺ϣⲞ(Ⲟ)ⲂⲈ, praef. ϣⲀⲂⲈ- verändern, verwandeln, scheiden, Stativ: verschieden sein

ϣⲂⲎⲢ, ϣⲂⲢ̄-, pl. ϣⲂⲈⲈⲢ n.m. Freund, Genosse

ϣⲔⲀⲔ n.m. Ruf, Schrei, ⲀϢⲔⲀⲔ (ⲈⲂⲞⲗ) ausrufen, schreien

ϣⲗⲎⲗ beten, bitten

ϣⲰⲗⲘ ziehen, zücken

ϣⲈⲗⲈⲈⲦ n.f. Braut, Hochzeit, ⲡⲀⲦϣⲈⲗⲈⲈⲦ Bräutigam

ϣⲎⲘ klein

ϣⲘ̄ⲘⲞ, pl. ϣⲘ̄ⲘⲞⲈⲒ n.m. Fremdling, Gast

ϣⲘⲞⲨⲚ (m.), ϣⲘⲞⲨⲚⲈ (f.), -ϣⲘⲎⲚⲈ acht Ⲓ.1.

ϣⲞⲘ(Ⲛ̄)Ⲧ (m.), ϣⲞⲘⲦⲈ (f.), -ϣⲞⲘⲦⲈ, ϣⲘ(Ⲛ)Ⲧ- drei Ⲓ.1.

ϣⲚⲎ n.f. Garten, ⲡⲀⲦⲈϣⲚⲎ Gärtner

ϣⲎⲚ n.m. Baum

ϣⲒⲚⲈ, ϣⲈⲚ-, ϣⲚ̄Ⲧ⸗ fragen, suchen, grüßen, subst. Frage, Nachricht

ϢⲰⲚⲈ, †ϢⲞ(Ⲟ)ⲚⲈ *krank sein, leiden*

ϢⲰⲚⲈ, ϢⲚ̄-, praef. ϢⲀⲚ-
barmherzig sein

ϢⲀⲚⲦⲈ-, ϢⲀⲚⲦ(Ⲉ)⸗ Konjugationsbasis des Limitativs **T.2.**
ϢⲀⲚⲦⲈⲞⲨ ϢⲰⲠⲈ **T.2.**

ϢⲒⲠⲈ *sich schämen, beschämen, subst.*
Scham, Schande, †ϢⲒⲠⲈ *beschämen*

ϢⲰⲠ, Ϣ(Ⲉ)Ⲡ-, ϢⲞⲠ⸗, †ϢⲎⲠ
empfangen, aufnehmen, Stativ:
annehmbar, angenehm sein

ϢⲰⲠⲈ, †ϢⲞⲞⲠ *geschehen, werden,*
Stativ: sein

ϢⲠⲎⲢⲈ *n.f. Wunder,* Ⲣ̄ϢⲠⲎⲢⲈ *sich*
wundern

ϢⲀⲢⲈ- *Konjugationsbasis des affir-*
mativen Aorists **T.1.**

ϢⲀⲀⲢ *n.m. Haut, Leder, Fell*

ϢⲈⲈⲢⲈ *n.f. Mädchen, Tochter*

ϢⲎⲢⲈ *n.m. Junge, Kind, Sohn*

ϢⲞⲢⲠ̄ (m.), ϢⲞⲢⲠ(Ⲉ) (f.) *erste(r)*,
Ⲛ̄ϢⲞⲢⲠ̄ *zuerst, früher, zuvor,*
(Ⲡ̄)Ϣ(Ⲟ)Ⲣⲡ̄ (Ⲛ̄)- Präverbal: (etwas)
früher, zuerst, zuvor (tun) **O.4.**

ϢⲰⲢⲠ̄, Ϣ(Ⲉ)Ⲣⲡ-, ϢⲞⲢⲠ⸗, †ϢⲞⲢⲠ
früh sein, früh aufstehen, früh (etwas)
tun, (etwas) zuerst tun

ϢⲞⲢⲰ̄Ⲣ *umstürzen, vernichten*

ϢⲰⲤ, ϢⲈⲤ-, ϢⲞⲤ⸗, †ϢⲎⲤ *ver-*
achten, verschmähen, spotten, subst.
Verachtung

ϢⲦⲀ *n.m. Mangel, Makel*

ϢⲎⲦ *zweihundert* **I.1.**

ϢⲰⲦⲈ *n.m. Teig, Mehl*

ϢⲰⲰⲦ, Ϣ(Ⲉ)Ⲧ-, ϢⲀ(Ⲁ)Ⲧ⸗,
†ϢⲀ(Ⲁ)Ⲧ, praef. ϢⲀⲦ- *abschneiden,*
bedürfen, ermangeln, schlachten

ϢⲰⲦⲘ̄, ϢⲦ(Ⲉ)Ⲙ-, †ϢⲞⲦⲘ̄ *schließen,*
verschließen

ϢⲦⲎⲚ *n.f. Kleid, Gewand, Mantel*

ϢⲦⲞⲢⲦ̄Ⲣ̄, †ϢⲦⲢ̄ⲦⲰⲢ *verwirren, beun-*
ruhigen

ϢⲞⲨⲞ, ϢⲞⲨⲈ-, ϢⲞⲨⲰ⸗, †ϢⲞⲨⲈⲒⲦ
entleeren, ausgießen, fließen, Stativ
auch: eitel sein

ϢⲀⲨ, ϢⲞⲨ- *nützlich, wert,* ⲀⲦϢⲀⲨ
unnütz

ϢϢⲈ *s.* ϢⲈ

ϢϤⲈ *siebzig* **I.1.**

ϢϪⲈ *n.m. Heuschrecke*

ϢⲀϪⲈ *sprechen, reden, sagen, subst.*
Wort, Rede, Sache, Angelegenheit

ϢⲀϪⲈ *n.m. s.* ϪⲀϪⲈ

ϢⲰⲰϬⲈ, ϢⲈϬⲈ-, ϢⲞ(Ⲟ)ϬⲈ⸗,
†ϢⲞⲞϬⲈ *schlagen, verwunden,*
verletzen

ϥ

-ϥ *Suffixpronomen* **F.**

ϥ- *Präfixpronomen* **F.**

ϥⲒ, ϥⲒ-, ϥⲒⲦ⸗, praef. ϥⲀⲒ- *tragen, heben*

ϥⲰ *n.m. Haar*

ϥⲰⲦⲈ, ϥⲈⲦ-, ϥⲞⲦ⸗ *abwischen,*
ausreißen

ϥⲦⲞⲞⲨ (m.), ϥⲦⲞ(Ⲉ) (f.), -ⲀϥⲦⲈ,
ϥⲦⲞⲨ-, ϥⲦⲈⲨ- *vier* **I.1.**

ϩ

ϩⲀ-, ϩⲀⲢⲞ⸗ *unter, wegen, für, zu,*
gegen, von her, hin zu

ϩⲀⲈ/ϩⲀⲎ *letzter/letzte,* Ⲣ̄ϩⲀⲈ *letzter*
sein

ϩⲈ, †ϩⲎⲨ *fallen,* ϩⲈ Ⲉ- *finden,* ϩⲈ
ⲈⲂⲞⲖ *zugrunde gehen*

ϩⲈ *n.f. Art, Weise;* Ⲛ̄ⲐⲈ *so wie;* ⲦⲀⲒ
ⲦⲈ ⲐⲈ *so;* Ⲛ̄ⲀϢ Ⲛ̄ϩⲈ *Wie? Wieso?*

ϩⲎ, ϩⲈ-, ϩⲒ- *n.m. Zeit(raum)*

ϩⲎ, ϩⲎⲦ⸗ *n.f. Vorderseite* **E.3. K.2.**

ϩⲎ, ϩⲎⲦ⸗ *n.f. Bauch, Leib* **E.3.**

ϨΙ- s. ϨΙΟΥΕ

ϨΙ-, ϨΙШШ⸗ *auf, in, bei, mit, während*
ϨΙ *und* L.1.

ϨΟ, ϨΡΑ⸗ n.m. *Gesicht* E.3. †ϨΟ *bitten*

ϨШ(Ш)⸗ *selbst, auch,* ϨШШϥ *nun, ja,
aber* E.3. M.

ϨШΒ, pl. ϨΒΗΥΕ n.m. *Sache, Werk,*
Ρ̄ϨШΒ *arbeiten, bewirken*

ϨΗΒ̄C n.m. *Lampe, Leuchter*

ϨШΒC̄, ϨΒC-, ϨΟΒC⸗, †ϨΟΒC̄ *bedecken,
verbergen, verhüllen,* ϨΒΟΟC, pl.
ϨΒШШC n.m./f. *Gewand, Mantel,
Leinentuch*

ϨΙΕ s. ΕΙΕ

ϨΙΗ, pl. ϨΙΟΟΥΕ n.f. *Weg*

ϨΑϊ n.m. *Ehemann, Gatte*

ϨΑΙΒ(Ε)C n.f. *Schatten*

ϨΙΑΙΒΕ n.f. *Lamm*

ϨΙΟΜΕ s. CϨΙΜΕ

ϨΟϊΝΕ *einige, manche*

ϨΗΚΕ *arm*

ϨШ(Ш)ΛΕ *ausreißen, abreißen*

ϨᾹΛΟ/ϨᾹΛШ n.m./f. *Greis(in),
ehrwürdig,* Ρ̄ϨᾹΛΟ *alt werden*

ϨΑΛΗΤ, pl. ϨΑΛΑΤΕ n.m. *Vogel*

ϨΑΛϬ, †ϨΟΛϬ, praef. ϨΑΛϬ- *süß,
angenehm sein*

ϨΜΕ *vierzig* I.1.

ϨΜΟΥ n.m. *Salz*

ϨΜ̄ΜΕ *Steuerruder, in der Verbindung*
Ρ̄ϨΜ̄ΜΕ *steuern, lenken, regieren*

ϨΜΟΜ, †ϨΜ *heiß werden/sein* subst.
Hitze, Fieber

ϨΜΕΝΕ *achtzig* I.1.

†ϨΜΟΟC *sitzen, sich setzen, wohnen*
O.2.

ϨΜΟΤ n.m. *Gabe, Gnade*

ϨΟΜΕΤ *Kupfer, Bronze, Geld*

ϨΜ̄ϨΑΛ n.m. *Sklave, Knecht*

ϨΝ̄-, Ν̄ϨΗΤ⸗ *in, an, durch,* ΕΒΟΛ ϨΝ̄-
aus

ϨΝΕ-, ϨΝΑ⸗, Ρ̄ϨΝΑ⸗ *wollen* V.

ϨΕΝ-, ϨΝ̄- art. indef. pl.

ϨШΝ, ϨΝ̄-, ϨΟΝ⸗, †ϨΗΝ *sich nähern*

ϨШΝ (ΕΤΟΟΤ⸗) *befehlen*

ϨΝΑΑΥ n.m. *Gefäß, Gerät, Hausrat,
Eigentum*

ϨΑΠ n.m. *Recht, Gesetz, Gericht, Urteil*

ϨШΠ, ϨΕΠ-, ϨΟΠ⸗, †ϨΗΠ (sich)
verbergen, subst. *Geheimnis, Ver-
borgenheit,* Ν̄ϨШΠ *heimlich*

ϨΑΠC *es ist nötig*

ϨΡΑ⸗ s. ϨΟ *Gesicht, bzw.* ϨΡΟΟΥ
Stimme

ϨΡΑϊ *Oberes, Unteres,* ΕϨΡΑϊ *hinauf,
hinunter,* ϢΑϨΡΑϊ Ε-/ΕΡΟ⸗ *bis*
K.2.

ϨΑΡΝ̄-, ϨΑΡШ⸗ *unter, vor jemanden
hin*

ϨΙΡΝ̄-, ϨΙΡШ⸗ *auf, an, bei*

ϨШΡΠ, ϨΡ̄Π-, ϨΟΡΠ⸗, †ϨΟΡΠ
benetzen, nässen

ϨΡΟΟΥ, ϨΡΟΥ-, ϨΡΑ⸗ n.m. *Stimme,
Lärm*

ϨΡΟϢ, †ϨΟΡϢ *schwer sein,* ϨΡΟϢ
Ν̄ϨΗΤ *langmütig, geduldig sein*

ϨΑΡΕϨ, ΑΡΕϨ *bewahren, beachten,
(zurück)halten*

ϨΙCΕ, ϨΑCΤ-, ϨΟCΤ⸗, †ϨΟCΕ *sich
mühen;* ϨΙCΕ n.m. *Mühe, Leid,
Arbeit,* ϢΠ̄ϨΙCΕ *leiden, sich mühen*

ϨΑCΙΕ n.m. *Ertrunkener,* ΒШΚ
Ν̄ϨΑCΙΕ *ertrinken*

ϨΗΤ⸗ s. ϨΗ *Vorderseite bzw.* ϨΗ *Bauch*

ϨΗΤ⸗, ΕϨΗΤ⸗ *vor*

ϨΗΤ, ϨΤΗ⸗ n.m. *Herz, Gemüt, Sinn,
Verstand* E.3. ΑϨΗΤ *töricht,* ΚШ
Ν̄ϨΤΗ⸗ *bzw.* ΚΑϨΤΗ⸗ *vertrauen,*
Ρ̄ϨΗΤ CΝΑΥ *zweifeln,* †ϨΗΤ/
†ϨΤΗ⸗ *beobachten,* ϢΝ̄ϨΤΗ⸗/
ϢΝ̄ϨΤΗ⸗ *sich erbarmen*

ϨΗ(Η)ΤΕ s. ΕΙC

ϨⲞⲦ(Ⲉ) n.m. *Gegenwart*, ⲘⲠϨⲞⲦ
ⲈⲂⲞⲖ Ⲛ̄- *in Gegenwart von, vor,
angesichts*

ϨⲞⲦⲈ n.f. *Furcht*, Ⲣ̄ϨⲞⲦⲈ *sich fürchten*

ϨⲰⲦ n.m. *Beutel, Schlauch, Behälter*

ϨⲰⲦⲂ̄, ⁺ϨⲞⲦⲂ̄, praef. ϨⲀⲦⲂ̄- *töten,
ermorden*

ϨⲀⲦⲚ̄-, ϨⲀⲦⲞⲞⲦ⸗ *unter, neben, bei*

ϨⲒⲦⲚ̄-, ϨⲒⲦⲞⲞⲦ⸗ *durch, von, nach,
während*

ϨⲰⲦⲠ̄, ϨⲈⲦⲠ̄-, ϨⲞⲦⲠ⸗, ⁺ϨⲞⲦⲠ̄ *(sich)
versöhnen, vereinbaren, zur Ruhe
begeben, von Gestirnen: untergehen*

ϨⲰⲦⲢ̄, ϨⲈⲦⲢ-, ϨⲞⲦⲢ⸗, ⁺ϨⲞⲦⲢ̄
verbinden, vereinigen

ϨⲦⲞⲞⲨⲈ n.m. *Morgen*, ⲈϨⲦⲞⲞⲨⲈ
morgens, früh

ϨⲀⲐⲞⲨ n.f. *(Wirbel-)Sturm*

ϨⲀⲐⲎ *bevor*, ϨⲀⲐⲎ Ⲛ̄-, ϨⲀⲦⲈ⸗( )ϨⲎ s.
K.2.

ϨⲒⲐⲎ, *auch* ϨⲒϨⲎ *vorn, vorwärts,* ϨⲒϨⲎ
Ⲛ̄-/Ⲙ̄ⲘⲞ⸗ *vor* K.2.

ϨⲞⲨⲞ n.m. *Überfluß,* Ⲛ̄ϨⲞⲨⲞ *mehr,*
ⲈϨⲞⲨⲞ Ⲉ-/Ⲛ̄ϨⲞⲨⲞ Ⲉ-/ⲈϨⲞⲨⲈ-
mehr als, Ⲣ̄ϨⲞⲨⲞ *übertreffen,
überreichlich, überflüssig sein,*
Ⲣ̄ϨⲞⲨⲈ- *Präverbal: (etwas) übermäßig, sehr (tun)* O.4.

⁺ϨⲎⲨ s. ϨⲈ

ϨⲎⲨ n.m. *Nutzen, Vorteil, Gewinn,*
⁺ϨⲎⲨ *gewinnen*

ϨⲒⲞⲨⲈ, ϨⲒ-, ϨⲒⲦ⸗ *schlagen*

ϨⲞⲞⲨ n.m. *Tag,* ⲘⲠⲞⲞⲨ *heute*

⁺ϨⲞⲞⲨ *böse, faul, verdorben, schlecht
sein,* ⲠⲈⲐⲞⲞⲨ *Böses*

ϨⲞⲨⲈⲒⲦ (m.) ϨⲞⲨⲈⲒⲦⲈ (f.) *erste(r),*
subst. *Anfang*

ϨⲞⲞⲨⲦ n.m. *Mann, männlich, wild*

ϨⲀϨ *viel(e)*

ϨⲒϨⲎ s. ϨⲒⲐⲎ

ϨⲀϨⲦⲚ̄-, ϨⲀϨⲦⲎ⸗ *bei, an*

ϨⲀⲬⲚ̄-, ϨⲀⲬⲰ⸗ *vor, entgegen*

ϨⲒⲬⲚ̄-, ϨⲒⲬⲰ⸗ *auf, über, neben, für*

Ⲭ

ⲬⲈ *daß, weil, denn, damit, so daß,* zur
Redeeinleitung L.1.

ⲬⲒ, ⲬⲒ-, ⲬⲒⲦ⸗, praef. ⲬⲀⲒ̈- *nehmen,
empfangen*

ⲬⲞ n.f. *Wand, Mauer*

ⲬⲞ, ⲬⲈ-, ⲬⲞ⸗, ⁺ⲬⲎⲨ *säen, pflanzen*

ⲬⲰ⸗ s. ⲬⲰⲬ

ⲬⲰ, ⲬⲈ-, ⲬⲒ-, ⲬⲞⲞ⸗, Imperative:
ⲀⲬⲈ-, ⲀⲬⲒ-, ⲀⲬⲒ⸗ praef. ⲬⲀⲦ-
sagen, singen W.2.

ⲬⲀⲒⲈ n.m. *Wüste*

ⲬⲞⲈⲒ n.m. *Boot, Schiff*

ⲬⲞⲈⲒⲤ n.m. *Herr*

ⲬⲰⲔ, ⲬⲈⲔ-, ⲬⲞⲔ⸗, ⁺ⲬⲎⲔ *erfüllen,
vollenden,* subst. *Fülle, Vollendung*

ⲬⲰⲔⲘ̄, ⲬⲈⲔⲘ-, ⲬⲞⲔⲘ(Ⲉ)⸗, ⁺ⲬⲞⲔⲘ̄
waschen, taufen

ⲬⲈⲔⲀ(Ⲁ)Ⲥ *damit* L.1.

ⲬⲰ(Ⲱ)ⲘⲈ n.m. *Papyrus(blatt/-rolle),
Buch, Schriftstück, Beutel*

ⲬⲚ̄ *oder* (in Fragesätzen)

ⲬⲚⲞ *faul sein*

ⲬⲚⲞⲨ, ⲬⲚⲈ-, ⲬⲚⲞⲨ⸗ *fragen*

ⲬⲒⲚ(-) *seit* (praep. und Konjunktion),
ⲬⲒⲚⲦⲀ- s. L.1.

ⲬⲚⲀϨ n.m. *Arm, Gewalt,* Ⲛ̄ⲬⲚⲀϨ
gewaltsam

ⲬⲒⲚⲬⲎ n.m. *Vergeblichkeit, Nichtig-
keit, Leere*

ⲬⲠⲞ, ⲬⲠⲈ-, ⲬⲠⲞ⸗, ⁺ⲬⲠⲀⲈⲒⲦ *entstehen lassen, hervorbringen, zeugen,
gebären, erwerben*

ⲬⲠⲒⲞ, ⲬⲠⲒⲈ-, ⲬⲠⲒⲞ⸗, ⁺ⲬⲠⲒⲎⲦ
tadeln, schmähen, zurückweisen

ⲬⲈⲢⲞ, ⲬⲈⲢⲈ-, ⲬⲈⲢⲞ⸗ *anzünden,
brennen*

†ϫⲟⲟⲣ *stark sein*

ϫⲱⲱⲣⲉ *stark, kräftig*

ϫⲓⲥⲉ, ϫⲉⲥⲧ-, ϫⲁⲥⲧ⸗, †ϫⲟⲥⲉ, praef. ϫⲁⲥⲓ- s. *erheben, erhöhen, hoch sein,* ϫⲟⲥⲉ ⲛ̄ϩⲏⲧ *hochmütig sein,* ϫⲁⲥⲓϩⲏⲧ *hochmütig*

ϫⲁⲧⲉ, †ϫⲟⲧⲉ *heranwachsen, reifen*

ϫⲱⲧⲉ, ϫⲉⲧ-, ϫⲟⲧ⸗ *durchdringen, hindurchstoßen*

ϫⲁⲧϥⲉ n.m. *Gewürm, Kriechtier*

ϫⲓⲟⲩⲉ *stehlen,* subst. *Diebstahl*

ϫⲟⲟⲩ, ϫⲉⲩ-, ϫⲟⲟⲩ-, ϫⲟⲟⲩ⸗ *senden*

ϫⲟⲩⲱⲧ (m.), ϫⲟⲩⲱⲧⲉ (f.), ϫⲟⲩⲧ- *zwanzig* I.1.

ϫⲱϩ, †ϫⲏϩ *berühren*

ϫⲱϩⲙ̄, ϫⲉϩⲙ̄-, ϫⲟϩⲙ(ⲉ)⸗, ϫⲁϩⲙ(ⲉ)⸗, †ϫⲟϩⲙ̄/†ϫⲁϩⲙ̄ *besudeln, beflecken*

ϫⲁϫ n.m. *Sperling*

ϫⲁϫⲉ n.m. *Feind, Widersacher*

ϫⲱϫ, ϫⲱ⸗ n.m. *Kopf* E.3.

ϭ

ϭⲉ *nun, aber, doch, also*

ϭⲱ, †ϭⲉⲉⲧ *bleiben, verweilen*

ϭⲱⲃ *schwach, elend, krank,* ⲣ̄ϭⲱⲃ *schwach sein*

ϭⲟⲉⲓⲗⲉ, ϭⲁⲗⲉ-, ϭⲁⲗⲱⲱ⸗, †ϭⲁⲗⲱⲟⲩ/†ϭⲁⲗⲏⲩ(ⲧ) *wohnen, sich aufhalten, beherbergen, aufbewahren,* ⲣ̄ⲙ̄ⲛ̄ϭⲟⲉⲓⲗⲉ *Gast*

ϭⲁⲗⲉ, pl. ϭⲁⲗⲉⲉⲩ *lahm, verkrüppelt*

ϭⲱⲱⲗⲉ, ϭⲉⲗⲉ- ϭⲟⲗ⸗, †ϭⲟⲟⲗⲉ *einwickeln, umhüllen, anziehen*

ϭⲗⲟⲙⲗⲙ̄, ϭⲗⲙ̄ⲗⲱⲙ-, ϭⲗⲙ̄ⲗⲱⲙ⸗, †ϭⲗⲙ̄ⲗⲱⲙ *einhüllen, umwickeln, zusammenwickeln*

ϭⲱⲗⲡ, ϭⲗ̄ⲡ-, ϭⲟⲗⲡ⸗, †ϭⲟⲗⲡ *enthüllen, aufdecken, entblößen*

ϭⲗⲟϭ n.m. *Bett*

ϭⲟⲙ n.f. *Kraft, Macht;* ⲁⲧϭⲟⲙ *unmöglich;* ϭⲙ̄ϭⲟⲙ, ϭⲛ̄ϭⲟⲙ *stark sein, mächtig sein*

ϭⲱⲙ, pl. ϭⲟⲟⲙ n.m. *Garten, Grundstück, Gut, Besitz*

ϭⲁⲙⲟⲩⲗ (m.), ϭⲁⲙⲁⲩⲗⲉ (f.) *Kamel*

ϭⲓⲛ- praef. B.2.

ϭⲓⲛⲉ, ϭⲛ̄-, ϭⲛ̄ⲧ⸗ *finden*

ϭⲟⲛⲥ, in ϫⲓ ⲛ̄ϭⲟⲛⲥ *Gewalt antun,* subst. *Gewalt(tat), Unrecht*

ϭⲱⲛⲧ, †ϭⲟⲛⲧ *zürnen, wüten*

ϭⲉⲡⲏ *eilen, sich beeilen* ϩⲛ̄ ⲟⲩϭⲉⲡⲏ *eilends, schnell, sogleich*

ϭⲣⲟ(ⲟ)ⲙⲡⲉ n.f. *Taube*

ϭⲣⲟ(ⲟ)ϭ, pl. ϭⲣⲱ(ⲱ)ϭ n.m. *Same*

ϭⲱⲣϭ, †ϭⲟⲣϭ *jagen, nachstellen, auflauern*

ϭⲟⲥ, ϭⲓⲥ-, ϭⲉⲥ- n.m. *Hälfte* I.3.

ϭⲟⲧ n.f. *Art, Weise*

ϭⲱϣⲧ, †ϭⲟϣⲧ *blicken, sehen*

ϭⲁϫⲉ n.f. *Linke, linke* (eigtl. *schwache) Hand*

ϭⲓϫ n.f. *Hand*

ϭⲱϫⲃ̄, †ϭⲟϫⲃ̄ *(sich) vermindern, geringer werden*

†

† = ⲧ + ι, s. ⲧ

2. Koptische Wörter griechischen Ursprungs

Die koptischen Wörter griechischen Ursprungs sind nach der Reihenfolge der Buchstaben im griechischen Alphabet geordnet. Mit ⲉⲓ (ⲉⲓ) beginnende Wörter stehen daher unter ⲉ, mit ⲟⲩ (οὐ) beginnende unter ⲟ. Griechischer spiritus asper wird im Koptischen in der Regel, spiritus lenis des öfteren mit ϩ, gelegentlich mit ϣ wiedergegeben. Die Einordnung erfolgt nach dem auf das ϩ (bzw. ϣ) folgenden Buchstaben, ϩⲓⲛⲁ/ϣⲓⲛⲁ (ἵνα) ist also unter ⲓ, ϩⲉⲗⲡⲓⲥ (ἐλπίς) unter ⲉ zu suchen. Griechisches ει wird koptisch häufig nur mit ⲓ wiedergegeben. Griechische Neutra sind im Koptischen maskulin. Das Verzeichnis erfaßt nicht das Vokabular der griechischen Vergleichstexte. Orts- und Personennamen sind nur ausnahmsweise, sofern sie sich nicht von selbst verstehen, aufgenommen. Aufgeführt sind außerdem die wenigen, nicht ursprünglich griechischen, aber über das Griechische dem Koptischen vermittelten Wörter.

ⲁ

ⲁⲅⲁⲑⲟⲛ, -ⲟⲥ *gut*
ⲁⲅⲁⲡⲏ n.f. *Liebe*
ⲁⲅⲅⲉⲗⲟⲥ n.m. *Engel, Bote*
ⲁⲇⲁⲙⲁⲛⲧⲓⲛⲏ *stählern*
ⲁⲑⲉⲧⲉⲓ (ⲁⲑⲏⲧⲉⲓ) (ἀθετεῖν) *beseitigen, verwerfen, zunichte machen*
ⲁⲓⲧⲉⲓ *bitten*
ⲁⲓⲱⲛ, ⲉⲱⲛ (αἰών) n.m. *Äon, (Welt-) Zeit, Zeitraum*
ⲁⲗⲁⲃⲁⲥⲧⲣⲟⲛ n.m. *Alabaster, Salbengefäß*
ⲁⲗⲏⲑⲓⲛⲟⲛ *wahr*
ⲁⲗⲗⲁ *aber, sondern*
ⲁⲗⲗⲟⲧⲣⲓⲟⲛ *fremd, einem anderen gehörend*
ϩⲁⲗⲩⲥⲓⲥ n.f. *Kette*
ⲁⲙⲉⲗⲉⲓ *vernachlässigen*
ⲁⲛⲁⲡⲁⲩⲥⲓⲥ n.f. *Ruhe, Rast*, ϯⲁⲛⲁⲡⲁⲩⲥⲓⲥ *erquicken*
ⲁⲛⲁⲥⲧⲁⲥⲓⲥ n.f. *Auferstehung*
ⲁⲛⲟⲙⲓⲁ n.f. *Unrecht*
ⲁⲛⲟⲙⲟⲥ *gesetzlos*
ⲁⲛⲟⲭⲏ n.f. *Geduld, Nachsicht*
ⲁⲝⲓⲟⲥ *würdig*
ⲁⲡⲟⲇⲏⲙⲉⲓ *verreisen, auswandern*
ⲁⲡⲟⲥⲧⲁⲥⲓⲁ n.f. *Abfall, Aufstand*
ⲁⲡⲟⲥⲧⲟⲗⲟⲥ n.m. *Apostel*
ⲁⲣⲁ (ἆρα) Partikel zur Einleitung eines Fragesatzes
ⲁⲣⲉⲥⲕⲉ *gefallen*
ⲁⲣⲉⲧⲏ n.f. *Tugend*
ⲁⲣⲓⲁⲛⲟⲥ n.m. *Arianer*
ⲁⲣⲭⲁⲓⲟⲛ *alt, früher*
ⲁⲣⲭⲏ n.f. *Anfang, Herrschaft*
ⲁⲣⲭ(ⲉ)ⲓ *herrschen*, auch für: ⲁⲣⲭⲉⲥⲑⲁⲓ *beginnen, anfangen*
ⲁⲣⲭⲓⲧⲣⲓⲕⲗⲓⲛⲟⲥ n.m. *Speisemeister*
ⲁⲣⲭⲱⲛ n.m. *Herrscher, Archont*
ⲁⲥⲡⲁⲍⲉ *küssen, grüßen, verabschieden*
ⲁⲩⲝⲁⲛⲉ *vermehren, wachsen*

ⲃ

ⲃⲁⲡⲧⲓⲍⲉ *taufen*
ⲃⲁⲡⲧⲓⲥⲙⲁ n.m. *Taufe*, ϯⲃⲁⲡⲧⲓⲥⲙⲁ *taufen*, ϫⲓⲃⲁⲡⲧⲓⲥⲙⲁ *getauft werden*
ⲃⲁⲣⲃⲁⲣⲟⲥ n.m. *Fremder, Barbar*
ⲃⲁⲥⲁⲛⲟⲥ n.f. *Prüfung, Marter, Qual*
ⲃⲟⲏⲑⲓⲁ n.f. *Hilfe*
ⲃⲟⲏⲑⲟⲥ n.m. *Helfer*

ⲅ

ⲅⲁⲣ, ⲛ̄ⲅⲁⲣ *denn, nämlich*
ⲅⲉⲛⲉⲁ n.f. *Abstammung, Geschlecht, Volk*

ΓΕΝΟС n.m. *Abstammung, Geschlecht, Volk, Geschöpf, Gattung, Art*

ΓΝΩΜΗ n.f. *Vernunft, Meinung, Rat, Spruch*

ΓΝⲰСΙС n.f. *Gnosis, Erkenntnis*

ΓΡΑΜΜΑΤΕΥС n.m. *Schriftgelehrter*

ΓΡΑΦΗ n.f. *Schrift*

Δ

ΔΑΙΜΟΝΙΟΝ n.m. *Dämon, böser Geist*

ΔΑΥΕΙΔ, Δ̅Α̅Δ̅ n.m. *David*

ΔΕ, Ν̅ΔΕ *aber, andererseits*

ΔΗΜΙΟΥΡΓΟС n.m. *Handwerker, Schöpfer*

ΔΙΑΒΟΛΟС n.m. *Teufel*

ΔΙΑΘΗΚΗ n.f. *Bund, Vertrag, Testament*

ΔΙΑΚΟΝΙ *dienen*

ΔΙΑΚΟΝΟС n.m. *Diakon*

ΔΙΔΥΜΟС n.m. *Zwilling*

ΔΙΚΑΙΟС *gerecht*

ΔΙΚΑΙΟСΥΝΗ n.f. *Gerechtigkeit*

ΔΙΜⲰΡΕΙ s. ΤΙΜⲰΡΕΙ

ΔΥΝΑΜΙС n.f. *Macht, Kraft, Vermögen*

ΔⲰΡΕΑ n.f. *Gabe, Geschenk*

Є

ϨΕΒΡΑΙΟС (ἑβραῖος) n.m. *Hebräer*

(Ϩ)ΕΘΝΙΚΟС (ἐθνικός) *Volks-, heidnisch*

(Ϩ)ΕΘΝΟС (ἔθνος) n.m. *Volk, pl. a. Heiden*

ΕΙΔΟС n.m. *äußere Gestalt, Erscheinung, (Körper-)Teil, Sache*

ΕΙΜΗΤΙ *wenn nicht, außer wenn, auch Partikel zur Einleitung einer erstaunten Frage*

ΕΙΤΑ *dann, ferner, folglich*

ΕΙΤΕ ... ΕΙΤΕ *sei es ... sei es*

ΕΚΚΛΗСΙΑ n.f. *Gemeinde, Kirche*

ΕΛΑΧΙСΤΟС (sup. von ἐλαχύς) *kleinster, geringster*

ΕΛΕΥΘΕΡΟС *frei*

ϨΕΛΛΗΝ (Ἕλλην) n.m. *Grieche, Heide*

(Ϩ)ΕΛΠΙС (ἐλπίς) n.f. *Hoffnung*

ΕΝΚΑΛΕΙ (ἐγκαλεῖν) *beschuldigen, anklagen*

ΕΝΟΧΟС *verfallen, schuldig*

ΕϨΟΜΟΛΟΓΙ *bekennen*

ΕϨΟΥСΙΑ n.f. *Vollmacht, Macht, Gewalt, Herrschaft*

ΕΠΕΙ *da, weil*

ΕΠ(Ε)ΙΔΗ (ἐπειδή) *nachdem, als nun, weil ja*

ΕΠΙСΤΗΜΗ n.f. *Wissen, Kunde, Kenntnis*

ΕΠΙСΤΟΛΗ n.f. *Brief*

ΕΠΙΤΙΜΙΑ n.f. *Strafe*

ΕΠΟΙΚΙΟΝ n.m. *Nebengebäude, Vorwerk*

ΕΡΗΜΟС n.f. *Wüste*

ϨΕΡΜΗΝΕΙΑ (ἑρμηνεία) n.f. *Auslegung, Erklärung*

ΕΤΙ *noch*

ΕΥΑΓΓΕΛΙΟΝ n.m. *Evangelium*

ΕΦ(Ϩ)ΟСΟΝ s. ϨΟСΟΝ

ϨΕⲰС (ἕως) *bis*

Ζ

ΖΗΛⲰΤΗС n.m. *Zelot, Eiferer*

ΖⲰΗ n.f. *Leben*

ΖⲰΟΝ *lebendig*

Η

Η (ἤ) *oder*

ΗΔΗ *schon*

ⲑ

ⲑⲁⲗⲁⲥⲥⲁ, **ϩⲁⲗⲁⲥⲥⲁ** (θάλασσα, das **ⲧ** in **ⲑ** wird als Artikel aufgefaßt) n.f. *Meer*
ⲑⲉⲓⲟⲥ *göttlich*
ⲑⲉⲣⲁⲡⲉⲩⲉ *pflegen, behandeln, heilen*
ⲑⲏⲣⲓⲟⲛ (**ⲑⲩⲣⲓⲟⲛ**) n.m. *(wildes) Tier*
ⲑⲗⲓⲯⲓⲥ n.f. *Bedrängnis, Drangsal*
ⲑⲣⲟⲛⲟⲥ n.m. *Thron*

ⲓ

ⲓⲉⲣⲟⲥⲟⲗⲩⲙⲁ, **ϩⲓⲉⲣⲟ(ⲩ)ⲥⲁⲗⲏⲙ** *Jerusalem*
ϩⲓⲕⲁⲛⲟⲥ (ἱκανός) *geeignet*
ϩⲓⲛⲁ, **ϣⲓⲛⲁ** (ἵνα) *damit, daß* (final)
ⲓⲟⲣⲇⲁⲛⲏⲥ n.m. *Jordan*
ⲓ̈ⲟⲩⲇⲁⲓ̈ (ἰουδαῖος) *jüdisch*, subst. *Jude*
ⲓ̈ⲟⲩⲇⲁⲓⲁ n.f. *Judäa*

ⲕ

ⲕⲁⲓⲅⲁⲣ *denn, denn auch*
ⲕⲁⲕⲟⲛ *übel, schlecht*, subst. *Unheil*
ⲕⲁⲓⲡⲉⲣ *obwohl*
ⲕⲁⲓⲣⲟⲥ n.m. *Zeit(punkt), (rechte) Gelegenheit*
ⲕⲁⲕⲱⲥ adv. *übel, schlecht*
ⲕⲁⲛ (κἄν) *obwohl, auch wenn*
ⲕⲁⲣⲡⲟⲥ n.m. *Frucht*
ⲕⲁⲧⲁ, **ⲕⲁⲧⲁⲣⲟ⸗** *gemäß, entsprechend*
ⲕⲁⲧⲁⲇⲓⲕⲟⲥ *verurteilt, verdammt*
ⲕⲉⲫⲁⲗⲁⲓⲱⲧⲏⲥ n.m. *Oberhaupt, Anführer*
ⲕⲏⲣⲩⲥⲥⲉ *ausrufen, öffentlich verkünden, predigen*
ⲕⲗⲏⲣⲟⲛⲟⲙⲉⲓ *erben, Anteil erhalten*
ⲕⲟⲥⲙⲟⲥ n.m. *Welt*
ⲕⲣⲓⲛⲉ *richten*
ⲕⲣⲓⲥⲓⲥ n.f. *Gericht, Strafe*
ⲕⲩⲣⲓⲁⲕⲏ n.f. *Sonntag*

ⲗ

ⲗⲁⲟⲥ n.m. *Volk*
ⲗⲉⲩⲉⲓⲧⲏⲥ n.m. *Levit*
ⲗⲟⲅⲟⲥ n.m. *Logos, Wort, Kunde, Rede, Predigt, Sache*
ⲗⲩⲡⲏ n.f. *Trauer, Schmerz*
ⲗⲩⲡⲓ (λυπεῖν, λυπεῖσθαι) *betrüben, trauern, betrübt sein*

ⲙ

ⲙⲁⲑⲏⲧⲏⲥ n.m. *Jünger, Schüler*
ⲙⲁⲕⲁⲣⲓⲟⲥ *selig, glücklich*
ⲙⲁⲗⲓⲥⲧⲁ adv. *am meisten*
ⲙⲁⲣⲓϩⲁⲙ n.f. *Maria*
ⲙⲉⲅⲓⲥⲧⲁⲛⲟⲥ *mächtig, vornehm*
ⲙⲉⲗⲉⲧⲁ *sich üben, einüben, Redeübungen halten*
ⲙⲉⲗⲟⲥ n.m. *Glied*
ⲙⲉⲛ, **ⲙ̄ⲙⲉⲛ** *zwar, einerseits*
ⲙⲉⲣⲟⲥ n.m. *Teil, Gegend, Gebiet, Platz*
ⲙⲉⲧⲁⲛⲟⲉⲓ *büßen, umkehren, bereuen*
ⲙⲉⲧⲁⲛⲟⲓⲁ n.f. *Buße, Sinneswandel, Umkehr*
ⲙⲉⲧⲣⲏⲧⲏⲥ n.m. Hohlmaß (ca. 40 Liter)
ⲙⲏ Partikel zur Einleitung eines rhetorischen Fragesatzes, *etwa, nicht*
ⲙⲏ ⲅⲉⲛⲟⲓⲧⲟ *Das sei ferne! Mitnichten!*
ⲙⲏⲡⲟⲧⲉ *damit nicht*
ⲙⲏⲡⲱⲥ *damit nicht*
ⲙⲏⲧⲓ Partikel zur Einleitung einer erstaunten Frage
ⲙⲟⲛⲟⲛ *allein, nur*
ⲙⲟⲭⲗⲟⲥ n.m. *Querriegel*
ⲙⲱⲩ̈ⲥⲏⲥ n.m. *Mose*

N

NАРДОС n.f. *Narde* (Strauch mit ölhaltiger Wurzel), *Nardenöl*
NOEI *verstehen, wissen, erkennen*
NOMOC n.m. *Gesetz*

O

(Ϩ)OBOΛOC (ὀβολός) n.m. *Obolus* (kleine Münze)
OIKONOMEI *verwalten*
OIKONOMOC n.m. *Verwalter*
ϨOΛWC (ὅλως) adv. *gänzlich*
ϨOMOIWC (ὁμοίως) adv. *ebenso*
OPΓH n.f. *Zorn*
ϨOPIZE (ὁρίζειν) *festsetzen, bestimmen*
OPΦANOC n.m. *Waise*
ϨOCON (ὅσον) *insofern als,*
EΦ(Ϩ)OCON (ἐφ' ὅσον) *solange als*
ϨOTAN (ὅταν) *wenn*
OYΔE *und nicht, auch nicht, aber nicht*
OYKOYN *also nicht (?)*
OYN (οὖν) *nun, also*
OYPIAC n.m. *Uria*
OYCIA n.f. *Wesen, Habe*
OYTE ... **OYTE** *weder ... noch*

Π

ПАРА, ПАРАPO⸗ *über ... hinaus, mehr als*
ПАРАГЕ *vorübergehen*
ПАРАДEICOC n.m. *Paradies*
ПАРАДIKГMA (παράδειγμα) n.m. *Beispiel*
ПАРАКАЛЕI *ermahnen, trösten*
ПАРАКАНTOC, ПКЛС n.m. *Paraklet, Beistand, Tröster*
ПАРАNOMON *widerrechtlich, ungerecht*
ПАРΘЕNOC n.f. *Jungfrau*

ПАРРHCIA, ПАРϨHCIA (παρρησία) n.f. *Freimut, Öffentlichkeit*
ПАСХА n.m. *Passahfest*
П(E)IΘE (πείθειν, πείθεσθαι) *überzeugen, überzeugt werden*
П(E)IPAZE *versuchen, prüfen*
П(E)IPACMOC n.m. *Versuchung*
ПICTEYE *glauben, vertrauen*
ПICTIC n.f. *Glaube, Vertrauen*
ПICTOC *gläubig, treu, zuverlässig*
ПΛANA (πλανᾶν) *verführen, irreleiten*
ПΛACMA n.m. *Gebilde*
ПΛACCE *bilden, formen, schaffen*
ПΛHN adv. *jedoch, aber*
ПNEYMA, ПNA n.m. *Geist*
ПNEYMATIKON, ПNIKON, -OC *geistig*
ПOΛIC n.f. *Stadt*
ПOΛITEYMA n.m. *Bürgerrecht*
ПONHPIA n.f. *Bosheit, Schlechtigkeit*
ПONHPON, -OC *böse, schlecht*
ПOCW (ПOCO) **MAΛΛON** (πόσῳ μᾶλλον) *um wieviel mehr*
ПPECBYTEPOC n.m. *Presbyter, Ältester*
ПPONOHTHC n.m. *Vorsorger* (ein Gemeindeamt)
ПPOC *nach, gemäß, entsprechend*
ПPOCKAPTEPEI *ausharren, rastlos tätig sein, bereitstehen*
ПPOΦHTHC n.m. *Prophet*
ПWC *Wie? Wieso?*

P

PABBOYNEI n.m. *mein Meister*
ϨPWMAIOC (ῥωμαῖος) *Römer*

C

CABBATON n.m. *Sabbat, Woche*

сарѯ, сарѯ̄ n.f. *Fleisch*, ⲣ̄сарѯ̄ *Fleisch werden*

саⲧаNас n.m. *Satan, Teufel*

саоуⲗ n.m. *Saul*

соуⲇаріоN n.m. *Schweißtuch*

софіа n.f. *Weisheit*

сперма n.m. *Same, Nachkommenschaft*

споуⲇн n.f. *Eifer*

сⲧаурос, сϯос n.m. *Kreuz*

сⲧауроу, сϯоу *kreuzigen*

сⲧоⲗн n.f. *Kleid*

сумвоуⲗіоN n.m. *Rat, Beratung, Beschluß*

суNⲧеⲗеіа n.f. *Vollendung*

сусⲧасіс n.f. *Bestand, Beschaffenheit*

схнма n.m. *Gestalt, Kleid*

сѡма n.m. *Leib*

сѡⲧнр, с̄ѡ̄р̄ n.m. *Erlöser*

ⲧ

ⲧарсос n.m. *Tarsus* (Stadt in Kilikien)

ⲧафос n.m. *Grab*

ⲧаху (ⲧахн) adv. *schnell, hurtig, eilends*

ⲧеⲗѡннс n.m. *Zöllner*

ⲧеⲗѡNіоN n.m. *Zollhaus*

ⲧехNіⲧнс n.m. *Künstler, Handwerker*

ⲧімѡреі *Rache nehmen, bestrafen, züchtigen*

ⲧімѡріа n.f. *Rache, Strafe, Züchtigung*

ⲧоⲗмнріа n.f. *Dreistigkeit, Frechheit*

ⲧоⲗомѡN (τελαμών) n.m. *Riemen, Binde*, Teil des Mönchsgewands: *Kapuze* (cuculla?)

ⲧоⲧе *da, dann, darauf*

ⲧрефесѳаі *sich ernähren*

ⲧрофн n.f. *Nahrung*

ⲧупос n.m. *Muster, Abbild*

ⲧураNNос n.m. *Gewaltherrscher, Tyrann*

ⲩ

ⳅувріⲍе (ὑβρίζειν) *beleidigen*

ⳅуⲇріа (ὑδρία) n.f. *Wasserbehälter*

ⳅуⲗікос *materiell, stofflich*

ⳅупнреⲧеі (ὑπηρετεῖν) *dienen*

ⳅупокріNе (ὑποκρίνεσθαι) *heucheln*

ⳅупосⲧасіс (ὑπόστασις) n.f. *Wesen, Wirklichkeit, Substanz*

ф

фарісаіос n.m. *Pharisäer*

фоNос n.m. *Mord*

фуⲗн n.f. *Volksstamm*

фусіс n.f. *Natur*

фѡсⲧнр n.m. *Erleuchter*

х

хаіре in Briefen: *Sei gegrüßt! Gruß!*

хаⲗа *herablassen*

харіс n.f. *Gnade, Gabe*

хеⲇⲇаіос n.m. *Hethiter*

хнра n.f. *Witwe*

хімѡN (χειμών) n.m. *Winter, Sturm*

хоус n.m. *Staub*

хрнсⲧос *gütig, nützlich*, м̄N̄ⲧх̄р̄с̄, м̄N̄ⲧх̄с̄ *Güte*

хр(е)ісⲧіаNос n.m. *Christ*

хріа (χρεία) n.f. *Gebrauch, Nutzen, Bedürfnis*, ⲣ̄хріа *brauchen, bedürfen*

хрісма n.m. *Salbe, Salböl, Salbung*

хрісⲧос, х̄с̄, х̄р̄с̄ *Christus*

хѡра n.f. *Land, Gegend, Gebiet*

хѡріс *ohne*

ψ

ⲯⲁⲗⲗⲉⲓ *psalmodieren, lobsingen*
ⲯⲁⲗⲙⲟⲥ n.m. *Psalm*
ⲯⲩⲭⲏ, pl. ⲯⲩⲭⲟⲟⲩⲉ n.f. *Seele*
ⲯⲩⲭⲓⲕⲟⲥ *seelisch, psychisch*

ⲱ

ϨⲱⲣⲓⲌⲉ s. ϨⲟⲣⲓⲌⲉ
Ϩⲱⲥ (ὡς) *als, als ob, obwohl, sooft, da denn*
Ϩⲱⲥⲧⲉ (ὥστε) *so daß, folglich, also*
ⲱⲫⲉⲗⲉⲓ *nützen*

VIII. Glossar

∅	sogenanntes Nullmorphem zur Bezeichnung sinntragender, aber in der Schrift nicht dargestellter Elemente.
Adverb	a) Wortart, b) Satzteil (adverbiale Bestimmung) zur näheren Bestimmung eines Geschehens (hinsichtlich Raum, Zeit, Zweck, Ursache usw.). Interrogativadverbien fragen nach den Umständen eines Geschehens (Wo? Wann? usw., siehe **H.2.**).
affirmativ	bejahend, Gegensatz: negativ.
Antecedens	vorangehendes Beziehungswort.
Apodosis, apodotisch	Nachsatz, der der → Protasis folgt; z.B. zweiter Teil einer Bedingungssatzperiode: Wenn er kommt, *wird er bleiben*. Siehe auch unter **T.1.** Energetisches Futur: *Apodotisches* ⲉϥⲥⲱⲧⲙ̄.
asyndetisch	unverbunden, konjunktionslos.
Circumstantialis	Umstandssatz, siehe **X.1.**
Cleft Sentence	auch Spaltsatz; besteht aus dem voranstehenden logischen Prädikat (→ *vedette*) und dem nachfolgenden Subjekt (→ *glose*). Siehe **X.3.** und **X.4.**
delokutiv	bezogen auf eine Redeweise, die eine Aussage über etwas Drittes macht: *Er ist X*. Siehe auch interlokutiv.
denominal	von einem Nomen abgeleitet.
Determinativpronomen	Bezugspronomen, das im freien Relativsatz dem eigentlichen Relativsatz voransteht und auf das sich dieser bezieht. Siehe **X.2.**
deverbal	von einem Verb abgeleitet.
durativ	Bezeichnung einer Aktionsart des Verbs. Eine Handlung wird in ihrer Dauer ins Auge gefaßt, nicht in ihrem aktuellen zeitlichen Verlauf.
glose	das mittels Relativsatz gebildete Subjekt einer (adjektivischen) Cleft Sentence, folgt stets auf die *vedette*. Siehe **X.3.**
interlokutiv	bezogen auf eine Redeweise, die den Sprecher bzw. den Angesprochenen in die Aussage einbezieht: *Ich bin Y* bzw. *Du bist Z*. Siehe auch delokutiv.
intransitiv	zur Bezeichnung eines Verbs ohne direktes Objekt, siehe auch transitiv.
Irrealis	Modus des Verbs, der die Handlung als nicht wirklich kennzeichnet. Siehe auch unter **S.3.** und **5.** (*Präteritum*).

Iteration	Wortverdoppelung, siehe **J**.
kausativ	zur Bezeichnung einer Handlung (bzw. eines Verbs, das diese Handlung bezeichnet), die eine andere Handlung bzw. einen Zustand verursacht. Siehe **O.5.**, **T.3.** und **U**.
Konverter	Siehe **X**. und Anhang **II**.
Paginierung	Seitennumerierung durch ein Zahlzeichen.
participium coniunctum	deverbales Präfix zur Bildung von Nomina agentis; siehe **B.2.** Nominalbildungspräfixe.
Partikel	Siehe **M**.
Proklise, proklitisch	Voranstellung eines sprachlich-syntaktischen Elements, das mit dem Wort, dem es vorangestellt ist, eine unauflösliche Verbindung eingeht. Z.B. das enttonte Subjektpronomen im interlokutiven Nominalsatz (**P.1.**) mit dem nachfolgenden Prädikat: ⲁⲛⲅ̄ ⲟⲩⲣⲱⲙⲉ *ich bin ein Mensch*.
Prosodie, prosodische Einheit	unauflösliche Verbindung sprachlich-syntaktischer Elemente, die nicht unterbrochen werden kann (etwa durch Partikeln wie ⲇⲉ, ⲅⲁⲣ usw.), z.B. die Verbindung zwischen Konjugationsbasis, Suffix und Infinitiv: ⲁⲋⲋ̄ⲥⲱⲧⲙ̄ ⲇⲉ oder die Verbindung von Subjekt und Prädikat im interlokutiven Nominalsatz (**P.1.**): ⲁⲛⲅ̄ ⲟⲩⲣⲱⲙⲉ ⲇⲉ...
Protasis, protatisch	Vorsatz, der der → Apodosis vorangeht, z.B. erster Teil einer Bedingungssatzperiode: *Wenn er kommt*, wird er bleiben. Siehe auch unter **T.2.** *Konditionalis: Protatisches* ⲉⲋⲥⲱⲧⲙ̄.
Qualitativ	siehe Stativ.
Stativ	Form des Verbs, siehe **O.2.**
status nominalis	Form des transitiven Infinitivs, der Verben mit nachgestelltem Subjekt und von Präpositionen. Siehe **O.**, **V.** und **K**.
status pronominalis	Form des transitiven Verbs, der Verben mit nachgestelltem Subjekt, von Präpositionen und bestimmten Nomina. An den status pronominalis angeschlossen wird jeweils ein Suffixpronomen. Siehe **O.**, **V.**, **K.** und **E.3.**
transitiv	zur Bezeichnung eines Verbs mit direktem Objekt (direkter Ojektsanschluß: an den status nominalis oder pronominalis bzw. mit ⲛ̄-/ⲙ̄ⲙⲟⲋ). Siehe auch intransitiv.
Transposition	Siehe **X**.
vedette	das Prädikat einer (adjektivischen) Cleft Sentence; stets an erster Stelle des Satzes. Siehe auch *glose*.

IX. Sachregister